海洋，神秘浩瀚，引发人类无尽遐想。为了探索海洋、开辟海路通道、破解海洋谜题，海洋科学家们在寒冷的海水里、在变幻的海风中、在汹涌的波涛间开拓进取，勇往直前！他们执著的追求、不懈的探索、卓越的贡献，必将在新世纪激励我们奋勇前行……

世界海洋科技名人

Celebrities of the World Marine Science and Technology

主　编　王雪凤
副主编　梁红　张展　朱娜　张莉红

中国海洋大学出版社
·青岛·

FOREWORD 前言

海洋，广阔浩瀚、深邃神秘。她是生命的摇篮，风雨的故乡，资源的宝库。自古以来，海洋就以她独特的魅力深深地吸引着人们，引起人们无限的猜测和美好的遐想。然而，"直下无底旁无边"的海洋带给人们更多的是距离和恐惧，"黑暗"、"高压"、"严寒"、"无生命"曾经一度被认为是深海的代名词。直到有了他们——海洋科学家的出现。

历史上曾经出现过众多勇敢的科学家、探险家。为了征服海洋、探寻海路通道、探索海洋奥秘、寻觅生命的起源……他们义无反顾地在苦涩、寒冷的海水，变幻莫测的海风和汹涌澎湃的波涛中勇往直前，开拓进取。他们用勇气和汗水，甚至是生命，让我们知道了海洋生物的存在、海底的地形地貌、气候变化的原因、无尽的资源宝藏等许许多多未知的奥秘，也开辟了一个个新的科学领域——海洋生物、海洋地质、海洋气象、海洋物理、海洋化学、海洋工程……为我们揭开了海洋的神秘面纱，开创了人类开发和利用海洋的崭新时代。

21世纪是海洋的世纪，海洋的研究和开发对人类的生存和发展至关重要，普及海洋科学知识，助力蓝色经济，推动海洋文化在学校、社会中的广泛传播与弘扬，为中华民族海洋文明的进步与提升尽职尽责，是历史赋予我们这一代人的使命。

为了方便人们了解海洋科技前辈们对海洋科学的贡献，增强人们热爱海洋，并为其努力奋斗的热情，我们几位从事信息资源管理与利用的教育工作者，在关庆利先生的组织策划下，经过广泛搜集、整理资料并编撰出50余位国内外海洋科技名人的业绩材料，于2009年10月在中国海洋大学图书馆布置了《世界海洋科技名人》展。在此基础上，我们又历时两年多，进一步扩充了该展览的主题内容，对国内外图书文献资料进行了全面的搜集、整理、提炼和编译，现已完成了105位世界海洋科技名人业绩材料的编撰任务。该书收录的海洋科技名人，是世界上无数海洋科技前辈的典型代表。他们的科学历程充满着艰难险阻，闪烁着人生的追求和价值。他们的成功充分验证了海洋科学大有作为，只要辛勤耕耘，必将成果丰硕。

由于受文献资料来源渠道和整理、编撰的时间以及作者水平等限制，难免有重要文献资料遗漏或文字撰写表述不够准确之处，欢迎广大读者提出宝贵的意见和建议。

编　者

2012年6月

是他们——诠释了蔚蓝海洋世界中海洋生命的本质，
引领人们开发利用海洋生物资源……

世界生物学分类第一人：亚里士多德（Aristotle）/002

最先发现海洋原生动物的科学家：A. van 列文虎克（Antonie van Leeuwenhoek）/005

系统研究海洋微生物的科学家：C. G. 爱伦贝格（Christian Gottfried Ehrenberg）/009

法国著名的海洋生物学家：H. M. 爱德华兹（Henri Milne Edwards）/011

在比较解剖学领域作出突出贡献的海洋生物学家：J. P. 缪勒（Johannes Peter Müller）/014

进化论的奠基人：C. R. 达尔文（Charles Robert Darwin）/016

"挑战者"号环球海洋科学考察的发起人：W. B. 卡彭特（William Benjamin Carpenter）/020

海洋生物地理学的开拓者：E. 福布斯（Edward Forbes）/022

创造术语"生物群落"的科学家：K. A. 默比乌斯（Karl August Mobius）/025

以"达尔文的斗犬"著称的海洋科学家：T. H. 赫胥黎（Thomas Henry Huxley）/027

"挑战者"号环球海洋科学考察队队长：C. W. 汤姆孙（Charles Wyville Thomson）/030

"底栖生物"和"游泳生物"的首次提出者：E. 海克尔（Ernst Haeckel）/033

浮游生物学的创始人：C. A. V. 亨森（Christian Andreas Victor Hensen）/037

海洋生物和形态学研究的杰出贡献者：A. E. 阿加西斯（Alexander Emamuel Agassiz）/039

首开女性从事海洋研究先河的海洋动物学家：M. J. 拉思本（Mary Jane Rathbun）/041

世界水产资源学的鼻祖：J. 约尔特（Johan Hjort）/043

鳗鱼故乡的考察者：J. 施密特（Johannes Schmidt）/046

世界上最早闯入深海的生物学家：C.W. 毕比（Charles William Beebe）/048

美国海洋无脊椎动物学的开拓者：E. E. 贾斯特（Ernest Everett Just）/053

中国的"克隆之父"：童第周 /058

中国海藻学研究的奠基人：曾呈奎 /063

中国海洋遗传学的开拓者：方宗熙 /066

以"鲨鱼女士"而著称的海洋动物学家：E. 克拉克（Eugenie Clark）/069

中国现代海洋药物的奠基人：管华诗 /074

"阿尔文"号潜艇驾驶员中唯一且女性的科学家：C. L. 凡多弗（Cindy Lee Van Dover）/077

是他们——研究海岸与海底的地貌、沉积、岩石、构造、矿产资源等，让人们了解了大陆漂移、海底扩张、板块构造……

世界冰川学和海洋学的奠基人：J. L. R. 阿加西斯（Jean Louis Rodolphe Agassiz）/082

近代海洋学的鼻祖：J. 默里（John Murray）/085

法国著名海洋探险家：J. B. 沙尔科（Jean-Baptiste Charcot）/088

大陆漂移学说的创立者：A.L. 魏格纳（Alfred Lothar Wegener）/091

发现海底上层重力异常的科学家：F. A. 维宁·曼尼兹（Felix Andries Vening Meinesz）/095

开启20世纪中叶海洋地质研究新局面的科学家：P. H. 奎年（Philip Henry Kuenen）/097

运用人工地震技术探测海底的先驱：W. M. 尤因（William Maurice Ewing）/099

"海底扩张理论"的提出者：H. H. 赫斯（Harry Hammond Hess）/101

板块构造论的突出贡献者：J. T. 威尔逊（John Tuzo Wilson）/105

美国著名地球物理学家和海洋学家：R. S. 迪茨（Robert Sinclair Dietz）/107

绘制首张细致的全球洋底三维地图的女科学家：M. 撒普（Marie Tharp）/110

杰出的海底构造和地震学家：B. C. 希曾（Bruce Charles Heezen）/115

中国海洋地质学的开拓者：刘光鼎 /117

中国海底科学家：金翔龙 /123

中国古海洋学的开拓者：汪品先 /127

海底火山研究的探索者：J. R. 德莱尼 (John R.Delaney)/129

发现"泰坦尼克"号的著名海洋地质学家：R. D. 巴拉德 (Robert Duane Ballard) /133

**是他们——勾画了海洋水文、海洋气象学的轮廓，
奠定了海洋水文、海洋气象学的坚实基础……**

提出台风是旋转性风暴的环球航行家：W. 丹皮尔（William Dampier）/140

发现信风的英国天文学家：E. 哈雷（Edmond Halley）/144

大洋潮汐动力学理论的首创者：P. S. 拉普拉斯 (Pierre Simon Laplace) /147

秘鲁海流的发现者：A. von 洪堡（Alexander von Humboldt）/151

风力分级的创立者：F. 蒲福（Francis Beaufort）/154

暴风警报系统的设计者：R. 菲茨罗伊（Robert FitzRoy）/157

第一幅航海图的编制者：M. F. 莫里（Matthew Fontaine Maury）/160

地球物理流体力学重要奠基人：W. 费雷尔（William Ferrel）/163

潮汐摩擦理论的完善者：G. H. 达尔文（George Howard Darwin）/166

乘雪橇横穿格陵兰岛的海洋探险家：F. 南森（Fridtjof Nansen）/169

现代气象学之父：V. F. K. 皮耶克尼斯（Vilhelm Friman Koren Bjerknes）/173

南方涛动的发现者：G. T. 沃克（Gilbert Thomas Walker）/177

近代海流学的开拓者：V. W. 埃克曼（Vagn Walfrid Ekman）/180

物理海洋学的伟大先驱：B. H. 汉森（Bjorn Helland-Hansen）/182

中国现代海洋研究的奠基人：蒋丙然 /184

现代物理海洋学和海洋气象学巨匠：H. U. 斯韦尔德鲁普（Harald Ulrik Sverdrup）/189

世界海–气相互作用研究的先驱：E. H. 帕尔门（Erik Herbert Palmén）/191

气象学和物理海洋学不朽的创新者：C. G. A. 罗斯贝（Carl-Gustaf Arvid Rossby）/194

大气海洋"热机"理论创始人之一：C. O'D. 艾斯林（Columbus O'Donnell Iselin）/199

中国物理海洋学的一代宗师：赫崇本 /201

极富创造力的物理海洋学家：W. H. 蒙克（Walter Heinrich Munk）/205

中国物理海洋学的奠基人之一：毛汉礼 /208

登上现代物理海洋学高峰的人：H. M. 施托梅尔（Henry Melson Stommel）/211

中国海浪理论研究的先驱：文圣常 /213

赤道潜流的发现者：T. 克伦威尔（Townsend Cromwell）/217

中国著名的物理海洋学家：苏纪兰 /219

是他们——潜心研究海水中的物理、化学问题和地球物理、化学过程，引领海洋物理、化学科学的发展……

对海洋科学有着特殊贡献的科学巨人：I. 牛顿（Isaac Newton）/224

为海洋科学作出重要贡献的数学物理方程奠基人：D. 伯努利（Daniel Bernoulli）/228

为海水研究方法作出巨大贡献的海洋学家：M.H.C. 克努曾（Martin Hans Christian Knudson）/231

研究海洋动植物与海水化学成分变化的领军人物：H.W. 哈维（Hildebrand Wolfe Harvey）/233

美国海洋化学的开拓者：T. G. 汤普森（Thomas Gordon Thompson）/235

中国水声物理学的奠基人：汪德昭 /237

南大洋环流研究的开拓者：G. E. R. 迪肯（George Edward Raven Deacon）/241

中国海洋化学主要奠基人之一：李法西 /243

是他们——探究万米深海、
寻觅海洋宝藏、铸就跨海通道、拓展海洋航运、联通世界你我……

七大世界奇观之一"亚历山大灯塔"的设计者：索斯特拉特（Sostratus）/248

被称为"潜艇之父"的发明家：C. J. 德雷布尔（Cornelius Jacobszoon Drebbel）/251

世界上第一艘军用潜艇的制造者：D. 布什内尔（David Bushnell）/254

改写世界航运史的美国工程师：R. 富尔顿（Robert Fulton）/257

"潜水之父"：A. 西贝（Augustus Siebe）/262

主持修建苏伊士运河和巴拿马运河的工程师：F.M.V.de 雷赛布（Ferdinand Marie Vicomte de Lesseps）/265

使海上航运发生革命性变化的伟大工程师：I. K. 布鲁内尔（Isambard Kingdom Brunel）/268

第一条大西洋海底电缆的铺设者：W. 汤姆孙（William Thomson）/273

被称为"现代潜艇之父"的科学巨匠：J. P. 霍兰（John Philip Holland）/278

首创跨海通讯和回声探测设备的发明家：R. A. 费森登（Reginald Aubrey Fessenden）/282

照亮陆地、海洋、天空的诺贝尔奖获得者：N. G. 达伦（Nils Gustaf Dalén）/285

世界"海水温差发电第一人"：G. 克劳德（Georges Claude）/288

成功设计深海潜水器的航空业先驱：A. 皮卡德（Auguste Piccard）/291

深海潜水球的设计制造者：F. O. 巴顿（Frederick Otis Barton）/294

"核动力海军之父"：H. G. 里科弗（Hyman George Rickover）/297

现代水下呼吸器的发明者：J-Y. 库斯托（Jacques-Yves Cousteau）/301

海洋温深仪的发明者：A. F. 斯皮尔豪斯（Athelstan Frederick Spilhaus）/306

世界上最著名的载人深海潜艇之父：阿林·文（Allyn Vine）/310

世界深海探险史上的伟大传奇人物：J. 皮卡德（Jacques Piccard）/314

为深海探险研究作出显著贡献的海洋学家：D. 沃尔什（Don Walsh）/318

创造近代深海漫游奇迹的女性科学家：S. 厄尔（Sylvia Earle）/320

实现深海飞行的海洋工程学家：G. 霍克斯（Graham Hawkes）/324

是他们——让热爱海洋、关怀海洋的人们汇集在一起，携手共创海洋世界的崭新未来……

世界上第一所海军学院的创始人：S. B. 卢斯（Stephen Bleecker Luce）/330

意大利那不勒斯海洋生物研究所创始人：F. A. 多恩（Felix Anton Dohrn）/332

世界上第一个国际海洋科学组织创始人：O. 彼得松（Otto Pettersson）/334

创建世界上第一座海洋博物馆的国王：艾伯特一世（Albert I, Prince of Monaco）/336

德国赫耳果兰生物研究所第一任所长：F. 海因克（Friedrich Heincke）/339

美国伍兹霍尔海洋研究所第一任所长：H. B. 比奇洛（Henry Bryant Bigelow）/341

创立美国加州大学圣地亚哥分校的著名海洋学家：R. R. D. 雷维尔（Roger Randall Dougan Revelle）/344

是他们——诠释了蔚蓝海洋世界中海洋生命的本质，
引领人们开发利用海洋生物资源……

1. 世界生物学分类第一人
——亚里士多德（ *Aristotle* ）

亚里士多德
（公元前384—前322）

亚里士多德，是古希腊的哲学家，柏拉图（古希腊伟大的哲学家）的学生，也是亚历山大大帝的老师。他给世人留下了很多著作，包括物理学、生物学、逻辑学、政治学、伦理学方面的著作以及诗歌等。他与苏格拉底、柏拉图三人被广泛认为是西方哲学的奠基者。

公元前384年，亚里士多德出生于欧洲巴尔干半岛的色雷斯，他的父亲是马其顿国王的御医。18岁时，他被送到雅典的柏拉图学园学习。此后的20年里，亚里士多德一直住在学园里，直至他的老师柏拉图去世。

离开学园后，亚里士多德接受了先前的学友赫米阿斯的邀请，访问了小亚细亚（亚洲与欧洲大陆的连接处），并在那里娶了赫米阿斯（是当时小亚细亚沿岸的统治者）的侄女为妻。公元前344年，赫米阿斯在一次暴动中被谋杀，亚里士多德不得不离开小亚细亚，和家人一起到了米提利尼城。3年后，亚里士多德被马其顿的国王腓力二世召回故乡，并成为当时年仅13岁的亚历山大大帝的老师，他担任这个职位直到亚历山大16岁。公元前335年，腓力二世去世，亚里士多德回到了雅典，并建立了自己的学校。在此期间，他边教课，边撰写了多部哲学著作和其他领域的著作。

亚里士多德（右）和老师柏拉图

虽然，亚里士多德是以"古希腊伟大的哲学家"而闻名，殊不知，他在生物学研究方面也成就卓著。可以说，在查尔斯·罗伯特·达尔文之前，没有任何一个人比亚里士多德对生物学研究作出的贡献更多。他的生物学知识很广博，知识来源也很广泛。他在少年时期曾经当过医师的学徒，后来又在勒斯波斯岛居住过三年，花了很多时间研究海洋生物。在他早期的《动物志》一书中，记述的海洋生物达170多种。

人类对世界生物学史各个方面进行的研究，几乎都是从亚里士多德开始的。他是生物学分类的第一人，并写出了专门著作。他首先发现了比较法的启发意义，并被尊称为比较法的创始人。他也是详细叙述多种动物生活史的第一人，他写出了关于生殖生物学和生活史的第一本书，特别注意对生物多样性现象以及动植物之间区别意义的描述。虽然他没有提出正式的动物分类法，但是他已经按一定的标准对动物进行了分类。他对无脊椎动物的分类，比2000年后林奈（瑞典自然学者，现代生物学分类命名的奠基人）的分类更加合理。同前辈比较起来，亚里士多德是一个坚定的经验主义者。他的推论总是植根于自己过去的观察，他在《动物繁殖》一文中曾经明确表示，从感官所得到的信息是首位的，它超过理智思考所能提供的信息。

亚里士多德不仅对500多种不同的植物、动物进行了分类，还对50多种动物进行了解剖研究，并指出鲸是胎生动物。他还考察了小鸡胚胎的发育过程，描述了反刍动物的胃、乌贼等头足纲动物的再生现象等。正因为他在动植物研究方面所取得的重要成就，使得亚历山大大帝在远征途中还会经常给他捎回各种动植物

亚里士多德（左）正在辅导亚历山大

的标本，以供他进行研究。

亚里士多德对动植物研究的显著特点是追究原因。他并不仅仅满足于提出"怎样"的问题，而且还要提出"为什么"的问题，这在当时来说是非常了不起的。为什么有机体能从一个受精卵发育成完整的成体？为什么生物界中目的导向的活动和行为如此之多，等等？他清楚地了解到仅仅构成躯体的原材料并不具备发展成复杂有机体的能力，必然还有某种额外的东西存在。

对亚里士多德来说，一切结构和生物性活动都有其生物学意义，或者就像我们现在所说的，有其适应意义，他的主要目的之一就是解释这些意义。亚里士多德的"为什么"问题在生物学史上具有重要的启示作用。"为什么"是进化生物学家在其研究中所提出的最重要的问题。关于世界的起源和性质有四种设想：①持续时间短的静止世界（犹太教、基督教创造的世界）；②持续时间无限的静止世界（亚里士多德的世界观）；③循环变化的世界，鼎盛时期与衰败时期交相更替；④逐渐进化的世界（拉马克、达尔文的观点）。

公元前 323 年，在亚历山大大帝突然去世后，雅典发生了反马其顿运动，亚里士多德也被作为政治打击的对象，被控以"亵渎神灵"的罪名。无奈，他逃离了雅典，来到他母亲的故乡卡尔基避难。第二年，他染上重病，离开了人世，终年 62 岁。

2. 最先发现海洋原生动物的科学家
——A. van 列文虎克 (Antonie van Leeuwenhoek)

安托尼·冯·列文虎克是荷兰显微学、微生物学的开拓者，英国皇家学会会员。1632年10月24日，列文虎克出生于荷兰的代尔夫特。他的父亲是制造篮子的手工艺人，母亲出身于酿酒商家庭。列文虎克6岁时，他的父亲就去世了。少年时期，列文虎克接受过一点基础教育，但是到16岁时，他就不得不挑起养家糊口的重担，到荷兰首都阿姆斯特丹的一家布店做学徒。六年的学徒生活结束后，列文虎克回到家乡开了一家布店。不过，由于生意不太成功，他很快就转行了，去代尔夫特市政厅当了一名看门人。

A.van. 列文虎克
(1632—1723)

由于看门工作比较轻松，时间充裕，列文虎克经常可以接触到各行各业的人物。一次偶然的机会，他从一位朋友那里得知，在阿姆斯特丹有许多眼镜店，除了磨制镜片外，也磨制放大镜。朋友告诉列文虎克，放大镜是一种很奇妙的新玩意，可以将很微小的东西放大，让观察者可以清清楚楚地观看到微小的东西。

利用凸透镜使物体放大，其实古已有之。据说古罗马帝国的皇帝尼禄，就曾经用一块表面磨得很光滑的宝石，放在眼前观看竞技场上角斗士们的搏斗。在13世纪末，世界上就已经出现了矫正视力的眼镜。后来，欧洲西海岸的荷兰逐渐发展成为眼镜制造业的中心。1590年左右，一个叫詹森的眼镜制造商发现，当把两块凸透镜前后放置，并调整两块透镜的距离时，人眼透过两块透镜观察，可以发现原来很小的物体被放大了。于是，詹森在一个中空的长管两端分别装上透镜，制成了世界上第一架显微镜。但是，当时的人们并没有意识到它的科学价值，只是把显微镜当成玩具，用来观看跳蚤的一举一动，所以显微镜当时也叫"跳蚤镜"。

好奇心强的列文虎克得知"跳蚤镜"的功能后，也想拥有一架。不过他跑到眼镜店一问，价格高得惊人，不是他能买得起的。出身于手工艺人家庭的列文虎克看了眼镜店的人磨镜片的过程，自己便默记在心，找来玻璃材料，利用自己充裕的时间，耐心地磨起了镜片。早期的显微镜做得都很粗糙，不是放大倍数不够，就是镜面不够光滑，成像模糊。而心灵手巧的列文虎克磨出的镜片虽然很小，但是质量却是当时最好的。他给自己的透镜制作了一个架子，并在透镜下面放置了一块铜板，在铜板上钻一个小孔，让光线从底下向上透过来，照亮被观察的物体。

有了自己的显微镜后，列文虎克兴致勃勃地将能够想到的小东西一个接一个地放在显微镜下，详细观看它们的真实面目。他观察过蜜蜂，发现蜜蜂腿上的毛竟然如缝衣针一样地竖立着，让人有点害怕。随后，列文虎克又观察了蜜蜂的螯针、蚊子的长嘴和一种甲虫的腿。在好奇心得到满足后，列文虎克又开始制造放大倍数更大的显微镜，他想看清楚更小的物体。

尽管后来列文虎克又从事了许多工作，当过酒类化验员、政府小职员、财产保管员等，但唯一不变的是他对制造显微镜和观察微观世界的浓厚兴趣。列文虎克一生中制造了491架显微镜，有的显微镜可以将物体放大二三百倍，可惜只有十多架保存到现在。

虽然，列文虎克出身贫寒，没有受过高等教育，除荷兰语外，其他语言一窍不通，尤其

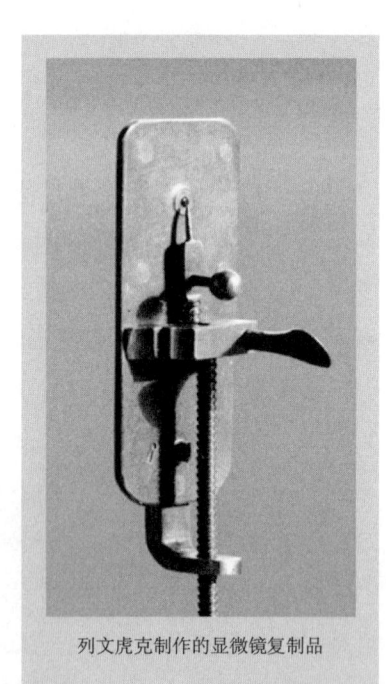

列文虎克制作的显微镜复制品

是当时科学家必备的拉丁文，列文虎克也认识得很少。然而，命运却给了列文虎克成为科学家的机遇。列文虎克有个好朋友名叫格拉夫，是一位医生兼解剖学家，还是英国皇家学会的通讯会员。他早就听人说列文虎克常常把自己关在屋子里磨制神秘的镜片，在列文虎克的邀请下，他欣然而至。当看到一架架显微镜以及显微镜下的奇妙世界时，格拉夫震惊了。格拉夫明白这些均是了不起的发明和发现，于是他鼓励列文虎克将自己的观察记录整理出来，寄给英国皇家学会发表。当列文虎克听到显微镜也要送交皇家学会审查时，出于艺人对自己技艺保密的警惕，他拒绝将显微镜交出。格拉夫只好耐心地给这位民间科学家解释，上交论文和实验器材是科学研究成果鉴定的需要，而不是有人要贪图他的宝贝发明。在好友的劝说下，列文虎克终于同意将自己的发明和发现公之于众。

　　1673年的一天，英国皇家学会收到了一份寄自荷兰的观察记录，作者是列文虎克，文章的名字是"列文虎克用自制的显微镜，观察皮肤、肉类以及蜜蜂和其他虫类的若干记录"。面对一个陌生的学者和一篇名字拗口的学术文章，英国皇家学会的专家们带着轻视的态度开始阅读观察记录。但在阅读完文章后，专家们却被深深地打动了。文章记录的内容是以前从未有人深入研究过的微观世界，作者生动有趣地描写了显微镜下看到的活体："大量难以相信的各种不同的、极小的'狄尔肯'（拉丁文中"细小活泼的物体"的意思）……它们的活动相当优美，除了在原地来回地转动，还一会向前，一会向别的方向转动……"

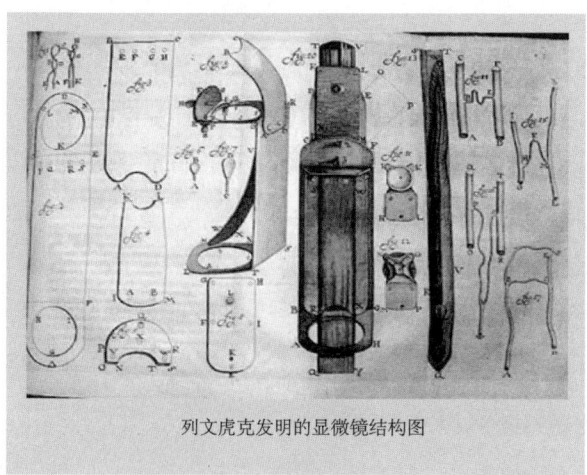

列文虎克发明的显微镜结构图

　　如此生动形象的描述让英国皇家学会的专家们开始重视起来。经过严格的检验后，英国皇家学会的会员们发现，列文虎克那些看似荒诞不经的"狄尔肯"故事，在微观世界里竟然都是真实的。这样，列文虎克的实验报告得到了承认，并被译成英文发表在《皇家学会哲学

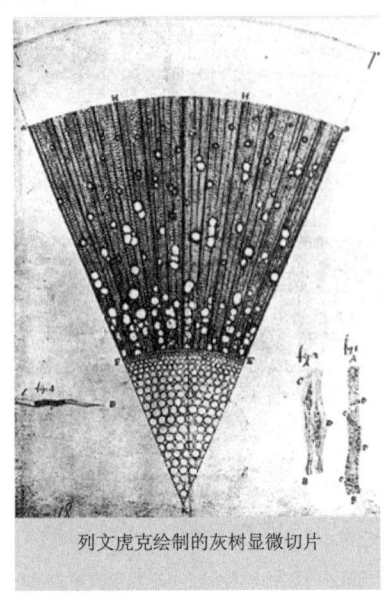

列文虎克绘制的灰树显微切片

学报》的刊物上。不久，列文虎克被接纳为英国皇家学会的正式会员。这位默默无闻的荷兰平民，就这样一下子成为欧洲的知名科学家。当时他发现的"狄尔肯"就是后来人们常说的微生物。

成为英国皇家学会会员后，列文虎克并没有陶醉在巨大的荣誉之中，他还是一如既往地把自己关在屋子里，用显微镜记录微观世界里发生的事情。1675年，雨水成了列文虎克的观察对象，他描述道："我用4天的时间，观察了雨水中的小生物，我很感兴趣的是，这些小生物远比直接用肉眼所看到的东西要小到万分之一……这些小生物在运动的时候，头部会伸出两只小角，并不断地活动……如果把这些小生物放在蛆的旁边，它就好像是一匹高头大马旁边的一只小小的蜜蜂……"雨水中的小生物其实就是原生动物。1683年，牙垢又成了列文虎克关注的对象。他发现人口腔中竟然躲藏着许多"小动物"，它们像蛇一样用优美的弯曲姿势运动。他惊叹地记录道："在人的口腔的牙垢中生活的动物，比整个荷兰王国的居民还要多。"这就是人类在第一次观察到细菌时发出的感叹。

1674年，列文虎克最先发现海洋原生动物，他是第一个用放大透镜看到细菌和海洋原生动物的人。尽管他缺少正规的科学训练，但他对肉眼看不到的微小世界的细致观察、精确描述和众多的惊人发现，对18世纪和19世纪初期细菌学和海洋原生动物学研究的发展，起了奠基作用。

列文虎克根据自己多年来观察的内容写成了一部划时代的著作《自然界的秘密》，该书分7卷出版。他在给英国皇家学会的最后一封信中提到："一个人要有所成就，必须呕心沥血，孜孜不倦。" 1723年8月26日，列文虎克去世，享年91岁。他在弥留之际，将自己制作的标本、一部分放大镜以及精良仪器的制作秘诀，捐赠给了英国皇家学会。

3. 系统研究海洋微生物的科学家
——C.G. 爱伦贝格（Christian Gottfried Ehrenberg）

克里斯蒂安·哥特弗雷德·爱伦贝格，德国动物学家、比较解剖学家和显微镜学家，也是其所在时期最著名、最多产的科学家之一。海洋原生动物是最原始、最低等的动物。自从荷兰的列文虎克最先于 1674 年在荷兰沿岸海域中发现原生动物以来，爱伦贝格于 1840 年首次观察到活的硅质鞭毛虫。

1795 年 4 月 19 日，爱伦贝格出生在德国莱比锡城附近的代利奇，他是一个法官的儿子。爱伦

C.G. 爱伦贝格
(1795—1876)

贝格最早在莱比锡大学研究神学，后来去了柏林，改行研究医学和自然科学，并与著名探险家亚历山大·冯·洪堡成为好朋友。1818 年，他完成了关于真菌的博士论文。1820~1825 年，在一次对中东的科学考察中，爱伦贝格搜集了成千上万的植物和动物标本。在红海北部沿岸，他对珊瑚虫做了特别研究。回去之后，他系统地研究了搜集的部分动植物，发表了几篇关于珊瑚虫的论文。1827 年，爱伦贝格被任命为洪堡大学（原柏林大学）的医学教授。1829 年，爱伦贝格陪同探险家洪堡横穿俄罗斯东部来到中国边境考察。此后，他就开始集中精力研究起微生物来，而微生物直到那时还没有被系统地研究过。爱伦贝格用了近 30 年的时间，仔细观察了水、泥土、沉积物和岩石的样本，还在近 400 种科学出版物上描述了

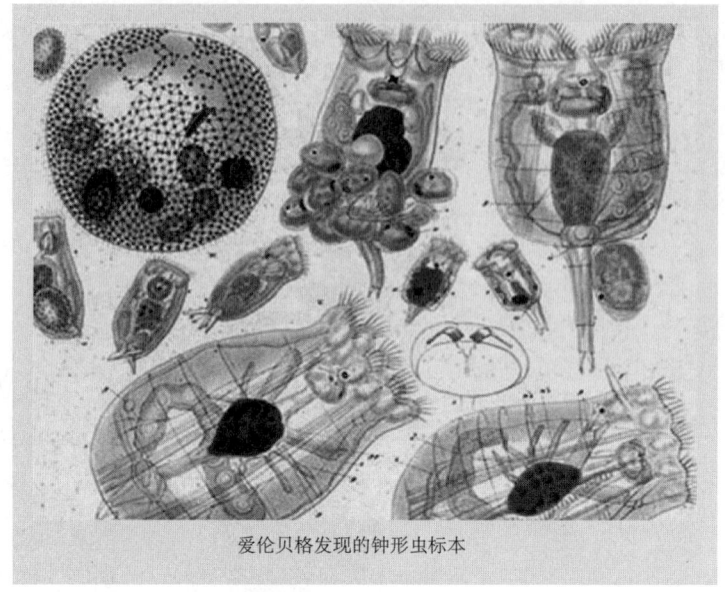
爱伦贝格发现的钟形虫标本

成千上万个新的物种,其中也包括许多微小的化石。他对一种被叫作"硅藻类"的原生生物单细胞群尤其感兴趣,也研究并命名了许多放射虫的种类。他的这些研究对如何利用具有经济价值的硅藻土有着深远影响。此外,这些研究还极大地提高了人们对分布在诸如白垩、海洋及淡水中的沉积物中的微生物的了解程度。在爱伦贝格从事这项研究之前,世人并不知道:相当多的岩石是由许多微小形态的动物或植物形成的。爱伦贝格还证实了海洋的磷光跟微生物有关。

1836年,爱伦贝格被聘为瑞典皇家学会会员;1837年,又被吸纳为英国皇家学会的外籍会员;1839年,爱伦贝格获得了英国皇家学会授予的最高荣誉——"沃拉斯顿奖章"。直到生命的最后一刻,爱伦贝格还在研究深海微生物以及各种地质组成物质。

1876年7月27日,爱伦贝格去世。在他去世后,他搜集的微生物样品和标本被存放在洪堡大学的自然历史博物馆。爱伦贝格的收藏包括4 000件可以在显微镜下观看的标本,5 000件原始样本,3 000幅铅笔画和钢笔画,以及近1 000封通信信件。爱伦贝格在埃及等中东地区搜集的蝎子和其他节肢动物标本,则被收藏在柏林博物馆。1877年,去世后的爱伦贝格被授予"列文虎克奖章",他也是第一个被授予这个奖章的人。

4. 法国著名的海洋生物学家
——H. M. 爱德华兹（*Henri Milne Edwards*）

亨利·米尔恩·爱德华兹，是法国著名的动物学家，也是颇有成就的海洋生物学家。后来人们为了表示对他的尊重，用他的名字命名了好几种海洋生物，如海星、龙虾、鲨鱼等。

爱德华兹的父亲是英国人，母亲是法国人，他是他们的第27个孩子。1800年10月23日，他出生在布鲁日。当时布鲁日还属于法国，现在属于比利时。他的父亲因为帮助一些英国人逃离法国而被当局抓入监狱好多年。

爱德华兹在法国度过了他生命中的大多数时间。在巴黎，他由比他大很多的哥哥威廉·爱德华兹抚养长大。哥哥威廉·爱德华兹是一个生理学家。拿破仑下野后，他们的父亲获释，随

H.M. 爱德华兹
（1800—1885）

后一家人都迁居巴黎。爱德华兹和妻子劳拉·特雷泽共生了9个孩子。其中就有后来给大熊猫定名的著名生物学家阿尔封斯·米尔恩·爱德华兹（1835—1900，下文称"小爱德华兹"）。

爱德华兹起初对药物学很感兴趣，并在1823年获得了硕士学位，成为了一名医生。之后，他转向了自然史的研究，开始研究生命的早期形态，研究动物学，并在巴黎大学讲授比较解剖学、生理学，从事甲壳类的血管系统以及神经系统的

比较研究。他的老师是法国自然科学、比较解剖学创始人乔治·居维叶，他与法国著名的自然学家让·维克托瓦尔·奥杜安也是好朋友。

爱德华兹在海洋生物学领域取得的辉煌成就，主要是于1826～1828年和奥杜安合作进行科学考察而获得的，很多论文都发表在1829年的法兰西科学院院刊上，其中最引人注目的是将法国海岸的海洋动物群分布清晰地划分为四个分布带。

1832年，爱德华兹成为卫生学和博物学教授。1841年，奥杜安死后，爱德华兹作为继任者，当上了法国自然历史博物馆的昆虫学会主席，后来又当上了巴黎自然博物馆馆长。1842年，爱德华兹被选为瑞典皇家科学学会的外籍会员。1856年，英国皇家学会授予他"科普利奖"，以表彰其在动物学方面的贡献。

以爱德华兹名字命名的"海星"

以爱德华兹名字命名的"龙虾"

以爱德华兹名字命名的"鲨"

1869年,法国神甫爱尔芒德·戴维在一位四川猎户的家中发现了一张大熊猫的毛皮。由于西方人对这种动物闻所未闻,戴维根据这种动物的毛皮特征,将其命名为"黑白熊",他还在当地猎户的帮助下找到一只"黑白熊"标本。当戴维将"黑白熊"标本送到巴黎展示后,立即引起了轰动。小爱德华兹根据熊猫的毛皮和骨架以及戴维的报告,做出了结论:这是世界罕有的动物新种。由于它与在中国西藏发现的小猫熊食性相近,小爱德华兹便把这个新发现的物种定名为"大猫熊",但后来人们习惯称之为"大熊猫"。

1885年7月29日,爱德华兹在巴黎去世。

5. 在比较解剖学领域作出突出贡献的海洋生物学家
—— J. P. 缪勒（Johannes Peter Muller）

J.P. 缪勒
（1801—1858）

约翰尼斯·彼得·缪勒是德国著名生理学家、比较解剖学家和鱼类学家，是历史上公认的最伟大的生物学家之一。

1801年7月14日，缪勒出生于德国的科布伦茨。1819年，他进入波恩大学读书，1824年成为波恩大学的一名无薪大学教师。凭着自己的辛勤努力，他在1826年成为了一名优秀的生理学教授，1830年被聘为终身教授。1833年，他转入洪堡大学，在那里，他担任解剖学和生理学教授直到去世。

缪勒在生理学领域作出了许多贡献，尤其是他加深了人们对嗓音、语言、听觉以及淋巴、乳糜和血液的化学及物理性质的了解。1833~1840年，他出版了一部生理学教科书《人类生理学手册》，这是当时医学教育中公认的标准教科书，并开启了生理学研究的一个新时期。这部作品最重要的一部分，是解决了神经性行为和感官机理的问题。他在书中说明了一个原理：在感觉神经被刺激之后的感觉，不是取决于刺激的方式，而是取决于感觉器官的类型。因此，当光、压力或者力学刺激一直作用于视网膜和视觉神经时，本体就会产生发光的感觉。在这本书里，他把其称为特定感觉能量法则。

在组织学方面，缪勒描述了许多腺体的显微结构，并且发现腺体是由上皮内陷而成的一个与血管不相连的闭管。1825年，他描述了缪勒导管。缪勒的知名还在于他曾经指导过很多后来成为了著名科学家及生理学家的大师级人物，包括赫尔曼·冯·亥姆霍兹、埃米尔·杜·布瓦-雷蒙、索多施旺、弗里德里希·古斯塔夫·雅各布·亨勒、卡尔·路德维格和恩斯特·海克尔。

缪勒雕塑

缪勒作为一名海洋生物学家的贡献，突出表现在海洋无脊椎动物的分类学领域。鱼类学和海洋无脊椎动物学是他最喜欢的学科。他对鱼类学和海洋无脊椎动物的研究是在"业余"时间完成的。在洪堡大学任教期间，每年的八、九月份他没有教学任务的时候，就去波罗的海、北海和地中海沿岸旅行，途中研究海洋生物并采集标本带回学校博物馆作进一步研究。19世纪30年代末期，他成功地建立了一种针对古老鱼类——盔甲鱼和横口鱼的分类体系。之后他又继续研究了圆口鱼和硬鳞鱼，还有棘皮类动物海星等。他还设计过采集棘皮动物胚胎的网具。

缪勒在1827年4月与音乐家南希结婚，但两个人很快又离婚了。1858年4月28日，他死于柏林。

6. 进化论的奠基人
——C.R. 达尔文（Charles Robert Darwin）

C.R. 达尔文
（1809—1882）

查尔斯·罗伯特·达尔文，英国博物学家，进化论的奠基人。他的《物种起源》一书一问世，就震动了当时的学术界。恩格斯认为他的生物进化论是19世纪自然科学的三大发现之一。

1809年2月12日，达尔文出生于英国一个富裕的医生家庭。少年时期，他读了《世界的奇异》一书，为了解决书中提出的疑难问题，他十分渴望将来能到遥远的地方去考察、旅行。在青少年时代，他却是个游手好闲的纨绔子弟。达尔文的父亲曾经指责他说："你除了打猎、玩狗、抓老鼠，什么都不会，如此下去你将会是你自己和整个家庭的耻辱。"

历史选择达尔文作为生物科学的创始人，似乎纯属偶然。1825年秋天，老达尔文准备让儿子继承自己的衣钵，把他送进了苏格兰的爱丁堡医学院。可是，达尔文对医学毫无兴趣。最要命的是，他不敢面对手术台上的淋漓鲜血。两年之后，他只好从医学院退学了。医生当不成了，当牧师也是个体面的职业。于是，达尔文听从父命，进入剑桥大学学习神学。而他对神学也没有兴趣，上学期间花在打猎和搜集甲虫标本上的时间比花在学业上的要多得多。 1831年，达尔文从剑桥大学神学院毕业，准备当个乡间牧师了此一生。可是，正是在这一年，他的命运出现了转机。

达尔文在晚年回顾他的一生时，认为他所受的那些所谓的高等教育，完全是一种浪费。然而，正是在学生时代的经历，使他在课余时间结识了一批优秀的博物学家，从他们那里，达尔文接受到了科学训练，他在博物学上的天赋也得到了这些博物学家们的赏识。1831年8月，当植物学家约翰·史蒂文森·亨斯劳被要求推荐一名年轻的博物学家参加"贝格尔"号的环球航行时，亨斯劳推荐了自己的忘年交——达尔文。

"贝格尔"号想象图

当时，达尔文的父亲竭力反对儿子参加航行，认为这会推迟儿子在神学职业上的发展。然而，在达尔文的一再恳求下，老达尔文终于做出了让步，表示达尔文若能找到一位可敬的人支持，他就可以去。于是，达尔文找到了舅舅，也是他未来的岳父来说服父亲，而且还侥幸地通过了以苛刻著称的罗伯特·菲茨罗伊船长的面试。1831年年底，达尔文随"贝格尔"号扬帆起航，途经大西洋、南美洲和太平洋，沿途考察地质、植物和动物。一路上，达尔文做了大量的观察笔记，采集了无数的标本，为他以后的研究提供了第一手资料。五年之后，"贝格尔"号绕地球一圈回到了英国。

参加"贝格尔"号的远航，对达尔文的一生起了最重要的作用。通过这次远航，达尔文直接接触了自然科学的各个学科，使他受到了真正的教育和锻炼，大大提高了观察能力。在船所到之处，他进行了大量的地质和化石调查，并与以前读过的《地质学原理》进行了对照。达尔文搜集了各个分科的动物,记载了大量的海洋动物,并做了一些简单的解剖。同时,他认真写日记,详细记录所见所闻。在5年的海洋调查中,他以顽强的毅力克服了晕船带来的不适,努力采集样品,精心观察,养成了把书本知识与实际见闻相结合的好习惯。

1831~1836年,达尔文乘"贝格尔"号环球考察中,对珊瑚礁进行过观察,划分出岸礁、堡礁和环礁。1842年,他发表了《珊瑚礁的构造和分布》一文,提出了珊瑚礁成因的"沉降说",极大地推进了珊瑚礁的研究。之后100多年来,尽管又出现了不少珊瑚礁成因的假说,但没有一种能像达尔文的假说一样易于被人们接受。他的科学预见,被后来的深井钻探所证明,至今仍为海洋地质工作者探讨珊瑚礁发育规律的理论根据之一。同一年,由于身体的原因,达尔文离开了伦敦到农村生活。1854年以后,达尔文整理、研究了堆积如山的资料,并把几乎全部精力和时间都放在写作《物种起源》上。

1859年11月,达尔文出版了《物种起源》,这是一部划时代的杰作。他提出了生物进化论学说,摧毁了先前各种唯心的造神论和物种不变论。该书写得非常成功,初版发行当天就销售一空,第二版也很快售完,并被译成多国文字。接着,达尔文又发表了《动物和植物在家养下的变异》,以不可争辩的事实和严谨的科学论断,进一步阐述了他的进化论观点,提出物种的变异和遗传、生物的生存斗争和自然选择的重要论点。晚年的达尔文,尽管体弱多病,但是他以惊人的毅力,顽强地进行科研和写作,连续出版了《人类起源及性的选择》和《人类和动物的表情》等著作。

达尔文的妻子埃玛

1839年1月,达尔文与表姐埃玛·韦奇伍德结婚。同年12月,他们的大儿子威廉出生,他们一生共生育了10位子女。但不幸的是,他们的大女儿安妮在10岁时去世,二女儿玛丽生下不到一个月就夭折了,最小的儿子查尔斯在不到两岁时也离他们而去。

达尔文与埃玛互相深爱着对方。然而,埃玛对达尔文的感情是极其复杂而痛苦的,埃玛是一个虔诚的基督徒,她知道达尔文并不信仰上帝,她多次劝说丈夫相信上帝,可是达尔文却总是搪塞妻子:"我肯定不是无神论者,我并不否认上帝的存在。我大概是个不可知论者;仅仅是不能肯定地去理解这个问题罢了。"面对达尔文的应付,埃玛十分痛苦。

威斯敏斯特教堂的达尔文墓

《物种起源》一书出版之后,达尔文遭到了教会的猛烈抨击。作为一位妻子,埃玛讨厌那些指责;可作为一名基督徒,她又赞同那些指责,因此她的内心更加痛苦了。她知道进化论会削弱人们对上帝的信仰,就试图劝说达尔文修改《物种起源》。在用嘴劝说无用的情况下,她就用写信的方式来向丈夫表达自己痛苦的心情:"……我肯定你知道我爱你至深,所以我感到你的痛苦就是我的痛苦,我发现唯一能使我的思想得到宽慰的,就是让上帝的手来解除这种痛苦。"可是,一直到死,达尔文也没有改变自己的立场。在达尔文去世的当天,埃玛曾对女儿说:"父亲恐怕不相信上帝,可是上帝相信他。他将安静地在他所去的地方休息。"

1882年4月19日,达尔文逝世,人们把他的遗体安葬于威斯敏斯特大教堂牛顿的墓旁,以表示对这位科学家的敬仰。

7. "挑战者"号环球海洋科学考察的发起人
——W. B. 卡彭特（*William Benjamin Carpenter*）

W.B. 卡彭特
（1813—1885）

威廉·本杰明·卡彭特是英国生理学家、自然学家，"挑战者"号环球海洋科学考察的主要发起人。1813年10月29日，卡彭特出生于英国的埃克塞特。他的父亲兰特·卡彭特是一位传教士，他的弟弟菲利普·皮斯奥·卡彭特则是一位贝类学家。1840年，卡彭特与路易莎·鲍威尔在布里斯托尔结婚，并生有5个儿子。

1833年，卡彭特跟随眼科医生约翰·毕夏普·埃斯特林学习，并陪伴他到西印度群岛。1835年，他在伦敦大学和皇家外科医生学院参加了正规的医学课程学习。后来，他又进入了爱丁堡大学学习，并于1839年取得了医学博士学位。他关于无脊椎动物神经系统结构的生理学推断的毕业论文获得了奖励，并由此完成了他的第一部论著，体现了他在综合及比较神经学领域的研究成果。1844年，卡彭特入选了英国皇家学会，1861年获得英国皇家学会奖章。

卡彭特一生曾以探险者、作者、编辑、论证者和演讲者等各种身份兢兢业业地工作。而他对于海洋动物学，尤其是低等有机体，比如有孔虫类及海百合类的研究是最有价值的。卡彭特在此领域的研究开始于1855年在阿兰岛采样。他采集到海星和海百合类等动物，引起了他极大的兴趣。因为在当时，研究人员只掌握了一些有关这类动物的化石资料。1866年，他在英国皇家学会的报告中发表了关于这些动物构造和生理的论文。在1835~1885年的几十年中，卡彭特陆续发表了有关海洋无脊椎动物、深海动物、海洋环境、水温、有孔虫等共计293篇论文。

他对海洋生物的研究也促进了深海调查的进一步发展，比如1868年的英国皇家海军"闪电"号海洋考察和知名的"挑战者"号探险等。英国"挑战者"号于1872年12月7日~1876年5月26日进行的世界第一次环球海洋科学考察，成

卡彭特（1850年）

为近代海洋科学研究的开端。这次环球海洋科学考察的主要发起人就是卡彭特。1871年6月，卡彭特在英国皇家学会进行演讲，强调了英国政府派遣考察船环游世界的必要性。他指出："英国政府不应该轻易地丧失今天在海洋科学方面的领先地位。" 他的提议使英国皇家学会做出了"尽早在周航世界探险中，进行深海物理学、生物学的考察"的决议。1871年，由卡彭特、托马斯·亨利·赫胥黎、查尔斯·维维尔·汤姆孙等参加的"周航取样委员会"成立。"挑战者"号起航前，卡彭特被任命为科学考察队的队长。但是，因为他已年届60，而且英国皇家学会的工作也离不开他，于是他辞去了队长的职务。

卡彭特除了在海洋生物及海洋调查方面的贡献外，他本身就是一位医学研究的优秀学者。他是达尔文进化论的最早支持者。他善于使用显微镜进行研究工作，他的论著《显微镜及其启示》（1856年）曾经受到很多关注，并激发出许多这方面的研究成果。他另一项知名的研究工作是发表了第一部关于戒酒的论著，使人们充分意识到酗酒也是一种疾病。他还被认为是现代适应性潜意识理论的奠基人之一，他与W.汉密尔顿和T.莱科克一起提出了现代适应性潜意识的理论基础。

1856年，卡彭特开始担任伦敦大学的教务主任，并掌管行政事务长达23年。1879年他辞职时，为了表彰他对教育的贡献，伦敦大学授予他"巴斯三等"勋章。

1885年11月19日，卡彭特因伤于伦敦逝世，他的墓地位于伦敦北郊的海格特公墓。

8. 海洋生物地理学的开拓者
——E. 福布斯（Edward Forbes）

E. 福布斯
（1815—1854）

爱德华·福布斯，是英国最著名的生物学家，海洋生态学、海洋生物地理学的开拓者。虽然他的生命只有短暂的 40 年，但是却留下了第一流的研究成果，成为英国海洋生物学的创始人。

1815 年 2 月 12 日，福布斯生于英国马恩岛的首府道格拉斯市。在孩提时代，福布斯就热衷于搜集昆虫、贝壳、矿石、化石、植物和其他自然的或是有历史价值的事物。福布斯小时候的身体非常羸弱，以至于他无法到任何一所学校上学。直到 1828 年，他才成为道格拉斯市"斯蒂尔众议院学院"的一位全日制学生。1831 年 6 月，他离开马恩岛前往伦敦学习绘画。不过仅仅过了 4 个月，他就放弃了将绘画作为自身专业的想法，回到了家乡。同年 11 月，他被爱丁堡大学的医学专业录取。然而，福布斯天生是一位自然主义者，对外科医生的职业并不感兴趣。1836 年春天，他放弃了获得医学学位的机会，全身心地投入到科学事业中来。

福布斯是典型的"现场科学家"，他一生都在从事着实际的调查和观察工作。从 1832 年起，他每年都到爱尔兰海等海区用采样器采集生物样品。1840 年、1841 年，他在爱琴海进行了一次探险。他发现，打捞的深度越深，打捞上来的

E. 福布斯

斧头鱼

动物数量就越少。以此为据，福布斯断言，540 米以下的海洋是一个"不毛之地"，即深海是一个没有生命存在的地方。当时，大多数科学家认为福布斯的断言是合乎逻辑的，因为 90 米以下的海洋中透射的阳光已很少。而众所周知，所有生物体都直接或间接地依赖阳光；况且在 540 米水下，压力在 54 个大气压以上，这对生命体来说，是一个难以想象的承受力。福布斯发现了海洋生物垂直分布的分带现象，按深度将爱琴海的生物划分为滨海生物带、海带带、珊瑚藻带、珊瑚动物带等 8 个动物带。

　　1841 年，福布斯出版了《不列颠海星类的历史》。1842 年，27 岁的福布斯担任了伦敦地质协会博物馆馆长，同年成为英国伦敦国王学院教授。他先后在爱尔兰、法国、瑞士、德国、阿尔及利亚等国海域和地中海从事海洋探险与生物学考察，获取了大量的动物标本和科研成果。1846 年，福布斯发表重要文章《论英

铲鼻龙虾

伦诸岛现存动植物区系分布和影响其分布的地质变化之间的关系》，将大不列颠植物清楚地分为五群，认为它们大多数和陆生动物一样，是经过连接的陆地，在三个不同时期——冰前期、冰期、冰后期迁至英伦各岛。1850年，他发表的《英国海产生物分布图》，将欧洲海域第一次划分为若干个生物地理省，开创了海洋生物地理学的研究领域。1852年，他完成和出版了《不列颠软体动物生活史》（四卷）。1853年，他当选为地质学会最年轻的主席。1854年，他荣任爱丁堡大学自然史教授。

1854年11月18日，福布斯卒于苏格兰的爱丁堡，年仅40岁。在福布斯去世后，戈德温·奥斯汀继续编辑并于1859年出版了《欧洲海的自然历史》，此著作被认为是海洋生态学的第一部论著。

9. 创造术语"生物群落"的科学家
——K. A. 默比乌斯（Karl August Möbius）

卡尔·奥克斯特·默比乌斯是德国动物学家，生态学研究领域的先驱。1825年2月7日，默比乌斯出生于德国萨克森州的爱伦堡镇。4岁的时候，默比乌斯就上了小学。12岁的时候，在父亲的安排下，默比乌斯去了师范学校进修。7年后，他以优秀的成绩通过了教师资格考试，并被聘到位于哈尔茨山脉西北角的赛森当了一名教师。1849年，默比乌斯进入洪堡大学学习自然科学和哲学。毕业后，他在德国汉堡市的约翰纽姆高中教动物学、植物学、矿物学、地理学、物理学和化学。

K.A. 默比乌斯
（1825—1908）

1863年，默比乌斯在汉堡创立了德国第一家海水水族馆。1868年，在通过哈雷大学的博士论文答辩不久后，他被聘为德国基尔大学动物学教授和动物博物馆的负责人。那个时候，海洋动物是默比乌斯研究的主要兴趣点之一，他的第一项综合性研究是关于基尔湾动物群落的。在这项研究中默比乌斯强调了生态学的各个方面。在此项研究基础上，默比乌斯与海因里奇·阿道夫·迈耶一起合作出版了《基尔湾消逝的动物群落》一书，分别有1865年和1872年两个版本。

1865~1870年，默比乌斯研究了"牡蛎库"的生态学问题。"牡蛎库"是一个学术名词，通俗地讲是指一片区域中所有活的牡蛎的总和，包括老牡蛎和后代牡蛎。该项研究的主要目的是确定在德国海岸带开展牡蛎养殖的潜力。默比乌

柏林自然历史博物馆

洪堡大学（1838年）

斯的研究结果促成了两本具有里程碑意义的出版物的诞生：《关于德国北部海岸区的牡蛎和蓝贻贝养殖》和《牡蛎及牡蛎人工养殖》。在这两本书中，默比乌斯得出这样一个结论：牡蛎养殖对德国北部地区来说是不可行的。更重要的是，他是第一个详细描述"牡蛎库"生态系统中不同有机体相互作用的人，并且创造了术语"生物群落"，这个术语至今仍然是群落生态学中的重要术语。1877年和1883年，默比乌斯通过研究牡蛎生物群落，还提出了"广温性生物"、"狭温性生物"和"广盐性生物"等生态学的重要概念。

1888年，默比乌斯被任命为柏林自然历史博物馆的负责人，还成为柏林凯塞威廉大学的系统动物学和地理动物学教授。他在那里一直任教到1905年，以80岁高龄退休。1908年4月26日，默比乌斯于柏林去世。

10. 以"达尔文的斗犬"著称的海洋科学家
——T. H. 赫胥黎（Thomas Henry Huxley）

托马斯·亨利·赫胥黎，是英国著名博物学家，是第一个提出人类起源问题的学者。他是"达尔文进化论"最杰出的代表，并自称为"达尔文的斗犬"。

1825年5月25日，赫胥黎出生在英国的一个教师家庭。早年的赫胥黎因为家境贫寒而过早地离开了学校。但是他凭借自己的勤奋，终于在1841年靠自学考进了医学院。1845年，赫胥黎在伦敦大学获得了医学学位，之后到了海军医院当军医。他曾作为随船的外科医生去澳大利亚旅行。也许是因为职业的缘故，赫胥黎酷爱博物学，并坚信只有事实才可以作为说明问题的证据。

T.H. 赫胥黎
(1825—1895)

1846年，他应邀随巡洋舰"响尾蛇"号去新几内亚海岸探险。在四年的探险航海中，他重点研究了海产动物的形态和生理学。1851年，在英国著名海洋生物学家爱德华·福布斯教授的推荐下，26岁的赫胥黎当上了英国皇家学会会员。1852年，他发表了关于海鞘及水母的论文，并因此获得了英国皇家学会授予的"福布斯奖章"。第二年，母亲不幸去世，于是他决定辞掉军医到大学当教授。

1854年，赫胥黎来到伦敦矿物学院任教，并与相爱8年的未婚妻结了婚。他的妻子当时体弱多病，据说只能活6个月。但是，在他的悉心护理下，爱妻不仅奇迹般地恢复了健康，后来还生了8个孩子，而且还成为他从事研究工作的好助手。

1859年11月3日，查尔斯·罗伯特·达尔文的科学名著《物种起源》出版。这本观点新奇、内容独特的著作一经出版，立即在英国掀起轩然大波。有些人兴高采烈拍手称赞，有些人恼羞成怒、暴跳如雷，更多的人则把它当成奇闻传说到处宣扬。当时，进化论思想还没有普及，进化论者的队伍也不够壮大，在这场大论战中支持达尔文的人只是少数。为了有力地反击教会反动势力的围攻，捍卫进化论思想的纯洁性，达尔文非常希望能得到志同道合者的支持。于是，达尔文给时任伦敦矿物学院地质学教授的赫胥黎郑重地寄去一本自己的新作，并请他谈谈对这本书的看法和评价。

赫胥黎以极大的兴趣，认真读完了《物种起源》。他认为，尽管书中的某些不甚重要的结论还有待继续研究与探讨，但通篇而论，这部论著有着极宝贵的价值，是一本划时代的杰作，它必将引起一场科学思想的深刻革命。赫胥黎最后告诉达尔文，他将全力以赴地投入这场捍卫科学思想的大论战中去。他在信中说："为了自然选择的原理，我准备接受火刑，如果必要的话。""我正在磨利牙爪，以备来保卫这一高贵的著作。"赫胥黎公开并郑重地宣布："我是达尔文的斗犬。"

赫胥黎的生活照

赫胥黎说到做到。1860年6月30日，关于进化论大论战的"第一个回合"，在牛津大学面对面地展开了。赫胥黎以雄辩的事实、富有逻辑的论证，同大主教那种空洞、语无伦次的谩骂形成了鲜明的对比，取得了雄辩的胜利。在为宣传进化论而进行的几十年的斗争中，赫胥黎一直站在斗争的最前线，充当捍卫真理的"斗犬"。

为了保卫达尔文的学说，35岁的赫

胥黎甚至改变了自己的学术研究方向，转而研究脊椎动物化石和进化论。1863年，赫胥黎发表了《人类在自然界中的位置》，阐述了动物和人类的关系，确定了人类在动物界中的地位，提出了人猿同祖论，进一步补充了达尔文的《物种起源》。

赫胥黎墓

1874年，赫胥黎成为了当时美国新建的霍普金斯大学的教授。1883年，他被委任为英国皇家学会会长。1888年，在赫胥黎的建议下，英国设立了普利茅斯海洋生物学研究所。

赫胥黎发表过150多篇科学论文，包括《人类在自然界的位置》、《动物分类学导论》、《非宗教家的宗教谈》、《进化论与伦理学》等，内容不仅包括动物学和古生物学，而且涉及地质学、人类学和植物学等方面。他对海洋动物的研究尤为著名，曾指出腔肠动物的内外两层的体壁相当于高等动物的内外两胚层。赫胥黎不但是达尔文学说的积极支持者，而且还进一步发展了达尔文的思想，是最早提出人类起源问题的学者之一。1893年，68岁的他应友人邀请，到牛津大学作了一次著名的讲演，题为《进化论与伦理学》，主要讲述了有关进化中宇宙过程的自然力量与伦理过程中的人为力量相互激扬、相互制约、相互依存的根本问题，对于生物发生、生物进化做出了科学的解释，比达尔文的《物种起源》迈进了一大步。中国近代启蒙思想家、翻译家严复译述了赫胥黎的部分著作，名曰《天演论》，以"物竞天择，适者生存"的观点号召人们救亡图存，"与天争胜"，对中国当时思想界有很大影响。

1895年，赫胥黎患了流感，引起心脏病，于当年6月29日与世长辞。在他的墓碑上，刻着他自撰的诗句："悲痛的人们啊，请不要过于悲哀，他只是暂时的入睡，纵然他永远安眠，那也是他的意愿。"他的孙子居里安·赫胥黎，后来也成了世界闻名的生物学家。

为了纪念赫胥黎这位伟大的人类学家，英国皇家人类学会于1900年设置了"赫胥黎纪念奖章"，它是国际人类学的最高学术荣誉奖。

11. "挑战者"号环球海洋科学考察队队长
——C.W. 汤姆孙（Charles Wyville Thomson）

C.W. 汤姆孙
（1830—1882）

查尔斯·维维尔·汤姆孙是英国探险家，生物学家。1830年3月5日，他出生于英国苏格兰的爱丁堡。汤姆孙的父亲是一名内科医生，因此他的家人也希望他成为一名医生。1846年，汤姆孙进入爱丁堡大学学习医学。但是一方面由于他的身体状况难以适应紧张的医学训练，另一方面自然界也深深吸引着他，于是在爱丁堡大学学医时，他以采集海岸生物为乐趣。他花了几年的时间学习动物学、植物学和地质学的课程。1850年，他在医学系没能取得学位就离开了大学，开始了博物学方面的研究。他的博物学方面的才干被很多人赞赏，1860年被提升为贝尔法斯特大学的地质学、动植物学教授。

1850~1870年，汤姆孙在爱尔兰的很多大学教授动物学和植物学。在此期间，他与珍妮·拉美齐·达沃森结婚，并且沉迷于海洋生物学研究，尤其是深海中可能存在的生物。在那个时代，大多数科学家认为，在深海那么恶劣的生存条件下，没有生物可以存活，即深海中没有生物存在。然而，汤姆孙曾见过挪威研究者从至少540米深的深海中打捞上来的动物残骸。因此，他在研究报告《深海》一书中，将深海视作"自然主义者的希望之地，是唯一的保留区，且拥有能够让人跃跃欲试的非凡趣味和无尽的新鲜事物"。

汤姆孙对海百合类等的海洋生物学和古生物学的研究很感兴趣。在挪威的罗弗敦群岛近海 550 米深处的一次取样中，他采到了活着的小海百合，轰动了整个海洋学术界。汤姆孙还创纪录地从 4 427 米深的海洋中打捞上来活的生物体。他在总结了参加"闪电"号和"豪猪"号在 1868～1870 年的 4 次深海调查的结果后，于 1872 年撰写了名为《深海》的专著，书中明确指出："海洋中不存在无生物带，从表层至深海栖息着多种动物，其中许多动物都与第三纪或白垩纪绝种的某些动物化石有着十分密切的联系。"几次考察的成功，使汤姆孙的学术名望大大提高。1869 年他被推荐为英国皇家学会会员，第二年又担任了爱丁堡大学教授。

爱丁堡大学

尽管考察成功造成了很大的轰动，但是这些考察只是在海洋中很小区域内进行的有限测试。汤姆孙明白，想了解海底的真实情况还需要更多的科学信息。因此，在威廉·本杰明·卡彭特的支持下，1871 年汤姆孙再次向英国海军部提交了航行申请。与以往的所有航行不同，这次航行是要获取海底的物理学、化学和地质学信息，了解那里可能存在生物的生物学状况，而且研究的范围不是一两个地点，而是全世界。

英国海军部同意了汤姆孙的航行申请，并送给他一艘名为"挑战者"号的船用于考察。"挑战者"号是一艘轻巡洋舰，主要靠风帆推进，装备有一个 1 200 马力的蒸汽发动机以备不时之需。为了适应科学考察，"挑战者"号在改建时，拆除了 15 门大炮，只保留下 2 门，以腾出空间给科学家、实验室、科考设备以及将来可能搜集的海洋动植物标本。船上装配了各种奇形怪状的设备，包括显微镜、化学测试设备以及数百千米长的绳索。这些绳索是用来测量海水深度和向海底投放并回收设备的。

"挑战者"号于 1872 年 12 月 7 日~1876 年 5 月 26 日完成了世界上第一次环球海洋科学考察。由于年事已高，"挑战者"号环球海洋科学考察活动的主要

考察途中的"挑战者"号

发起人卡彭特辞去了考察队队长的职务，作为"挑战者"号环球海洋科学考察的发起人之一、英国博物学家汤姆孙代替卡彭特担当了"挑战者"号环球海洋科学考察队队长的要职。在历时3年多的时间里行程12万多千米。"挑战者"号考察队共采集到底栖生物、浮游生物和深海鱼类4 700多种，并第一次在水深6 250米处采集到一些罕见的生物样品。这次环球海洋考察还开创了一门新的学科——海洋学。

在"挑战者"号环球海洋科学考察结束后，汤姆孙担任了"挑战者"号资料整理委员会主席，承担了分配大量标本以及总结和出版调查报告的工作。汤姆孙搜集了大量的海洋研究数据，其中包括大西洋海床的等深线、海底底质的成分、温度的变化、深海动物的分布、海水的密度以及海水的碳酸含量，等等。他在爱丁堡设立了一个研究室，主要负责将搜集的材料进行筛选、分类并加以分析，并同时组织发表成果。汤姆孙还专门为"挑战者"号的研究报告设计了一个新的版式。但不幸的是，由于他的健康状况不佳，他最终没能完成这项工作。1877年，他在《大西洋》上发表了一个初步报告《"挑战者"之旅》，其中就有很多美丽的海洋生物插图。

汤姆孙教授还是一位博学多才、精明强干、富有幽默感的社交家和科学事业的伟大组织者，对海洋科学的发展作出了极其卓越的贡献。由于他在调查研究成果汇总方面成就卓著，英国女王于1876年授予他勋爵爵位，英国皇家学会也授予他金质奖章。

遗憾的是，在"挑战者"号环球海洋科学考察结束后，人们和许多机构为这些标本和样本应如何分类而争吵不休。大英博物馆认为，他们应该负责保存标本、组织研究和整理发表成果。而汤姆孙却认为这些样本应该给那些最有资格的专家来研究。似乎正是由于这些争吵和压力导致了汤姆孙在52岁就英年早逝。他在1879年遭受了中风，1881年再次中风。1882年3月10日，汤姆孙在苏格兰博斯德去世。

12. "底栖生物"和"游泳生物"的首次提出者
——E. 海克尔（*Ernst Haeckel*）

恩斯特·海克尔是德国著名的生物学家、博物学家、哲学家、内科医生、艺术家。他是达尔文进化论的拥护者、传播者。他发现、描写并命名了成千上万个新物种，绘制了一幅涵盖几乎所有生命形式的谱系树图。早在1891年，海克尔就首先提出了"底栖生物"和"游泳生物"两个名词。后来，"生态学"一词也是他第一个提出的。

E. 海克尔
(1834—1919)

1834年2月16日，海克尔出生于德国的波茨坦。在少年时代，他就才华出众，1852年进入洪堡大学，1857年完成了论文《论甲壳动物的组织》并获得医学博士学位。在学生时期，海克尔就被显微镜下的生物结构所吸引。后来，在导师约翰尼斯·彼得·缪勒教授的指引下，他参加了北海赫耳果兰岛和地中海的尼斯海洋生物调查。当他第一次见到打捞上来的那些闪闪发光的栉水母、动作敏捷的箭虫、令人眼花缭乱的无数桡足类动物、糠虾、蠕形动物、棘皮动物幼体的时候，感到异常的惊喜。自此之后，海克尔更加热衷于比较解剖学的研究。1858年，海克尔通过了国家医学考试，并在图林根州的耶拿动物研究所找到工作。

1859~1860年，海克尔参加了地中海动物学的考察活动。他在地中海的墨西拿海峡采集到大量的放射虫，并进行了研究。1861年，27岁的海克尔已成为第一流的科学家，并被耶拿大学聘为教授。以后，他继续利用"挑战者"号采集的

海克尔（左）和他的助手

放射虫标本开展进一步的研究工作。海克尔使用"挑战者"号采集的数据描写了3 500多个放射虫的种类。他的这份报告共分为三卷，2 750页，包括140个非常细腻的放射虫的图像。他还进一步弄清了水母类的分类学、发育学和生态学的一些问题，绘制出无数的石版画。海克尔在北自挪威海，南至地中海的海域不辞辛苦地拉网，认真研究石灰质海绵和腔肠动物，并根据第一手资料，将它们一一分类，建立了自然分类系统。他出版了《放射虫》一书，并对"生态学"和"生物分布学"等名词下过明确的定义。

海克尔是达尔文进化论者。1860年，他读了达尔文的《物种起源》后，就对进化论深信不疑。他在解剖学上的知识给进化论提供了很多新的观点，并依次描述了上百个新的物种。此外，他还引用家谱图来描写生物学中进化关系的表示方式，提出了所有生物是从共同的祖先发展出来的设想，并推测这些祖先可能分三个组。虽然他的大多数理论在今天来看已经过时了，但是在推动科学发展的过程中却起到了必不可少的作用。他在《宇宙之谜》（1899

E. 海克尔

选自海克尔《自然的艺术形式》中的部分插图

海克尔在讲学

年)、《生命的奇迹》(1904年)等著作中,提出了自然一元论的观点。他说:"无论是石头、水、放射虫、针枞、大猩猩,还是中国的皇帝,都是活着的神。"

海克尔又是一位出色的哲学家、诗人、画家。作为艺术家的海克尔,曾经为《自然的艺术形式》绘制了超过一百幅细致优美的自然科学类插图。

海克尔认为生物学在许多方面与艺术类似。自然界中的对称,比如单细胞生物中的放射虫对他的艺术天赋有很大的启发。尤其著名的是他画的浮游生物和水母,这些图画生动地体现了生物世界的美。他不论是在学术著作,还是在科普著作中都画有优美的插图。他的图画对20世纪初的艺术也有一定的影响。新艺术运动就是从他的一些插图中获得启发而形成的。他在耶拿的住宅和那里他资助的一个博物馆的建筑,都体现出了他的艺术天才。

1919年8月9日,85岁的海克尔在耶拿去世。

13. 浮游生物学的创始人
——C.A.V. 亨森（*Christian Andreas Victor Hensen*）

克里斯蒂安·安德雷斯·维克多·亨森，是德国著名的海洋生物学家，也是浮游生物学的创始人，被世人称为"浮游生物学之父"。

1835年2月10日，亨森出生于德国的修列斯威希。1854~1856年，亨森在维尔茨堡大学和基尔大学学习医学。1859年，他获得了基尔大学的博士学位。1864~1911年，亨森担任德国基尔大学的生理学教授。在此期间，他还担任了波罗的海、北海以及大西洋的五个海洋探险队队长。1867年，当亨森成为普鲁士国会代表后，他积极地推动海洋研究的发展。在他的倡议下，"皇家普鲁士海洋调查委员会"成立。

C.A.V. 亨森
(1835—1924)

1870年，德国政府设立"普鲁士海洋调查委员会"后，亨森便开始致力于海洋学的研究。他深入研究了海洋生产力的起源，定量研究了海洋物质代谢的方法，探讨了鱼类所需的基本饵食及数量。他对北海渔业的发展作出了很大贡献，可以说，是他奠定了水产资源学的基础。

亨森于1884年用细孔纱布（缪勒丝绢）制成的鱼卵采集网和浮游生物采集网被称为"亨森网"或"缪勒纱布网"，一直沿用至今。此外，亨森还制作了许多确定浮游生物量的工具，如吸液管、计数板、计数显微镜、过滤器等，确保了对浮游生物的定量研究。1887年，他把浮游生物命名为"Plankton"，该词来自

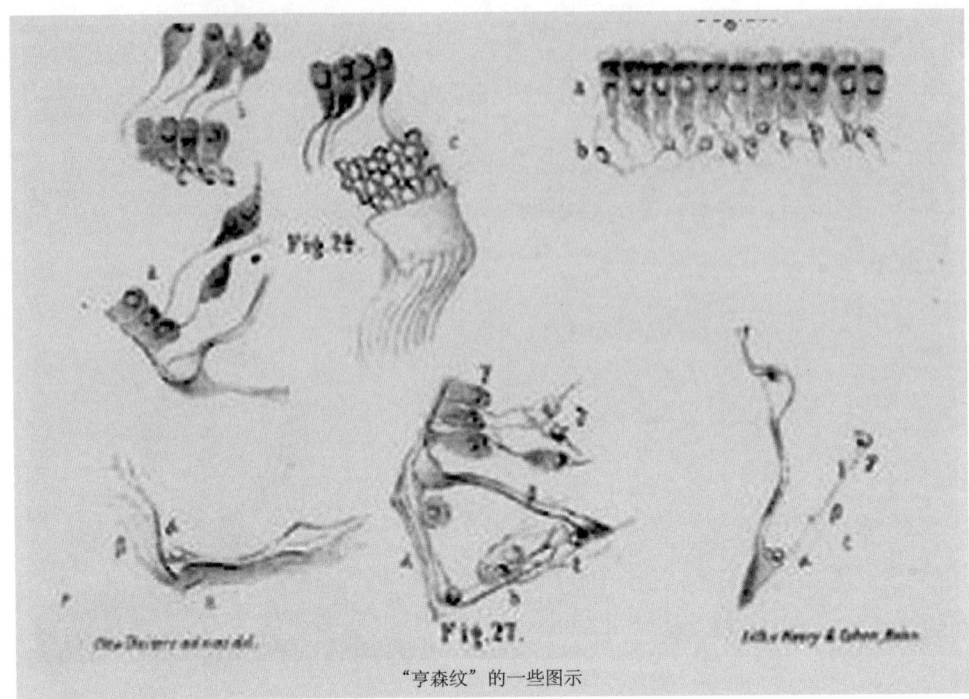

"亨森纹"的一些图示

希腊文，意为漂泊流浪，得到了世界的公认。由此，他也获得了浮游生物定量研究创始人和浮游生物学开创者的赞誉。

亨森曾经多次组织并参与了海洋调查，其中1889年7~10月，在他的指挥下进行了一次重要的浮游生物探险考察，航线是：横穿大西洋，经格陵兰、马尾藻海到佛得角，沿阿森松岛、巴西，最后回到欧洲。这次调查的重要发现之一是：温暖海洋中的浮游生物很少，而寒冷的海洋中浮游生物数量却很大。

1895年，亨森又致力于研究在一定时间、一定场所内进行浮游生物量测定的探索，了解生物量的分布及其变化，目的在于改善浮游生物的采集方法。1897年，他又进一步研究调查了浮游动物的生产速度，为后来学者对这个问题的深入研究打下了基础。

亨森还在胚胎学和解剖学领域有所建树，特别是在听觉医学方面同样作出了出色的贡献。1863年，亨森描述了现在仍以他的名字命名的"亨森细胞"和盖膜(耳朵的组织之一)上的"亨森纹"。

1924年4月5日，亨森在基尔逝世。

14. 海洋生物和形态学研究的杰出贡献者
——A. E. 阿加西斯（Alexander Emamuel Agassiz）

亚历山大·伊曼纽尔·阿加西斯是美国著名海洋生物学家，也是一名采矿工程师。

虽然阿加西斯的主要事业是矿山工程，但他却酷爱海洋生物学。他在生物和形态学上作出了巨大贡献，并成为当时一流的海洋动物学家。值得一提的是，他是海洋学奠基人路易斯·阿加西斯之子，也是美国著名女博物学家、教育家伊丽莎白·卡波特·阿加西斯（1822—1907年）的继子。

1835年12月17日，阿加西斯出生于瑞士的纳沙泰尔，1849年随父亲移居美国。1855年，他从哈佛大学毕业后，进入了劳伦斯学院学习工程和化学，1857年获得了生物学学士学位。

A.E. 阿加西斯
（1835—1910）

1859年，阿加西斯进入美国海岸调查部做助理工作。此后，他成为一名海洋鱼类学专家。但是，他在调查、监督和开发矿产资源方面也投入了很多精力。他的一个名叫赫伯特的朋友在密歇根州发现了铜矿，并劝说他参与一起创业，成立了有名的"卡吕梅和赫克拉矿业公司"。1867年，他开始担任铜矿公司的负责人。

虽然阿加西斯的铜矿事业几经波折，但是也为他积累了一大笔财富。然而他却把这些财富用到了海洋研究工作上。1866年夏天，他去哈佛大学他父亲创立的比较动物学博物馆做了助理研究员。1873年，仅在8天之内，他既失去了父亲，也失去了年轻的妻子。之后，他把主要的精力都投入到海洋研究工作中。第二年，他在自己住所附近新建了一个私立研究所，接管了父亲留下的"比较动物学博物

"信天翁"号调查船

馆"。在1885~1892年的7年间,他担任博物馆馆长一职,并为这所博物馆捐赠了上百万美元。从1902年直至去世,他一直担任这个博物馆的指导员。他在这里从事海洋科学研究工作长达50年之久,出版了有关海洋动物研究的杂志共54卷,论文集40卷,其中大部分经费是他自己出的。他把自己的大部分财产投入到博物馆和海洋研究上,把自己的一生献给了海洋研究工作。

1877~1905年,阿加西斯曾经多次乘"布莱克"号和"信天翁"号调查船出海,改进了测深仪和其他海洋学研究装备,著有《"布莱克"号三次航海》一书。他刻苦研究珊瑚礁长达30余年,并根据多次调查获取的资料,提出完全可以不用查尔斯·罗伯特·达尔文的"大地沉降说"也能解释珊瑚礁形成过程的观点。1904~1905年,已经70岁高龄的阿加西斯还乘"信天翁"号调查船驶往东太平洋。在他的指挥下,搜集到的有关海洋生物学方面的样品,是当时任何调查船都无法比拟的。在一次3 200米深海取样中所获得的深海鱼数量就比"挑战者"号整个航程中取得的还要多。

阿加西斯的主要著作包括:《近海自然历史研究》(1865年)、《海胆研究》的修订本(共2卷,1872~1874年)和《北美洲海星》(1877年)等。

1910年3月27日,阿加西斯在访问欧洲的归途中去世。为了纪念他的不朽业绩,美国科学院设立了"亚历山大·阿加西斯金质奖章",专门授予那些有独创成就的海洋学者。

15. 首开女性从事海洋研究先河的海洋动物学家
——M. J. 拉思本（Mary Jane Rathbun）

玛丽·简·拉思本是美国海洋动物学家，以奠定甲壳纲的分类学基础而闻名，也是世界上第一位从事海洋研究的女性海洋动物学家。

1860年6月11日，拉思本出生在美国纽约州西部伊利湖东岸的港口城市布法罗。她也是在那里接受的教育，之后很长一段时间，她都在史密森学会和美国国家博物馆工作。

M.J. 拉思本
(1860—1943)

拉思本对生物学的兴趣源于她的哥哥理查德·拉思本，理查德曾经是史密森学会的助理秘书和国家博物馆的负责人。1881年夏，当理查德还是美国鱼类委员会的科学助理时，拉思本就陪他一起去委员会在伍兹霍尔海洋研究所的夏季实验室，他每年都要去一次那里。在那里，拉思本对生物的研究兴趣被激发，并一发不可收拾。此后，拉思本连续三年的夏天都去了伍兹霍尔海洋研究所，她的兴趣如此的热烈，以至于从1881~1884年，她一直义务为美国鱼类委员会工作。

1884年，拉思本在美国鱼类委员会获得了办事员的职位。直到1887年，她被史密森学会的斯宾塞·富勒顿·博德指定到国家博物馆海洋无脊椎动物部工作。最开始，她是海洋无脊椎动物部的抄写员，之后成为助理、部门的副主管。她在国家博物馆海洋无脊椎动物部工作长达53年之久。

在海洋无脊椎动物部工作期间，拉思本独自建立了一个他人无法超越的记录

拉思本在整理标本

系统。这个系统直到今天仍被海洋无脊椎动物部沿用,也被博物馆的其他部门研究和采用。她还整理了一套系统的目录卡片,其中包括数百张由她自己手写的分类卡片,记录了数以千计的海洋无脊椎动物标本,并将它们分门别类,这套分类卡片也一直沿用到今天。

从1891年起,拉思本开始撰写关于甲壳纲动物区系的科学论文,先后发表论文158篇。这些论文大多数是分类学著作,内容涉及近代和古代海洋动物。她的名作是有关方蟹科、蜘蛛蟹科、黄道蟹科和尖口蟹科等四部专题著作,于1918~1937年由美国国家博物馆出版。

随着研究工作的不断深入,拉思本收集及研究的材料变得越来越多,她非常需要一个助手来帮助她整理、分析和研究。但是,由于经费方面的限制,国家博物馆不可能为她聘请助手。为了科学研究工作的需要,拉思本毅然决然地放弃了自己的酬劳,用她的薪水雇佣了一位助手——沃尔多·拉萨尔·施密特。施密特说,要不是拉思本的自我牺牲精神将他领入了这个领域,他也许永远都不会从事这个职业。由于施密特表现得很出色,后来被任命为博物馆生物部的首席主管。

虽然没有了工资,拉思本还是一如既往地将那里的科学研究作为她的全职工作,直到生命结束。她为科学的奉献以义务开始,也以义务结束。

除了对科学研究的挚爱,拉思本还对音乐和戏剧感兴趣。费城和波士顿管弦乐队在华盛顿举行的音乐会上,总是可以看到她的身影,除非她的身体状况不允许她出门。她还是一个非常有天赋、有幽默感、富有人格魅力的人。在第一次世界大战中,她曾经抛开了所有的研究和写作工作,悄悄地到当地红十字会去工作,做一些为伤员包扎伤口等极其普通的工作。当食品和肉类稀缺时,她慷慨解囊、捐赠食物,救助受难者。

1916年,为了表彰拉思本为科学作出的贡献,匹兹堡大学授予她名誉硕士学位,1917年,她获得乔治·华盛顿大学的博士学位。

1943年4月4日,拉思本在华盛顿的家中逝世,被葬在她的出生地布法罗。

16. 世界水产资源学的鼻祖
—— J. 约尔特（*Johan Hjort*）

约翰·约尔特是挪威水产资源学家和动物学家，被称为"世界水产资源学的鼻祖"。

约尔特1869年2月18日出生于挪威的奥斯陆，父亲是著名的眼科医生，母亲也出身望族。约尔特是家中的第一个孩子，他小时候的理想是成为一名动物学家。但是，为了让父亲高兴，他进入了瑞典隆德大学学医。之后，在弗里乔夫·南森的建议下，约尔特还是坚持了自己儿时的理想，来到德国慕尼黑大学与赫尔特威赫一起研究动物学，并在意大利那不勒斯动物实验站从事海产动物的研究。1892年，23岁的约尔特获得了慕尼黑大学博士学位。

J. 约尔特
（1869—1948）

回到挪威后，约尔特担任了动物学博物馆的馆长，并给学生教授更加现代的动物学课程。1894年，他开始了水产基础科学的研究，并于1896年出版了《挪威渔业的水文生物学研究》一书。1900年，他在卑尔根创建了国立水产试验场，并担任场长至1906年。1906~1916年，他任职于卑尔根的挪威海洋研究所，并担任所长。由于早年在国外科研界的影响，因此，他可以经常参加国际性的调查研究活动。

约尔特（左）在海洋调查船上

约尔特认为，要彻底了解鱼的生活史，必须进行国际合作。1890年，他开始与丹麦的马丁·汉斯·克里斯蒂·克努曾、挪威的弗里乔夫·南森、瑞典的瓦戈恩·沃夫瑞德·埃克曼和奥托·彼得松等科学家商议，于1902年创立了国际海洋考察理事会，并于1902～1938年担任挪威代表。之后，他当选为这个委员会的主席，而且在这个位置上一直干到1948年去世，充分发挥出他卓越的领导才能。

约尔特一向关心水产生物对环境的反应，而开展对整个大西洋的生物资源调查研究是他的心愿。1909年，英国海洋学家约翰·默里写信给挪威政府，希望政府能将"迈克·萨尔斯"号调查船借给他进行一次为期4个月的海上调查研究。这次在当代最具野心的海洋考察活动成行以后，约尔特与默里一起乘"迈克·萨尔斯"号调查船对北大西洋进行了考察，考察的成果收入在他们合著的《大洋深处》（1912年）一书中。

约尔特一直对大自然的统计学规律和导致鱼类种群大范围波动的原因十分感兴趣。他是第一个将统计学方法应用于研究上述现象的人。通过运用特定的测量手段，他获得了估算鱼类年龄的方法。1900~1909年，他出版了与别人合著的《挪威渔业和海洋调查报告》，共三卷。他还对挪威占有重要经济地位的鲱鱼进行了认真的调查研究，并于1914年发表了《大渔业的变化》一书，此书成为水产资源学领域划时代的文献。

由于约尔特在科学和实用海洋学以及水产资源领域取得的突出成就，他先后被剑桥大学、哈佛大学、牛津大学授予很多荣誉学位。他还被许多国外研究组织选为会员，其中包括著名的英国皇家学会。他是第一个被授予永久性"亚历山大·阿加西斯奖章"的人。

"约尔特"海洋调查船

此外，约尔特对哲学和社会学问题也很关心，并先后出版了一些哲学类的书籍，如《科学的统一》（1929年）、《皇帝的新装》（1931年）、《个人的文艺复兴》（1948年）等。

约尔特与妻子旺达·玛丽娅·冯·德·马维茨于1893年在慕尼黑求学时相识，夫妻俩共生育了4个孩子。他的大儿子约翰·伯纳德·约尔特后来成为挪威最高法院的大律师。1848年10月7日，约尔特在奥斯陆去世。

17. 鳗鱼故乡的考察者
—— J. 施密特（Johannes Schmidt）

J. 施密特
（1877—1933）

乔纳斯·施密特于1877年1月2日出生，是丹麦的著名生物学家。他由于发现了鳗鱼洄游到马尾藻海产卵而出名，也因此得到了一个亲切的绰号——"鳗鱼施密特"。

施密特是一位终生研究鳗鱼的学者，但是他在哥本哈根大学学习的却是植物学，并于1898年获得了硕士学位。1900~1904年，施密特到过冰岛、法罗群岛进行科学考察，在法罗群岛西岸意外地发现了鳗鱼苗，这一发现便成为他一生研究鳗鱼的起点。

1905年6月，施密特正式开始探索鳗鱼的鱼苗和产卵场。他在大西洋暖水域的法罗群岛至冰岛一带认真地进行了拖网调查。1905~1906年，他在大西洋赫布里底群岛和西班牙之间采集到大量的鳗鱼苗。1906年6月，他在爱尔兰西南近海也采集到了大量的鳗鱼苗，但是这些鱼苗已经成长得相当大了。出乎意料的是，他在地中海东部却没有捕到鳗鱼苗，这就否定了过去提出的"鳗鱼在地中海产卵"的说法。施密特发现，越往大西洋西行，鱼苗越多，而且形态也越小。因此，他决定去马尾藻海，寻找鳗鱼的故乡。1910~1911年，当在北纬25度41分、西经18度53分的海面发现了体长35~50毫米的鳗鱼苗时，他就断定产卵场还在西方。1913年，他继续西行到西印度群岛的西方，采集的大量鳗苗体长为30~40毫米，于是他又继续向西航行。但不幸的是遇到了暴风，他们只好返回。调查因第一次世界大战（1914~1918年）而中断。第一次世界大战后的1920年四、五月，施密特乘"达纳Ⅰ"号再次开始调查。在马尾藻海,每晚他都可采集到体长10～20毫米的鳗苗。同年的6～7月,他在77个测点下网299次,捕到欧洲鳗苗6 069条,美洲鳗苗12 027条。1921年春天,他又乘"达纳Ⅰ"号在上述区域调查了两个月,取得了珍贵的初生鱼苗标本。于是,他在总结了1904～1921年长期调查的结果后,写成论文发表。他在论文中指出,马尾藻海是欧洲鳗和美洲鳗的故乡,同时,也是它们的墓地。

鳗鱼

此外,他还证明了鳗鱼苗随墨西哥流漂游2～3年,经过长途旅行逐渐成长,最后到达沿岸,进入河川溯游的整个过程。1921~1922年和1928~1930年,为了弄清世界鳗的生活史,他先后乘船调查了大西洋、印度洋和太平洋,发现了印度鳗的故乡在苏门答腊岛西部近海。回国后,他将搜集的标本加以整理总结,陆续写成了长达29卷的报告。该报告是珍贵的资料文献。

施密特关于鳗鱼产卵地的工作使他在1922年获得了"达尔文奖章"。

关于施密特的个人生活,值得一提的是他在1903年娶了世界著名啤酒品牌嘉士伯首席执行官的女儿。1933年2月21日,施密特去世,年仅56岁。

18. 世界上最早闯入深海的生物学家
——C. W. 毕比（Charles William Beebe）

C.W. 毕比
(1877—1962)

如果人类能够自由地选择想要到达前人未曾涉足的地方，并观察那些未曾见过的东西，那么有人会选择去太空冒险，有人会选择置身原始森林，也有人会选择来到偏僻的小岛，查尔斯·威廉·毕比则选择了冷寂的深海，他是最早闯入深海的探险家之一。

1877年7月29日，毕比出生在美国纽约市的布鲁克林。他的母亲海丽塔·玛丽·扬不拉德·毕比是一位很有野心的女人，她一心想要帮助她的儿子成功。孩提时，毕比和他的父母搬到了新泽西州，他的童年和青少年的大部分时间都是在新泽西的东奥兰治度过的。在那里，他和朋友们一起收集鸟蛋、化石、昆虫以及其他动物标本。他的母亲是毕比热爱自然的领路人，她曾经带毕比参观纽约新建的美国自然历史博物馆。他的父亲由于工作原因很少在家，毕比就每天给父亲写信，描述他的收藏和各种奇遇。

高中时，毕比的学习成绩非常优秀。1896年，他作为"特招生"进入了哥伦比亚大学学习，在那里他选修了很多课程，并参加了很多系列演讲。在那里，他还结识了很多人。这些人对他将来事业的发展有很大的帮助，其中最重要的是哥伦比亚大学教授、美国自然史博物馆馆长、古生物学家亨利·费尔菲尔德·奥斯本，他是纽约动物学协会的创立人之一和第一任主席。1899年，纽约动物学协会创办了一个生态动物园，即今天的布隆克斯动物园。同年10月，毕比受聘成为这个生态动物园鸟类方面的第一个助理馆长。正是因为这个职位，使毕比没有获得学位就离开了学校。从那时起，他的名字开始出现在一些专业的科学出版物上，如《自然》、《海雀》、《动物学报》等。1902年，他被提升为馆长。

毕比（左一）和巴顿（右一）

自从1904年与第一任妻子开始第一次探险之旅起，在接下来的20年中，毕比作为一名探险家和生物学家闻名于世。这期间，他领导了多次探险，足迹遍及南美洲、亚洲和世界其他许多地方。

20世纪20年代后期，毕比的注意力从陆地转到了海洋。1925年，他乘坐"大角星"号蒸汽快艇，开始了以研究海洋生物为目的的探险活动。他们来到了达尔文海湾，在那里，毕比使用一种铜制的潜水帽潜水。这种潜水帽使他收集到了之前从未被识别的标本，并能够观察到水下原生态中的海洋生物。在此次探险的过程中，他在加拉巴哥岛和中美洲之间的寇科斯岛南96.5千米的地方建立了一个海洋站，进行海底采样、温度测量、数据收集和观测。此后，他还去了海地和百慕大，他已经深深地迷上了海洋生物学。

1928年11月，毕比在报纸上发表了一篇文章，描述了自己想去深海探险的梦想，此后，许多发明家不断给他提供各类可能的潜艇设计构想。但是，都无一例外地被他否决了，唯有弗雷德里克·奥蒂斯·巴顿（深海潜水家、发明家、探险家）的设计吸引了他。1929年，他同意与巴顿合作，并为巴顿的设计起了一个名字：深海潜水球。

1930年，深海潜水球进行了第一次试潜。1930~1934年，毕比和巴顿共进行了16次深海潜水。每次从潜水球的小窗口中看到各种奇异美丽的深海生物时，毕比都感到特别兴奋。

20世纪30年代后期，毕比在加利福尼亚和中美洲太平洋沿岸一带戴着头盔潜水，开始从事浅海中海洋生物的研究。1945年，他在委内瑞拉的朗秋各兰得建立了一个海洋研究站。

1949年，他又在特立尼达群岛（属西印度群岛）的阿里马谷建立了一个海洋

毕比和深海潜水球

研究站，这也是他最后的家。根据他经常去的一个印度小镇的名字，他将研究站命名为"西姆拉"。在他75岁生日那天，毕比从动物学协会退休。此后的10年中，他都是在西姆拉度过的，陪伴他的是海洋生物学家乔斯林·克利恩，她从深海潜水球探险开始就是毕比的助手。

戴头盔的毕比

毕比一生有过两次婚姻，但是他终身没有孩子。1902年，他与来自弗吉尼亚富有家庭的玛丽·布莱尔·莱斯结婚。1904年，他和妻子来到了墨西哥，开始了他的第一次探险之旅。玛丽之前从未受过苦，但还是和毕比一起睡帐篷、骑马。在他们返回途中，毕比开始了他的第二职业：书写他的探险经历。玛丽受过良好的教育，而且具有很强的写作能力。在她的帮助下，1905年，毕比出版了他的第一本书《两个鸟类爱好者在墨西哥》。之后，他们又写了《鸟类的形态和功能》、《太阳的记录》等多部著作。但是，随着1913年他们的高调离婚，这种私人的文学上的合作也就此结束。1927年，毕比又和作家埃尔斯威思·塞恩·利科尔结婚。他把《在热带海洋之下》献给了他的新婚妻子。他们先是一起旅行，然后因为各自的工作而分开。他们并没有离婚，而且一生中都保持了很好的友谊，但是他们很少在一起生活。

毕比在接近80岁高龄时仍然热衷于从西姆拉家中的阳台上用自己特制的三脚架架上双眼望远镜观察巢中的鸟，甚至爬到树上去观察罕见的铃鸟蛋。他交友广泛，其中不乏著名且有影响之辈，如第26届美国总统罗斯福、英国小说家罗德亚德·吉卜林、英国的乔治王子等。1962年6月4日，他在百慕大因肺炎去世。

尽管与20世纪50年代出现的水下呼吸装置相比，毕比的潜水帽和深海潜水球看似陈旧，但是它们不仅为水下探险开辟了道路，而且还引发了科学界新一轮的开发人类未知区域的热潮。面对神秘的未知世界，他敢于去挑战、去尝试、去体验、去了解，并取得了累累硕果。在2007年《生活科学》网评出的世界十大最勇敢的探险家中，他位列第五名。

毕比和妻子（左二和左一）在朋友佛蒙特的家中

毕比一生坚持写作，他将自己看到、学到的东西分享给大众，从这个意义上看，他不仅仅是一位博物学家，更是一位作家。他一生中共创作了24部著作、800余篇自然历史方面的文章。他的一些著作也得到了科学界的认同，例如，1918～1922年出版的《野鸡专论》，并于1926年获得了"约翰·卜洛奖"；他创作的《加拉帕戈斯群岛：世界的尽头》一书，成为20世纪20年代的畅销书。正是受到毕比著作的激励，无数的海洋科学家才进入了海洋探险的领域。

19. 美国海洋无脊椎动物学的开拓者
——E. E. 贾斯特（*Ernest Everett Just*）

欧内斯特·埃弗雷特·贾斯特是一位非裔美国海洋无脊椎动物学的开拓者、学术专家和科学作家。他不仅取得了重要的科学发现，而且还指导他人在生物受精作用、单性繁殖和早期胚胎领域进行研究。他战胜了种族主义的歧视，最终成为一名海洋科学的先锋。

E.E. 贾斯特
(1883—1941)

1883 年 8 月 14 日，贾斯特出生在美国南卡罗来纳州查尔斯顿市。贾斯特是家中的第四个孩子，他的好几个兄弟姐妹都不幸夭折了。他的父亲查尔斯是个酒鬼，没有固定的工作。在贾斯特 4 岁的时候，他的父亲去世了，留下了一贫如洗的家庭。之后全家移居到了南卡罗来纳州的圣詹姆斯岛。为了养活一家人，贾斯特的母亲玛丽不得不在磷酸盐矿场劳动。同时，她也致力于提高当地黑人的教育水平，开设了周日学校，并在家中缝制衣服，全心全意地为整个社会服务。为了向她表示致意，她所居住的小镇后来更名为玛丽微尔，并声名远扬。

12 岁时，贾斯特进入了他母亲开办的学校——弗雷德里克工业学校学习。1896 年，他就读于南卡罗来纳州奥兰治堡的一所黑人高中。1899 年，年仅 16 岁的贾斯特获得了黑人公立学校的教师资格证。但是，那时的他还没有做好足够的准备将教师作为自己的终身职业。于是，1900年他申请获得了位于新罕布什尔梅里登市的金球联合学院的奖学金。在金球联合学院学习期间，他担任了学校报纸的主编，而且非常擅长演讲。经过3年的时间，他完成了4年的高中课程，之后被新罕布什尔哈诺瓦的达特茅斯大学录取。

大学二年级的时候，他开始喜欢阅读卵细胞方面的科学论文。他疯狂地修完了大学开设的所有生物学课程。同时，他还非常擅长古典文学，并且达到了希腊语初学者的最高等级。这时，生物系主任威廉·佩顿正在撰写《脊椎动物的进化和亲属关系》一书，他邀请了贾斯特参与编写青蛙胚胎学的部分。1907年，贾斯特以优异的成绩毕业，并获得了动物学学士学位以及希腊语和历史学的辅修学位。在大学期间，贾斯特曾经两度获得达特茅斯大学的最高学术荣誉——"鲁弗斯乔特奖学金"，并且入选至全美最古老的学术荣誉协会——大学优等生协会。

大学毕业后，贾斯特希望能够获得一个研究职位，但是那时这种工作根本不会向黑人开放。于是，他辗转到了华盛顿，在哈佛大学得到了英语和修辞学讲师的职位。几年之后，贾斯特被任命为生物学助理教授，开设了动物学和组织学课程。

贾斯特在显微镜前留影

1912年，年仅29岁的他被提拔为哈佛大学的全职教授，并成为动物学系主任。后来，他又在医学院任教，并担任生理学系主任。

贾斯特非常希望能够获得一个研究生学位，因此他接受了芝加哥大学动物学系主任、海洋生物研究室负责人弗兰克·李特雷·利利教授之邀，加入他的海洋生物研究室工作，并在1909年夏天担任了他的研究助理。第一年夏天的无脊椎动物学课程和第二年的胚胎学课程使贾斯特受益匪浅，他的理论生物学知识也长进了许多。他和利利教授一起研究沙虫的受精过程，即雄性和雌性配合形成受精卵的过程。利利教授对贾斯特的天赋和勤奋非常欣赏，因此他又积极推荐贾斯特参加了芝加哥大学的一个博士计划。

1911年，贾斯特取得了一个重大的科学发现，奠定了他作为海洋无脊椎动物学家的地位。他研究了细胞的卵裂，即胚胎发育早期的一个过程。在这个过程中，细胞膜破裂，然后细胞不断分化，受精卵就变成了一个细胞球。他发现蠕虫与极体相连的方位决定了卵裂线的位置。这些研究结果他以《第一个卵裂面和精子入口点的关系》论文发表在1912年的《生物学公报》上。在这之后的两年中，他又相继发表了两篇关于沙虫生殖习性的论文，作为系统研究的补充。

1912年，即在贾斯特结婚当年的春天，经洛克菲勒医学研究中心生物学家雅克·罗卜的极力推荐，他加入了全国有色人种发展联盟。1915年，他以"在过去的岁月中、在促进人类进步的领域中做出最高成就"的非裔美国人的名义，接受了纽约州州长查尔斯·惠特曼颁发的第一枚"斯平加恩奖章"。这个奖章带来的社会和国际知名度，大大提高了贾斯特作为一个科学家的声望。

1916年，贾斯特获得芝加哥大学的动物学博士学位。获得博士学位的他先后被推荐进入美国博物学协会、美国动物学协会、美国科学发展联盟和美国生态学协会。每当新学期开学时，他又回到哈佛大学进行正常的教学工作，而夏天的时

贾斯特在伍兹霍尔海洋研究所留影

候就到伍兹霍尔从事海洋生物学的研究工作。他曾经担任过实验室杂志——《生物学公报》的主编,以及《生理动物学》、《形态学杂志》等许多其他科学杂志的副主编。

1917~1919年,贾斯特开展了对海胆受精过程的研究。随后,在《生物学公报》上发表了一系列文章,描述了他对于受精过程和卵细胞内生物化学变化的研究成果。在这些研究过程中,他又有了许多新的发现,这些发现在某些方面反驳了罗卜的单性受精理论。贾斯特在10多年的时间里一直致力于进行海洋无脊椎动物的繁殖研究,赢得了其他科学家对他在这个领域中技术专长的敬佩。他关于区别正常成长与非正常成长卵细胞的建议,得到了海洋生物学实验室和其他各地胚胎学家的赞同和支持。虽然,这项研究使他和罗卜之间的关系变得不太好,不过它却确立了贾斯特作为一个杰出生物学研究者的地位。

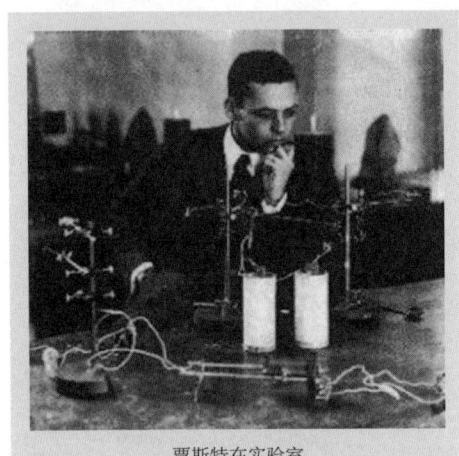
贾斯特在实验室

从1929年起,贾斯特开始不断到欧洲各国参加学术会议和学习。他先是成为意大利那不勒斯海洋生物研究所的客座研究员,从此,他逐步地将基于美国海洋生物研究得出的受精规律扩展到欧洲水域中的物种研究中。1930年,他以客座教授的身份受邀进入了享有盛誉的柏林恺撒威莱姆生物研究中心,并成为该中心的第一个美国教授。在那里,他对淡水中的原生动物变形杆菌进行了研究。

贾斯特的主要贡献之一是推翻了细胞活动是由细胞核控制的假设,证明了在细胞之中、细胞核之外的细胞质在细胞活动中起着重要的作用。他发现了多精受精,即有多于一个的精子通过的情况,是由于外质的机能不正常而造成的。除了研究受精作用、卵细胞活化和细胞分裂外,他还作出了许多其他重要贡献,其中包括研究紫外线辐射对于卵细胞中染色体数量、细胞脱水和水合作用的影响等。1939年,他写成了《细胞表层的生物学》一书,将自己20年来的研究成果进行了总结。1940年，他出版了《海洋动物卵细胞实验的基础方法》一书，简略地描述了从28种海洋物种中提取卵细胞和精子的方法等。

贾斯特一生中结过两次婚。第一次是在1912年，他与一位德语老师埃塞尔·海未登结婚，并

贾斯特中学

生育了3个孩子。1939年，他与妻子离婚。不久后，他与海德薇格·斯琴涅兹勒结婚。1940年，纳粹分子夺走了他的实验室。由于他的妻子是犹太人，所以几经努力，他们终于取得了前往美国的通行证。他带着怀有身孕的妻子回到了华盛顿，又重新回到了哈佛大学教书。同一年，他们的女儿出生。此时，贾斯特的健康状况开始恶化，1941年夏天，他被诊断为胰腺癌。1941年10月27日，贾斯特在华盛顿去世，享年58岁。死后他被安葬在林肯公墓。

贾斯特是一位安静、好学的人。在他短暂的一生中，共发表了60余篇科研文章和2部学术著作。他为科学发展所作的贡献至今仍然被人们牢记。1983年，第26届进化生物学东南亚会议在贝尔·W·海洋生物和沿海研究中心南卡罗来纳州分部召开。这次会议是为纪念贾斯特而召开的，其主题是"无脊椎动物进化的细胞分子生物学研究"。为了向他致敬，1996年，美国邮政局还以他为题材发行了一套邮票。2000年，南卡罗来纳医学大学举办了"贾斯特研讨会年会"，以此鼓励那些非白种族学生继续从事生物医学和健康学的职业。2002年，贾斯特被列入"100名最伟大的非裔美国人名录"中。

20. 中国的"克隆之父"
——童第周

童第周
(1902—1979)

童第周是中国著名的生物学家、优秀的教育家。他曾担任过中国科学院副院长、动物研究所所长、中国科学院海洋研究所所长和国立山东大学（山东大学和中国海洋大学前身）教授、副校长，并当选为中国科学院第一批学部委员（现称中国科学院院士）。他是中国实验胚胎学的主要创始人，中国科学院海洋研究所的主要创建者。他对细胞核和细胞质关系的研究，开创了中国"克隆"技术先河，成为中国当之无愧的"克隆之父"。

1902年5月28日，童第周出生于浙江省宁波市鄞县（今鄞州区）。1922年，他从宁波效实中学毕业，考入复旦大学哲学系心理学专业。1927年毕业后，他到当时在南京的中央大学（现南京大学）任生物系助教。1930年，他由亲友资助到比利时的比京大学（今布鲁塞尔自由大学）留学，1934年获博士学位。1934年年底回国后，他担任山东大学生物系教授。1938~1946年，他分别在中央大学医学院、同济大学生物系和复旦大学生物系任教。1946年山东大学在青岛复校，童第周重返青岛参加复校工作，并担任生物系主任。

21世纪是海洋的世纪，海洋的研究与开发对人类的生存和发展将起到巨大的决定性影响，这是今天全球的共识。童第周很早就认识到了海洋科学研究的重要性，并积极投身到创建和发展中国的海洋科学事业中。早在1946年在山东大学工作期间,他首先聘请在美国加州大学斯克里普斯海洋研究所学成的海洋生物学家曾呈奎来校任教,并且与曾呈奎共同创建了山东大学海洋研究所。1948年,他又聘请在美国的物理海洋学家赫崇本来校担任海洋学教授,为山东大学海洋系,以及后来的山东海洋学院、青岛海洋大学的成立和发展创造了重要条件。1948年,他当选为中央研究院院士。同年应美国洛氏基金会邀请到美国耶鲁大学任客座研究员。1949年,他放弃了在美国优裕的研究和生活条件,毅然回到山东大学,继续担任山东大学生物系主任。1950年,他与曾呈奎、张玺(海洋湖沼学家、中国海洋无脊椎动物研究的奠基人之一)等一起组建了新中国第一个海洋科学研究机构——中国科学院水生生物研究所青岛海洋生物研究室,并担任研究室主任。在此基础上,他又创建了在国内外颇具影响的中国科学院海洋研究所,担任所长,曾呈奎任副所长;全面推动了中国现代海洋科学研究进入全面、系统、规模化的发展阶段。

童第周(左三)与同事们在研讨

1956年,童第周积极参与制定的《中国海洋综合调查及开发方案》,被列入《1956～1967年国家科学技术发展远景规划》和《1963～1972年国家科技十年规划》,为新中国海洋科学研究和海洋事业的发展描绘了宏伟蓝图。在他的提议下，1980年中国科学院发育生物学研究所正式成立。这为后来中国迅速发展的转基因动物和克隆动物的研究奠定了坚实的基础。

童第周是中国著名的生物学家，也是国际知名的海洋科学家。他从事实验胚胎学研究近半个世纪，是中国实验胚胎学的主要创始人。他在比利时的比京大学布拉舍实验室工作时，在对棕蛙卵子受精面与对称面的关系的研究中，证明了对称面不完全是由受精面决定的，而是由卵子内部的两侧对称结构状态决定的。20世纪30年代~60年代，他利用青岛的海洋生物文昌鱼、海鞘和鱼类等生物资源，进行了一系列的实验胚胎学研究。他系统地研究了在生物进化中具有重要地位的脊索动物文昌鱼卵子发育的规律，精确地绘制了器官预定形成物质的分布图，证明了文昌鱼分裂球具有一定的调整能力等，为进一步确定文昌鱼在分类学上的地位提供了重要证据。他在20世纪40年代进行的实验中证明了在金鱼的卵子中，赤道线以下植物性半球的一边，卵子含有一种有关个体形成的物质，它在发育的早期由植物极性逐步流向动物极性，是形成完整胚胎不可缺少的物质基础。

在研究细胞核与细胞质的关系时，童第周发现不仅仅是细胞核决定着细胞质的发育方向，而且细胞质也决定着细胞核的命运，核与质之间彼此并不是完全孤立，而是有着非常密切的关系，它们在构造上可以互相沟通，在功能上可以互相诱发和抑制，这就是核质关系理论。他还和美籍华裔科学家牛满江合作，探讨鲫鱼和鲤鱼的信息核糖核酸对金鱼尾鳍的影响，培育出了著名的"童鱼"，成为首位成功复制鱼的科学家。并且研究结果证明，这种核糖核酸能够诱导金鱼尾鳍的双尾变成单尾等。从而开拓了在发育生物学和分子遗传学中一个非常值得进一步探索的新研究领域。

童第周不仅是一位伟大的科学家，而且还是一

童第周（右）与牛满江在实验室

位优秀的教育家。他的一生几乎没有离开过教育和科研岗位,他曾经先后在山东大学、中央大学、同济大学、复旦大学等多所大学任教,教过普通动物学、细胞学、比较解剖学、遗传学、胚胎学和试验胚胎学等生物学课程。1951年,他担任山东大学副校长,并于1955年9月~1956年6月主持学校工作。在几十年的教育工作中,他不但向学生传授了科学知识,而且他光辉的学术思想、求实的科研作风

童第周(左一)在实验室工作

和严谨的治学态度,深深感染着每一位学生,成为他们一生用之不尽的财富。他培养出了张之一、严绍颐、庄孝惠、吴尚勤、史瀛仙、陆德裕等一大批优秀的生物科学工作者,为中国教育事业及胚胎学的发展作出了极大的贡献。

　　童第周在事业上取得了巨大的成就,家庭生活也美满幸福。他和夫人叶毓芬1926年相识。他俩既是浙江同乡,又同在宁波读过书,从相识到相知。在他的鼓励和帮助下,叶毓芬勇敢地挣脱了封建婚姻的束缚,考入了复旦大学生物系。俩人成了同学,又从相知到相恋。1930年,28岁的童第周从复旦大学毕业,得到一次出国留学的机会。正在他犹豫是否出国继续深造时,叶毓芬为了他的前途和祖国的科学事业,毅然支持他出国深造。

　　在比利时留学期间,童第周的生活十分清苦。叶毓芬千方百计支持丈夫在国外攻读,使他十分感动。为了中华民族的荣誉,为了答谢妻子的深情厚谊,他在生物学的天地里拼搏进击。1934年,他终于以优异成绩获得博士学位,并在科学实验方面取得了引人注目的成绩。就在这时,有人劝他留在国外工作。然而,他怀念阔别多年的祖国,更想念含辛茹苦的妻子,还有那未曾见面的女儿,他毅然回国。回国后,童第周和夫人一同到山东大学任教。不久,抗日战争爆发,山东

童第周夫妇在研讨工作

大学奉命南迁，他带着妻子儿女先后在几所大学任教。在条件非常艰苦的情况下，他坚持科学实验。1946年，他在青岛山东大学任理学院动物系主任，他的夫人叶毓芬也在同系任教。

新中国成立以后，童第周夫妇的精神更加振奋，他们并肩战斗在细胞遗传学的研究领域，并取得了重大进展。"童鱼"的诞生，就是一个奇迹。每逢文昌鱼产卵季节，夫妇俩常常不分昼夜地连续几十天待在实验室里，观察、记录、解剖、实验，积累数据，探索奥秘。他的大部分科研成果都凝结着夫人的心血。有人统计，他主要论文的69％以上，是由他们夫妇俩合作完成的。

童第周有一句至理名言："我们的事业需要的是手，而不是嘴"，这也是他一生的真实写照。1979年3月，他在为浙江省科学大会作报告时，不幸脑血管破裂，晕倒在讲台上。3月30日逝世，终年77岁。

21. 中国海藻学研究的奠基人
——曾呈奎

曾呈奎是中国著名的海洋生物学家、藻类学家，中国科学院资深院士，第三世界科学院院士，中国海洋湖沼学会名誉理事长，美国俄亥俄州州立大学名誉博士，第三届至第九届全国人大代表，世界水产养殖学会终身荣誉会员和国际藻类学会终身荣誉会员。他是中国海藻学研究的奠基人。

曾呈奎于1909年6月18日出生在厦门的一个华侨世家。1931年，他毕业于厦门大学植物系。1934年，曾呈奎在广州岭南大学研究生院获得硕士学位。1940年，曾呈奎又来到美国密执

曾呈奎
（1909—2005）

安大学研究生院求学，并于1942年获得博士学位。1943年，曾呈奎在美国加州大学斯克里普斯海洋研究所任副研究员，负责海藻特别是琼胶和海藻资源及养殖的研究。

1946年，37岁的曾呈奎就已经成为了当时美国工业和食品利用方面的领军人物。就在事业如日中天的时候，他得知山东大学（青岛）复校。于是，他毅然放弃了美国优越的工作条件和优厚的生活待遇，回国担任山东大学（青岛）的教授，并先后出任山东大学植物系主任兼水产系主任和中国科学院海洋研究所副所长。

曾呈奎为发展新中国的海洋事业屡建奇功。1950年，他和童第周、张玺教授共同组建了新中国第一个海洋研究机构——中国科学院水生生物研究所青岛海洋生物研究室（中国科学院海洋研究所前身），并长期担任领导职务，为它的发展壮大作出了重要贡献。

曾呈奎是一位潜心研究的海洋科学家，他先后发现并报道了上百个海洋生物新种，2个新属，1个新科。1953年，他完成了从马尾藻中提取褐藻胶的试验，并成功地将其应用在工业生产上，为中国开创了新型的海藻化工工业。

曾呈奎积极倡导新中国进行海洋水产生产农牧化的试验。他组织并参与了中国海带、紫菜人工栽培的研究，创造了海带夏苗低温培育法、陶罐施肥法等，推动了中国沿海紫菜和海带养殖业的蓬勃发展，还编写了《海带养殖学》等著作。他所提出的发展中国海洋水产生产必须要走"农牧化"的道路，被称为科学地综合开发海洋生物资源的"蓝色革命"，并对全世界的水产事业产生了巨大的影响。

20世纪60年代初，曾呈奎与赫崇本等著名科学家联名向国务院写报告，建议成立国家海洋局，并规划其管理、研究的任务。此建议引起国家领导层的高度重视，国务院很快研究批准成立了国家海洋局，使中国的海洋国土有了专门的政府管理机构。

曾呈奎在进行海藻研究

20世纪70年代以后，曾呈奎将基础研究的重点转移到藻类的进化研究。他根据光合色素的特点，阐明了藻类进化的途径，提出了藻类系统发育的新论点和新的分类系统，还编著有《中国经济海藻志》、《中国常见海藻》等。他提出了中国海洋生物技术研究的设想，领导开展了海藻的生物技术研究，建立了中国第一个海藻基因工程研究实验室。他还向国家建议开展南极的调查研究工作，被国务院采纳。到目前为止，中国已开展了20多次南极考察。

1992年，国家采纳了曾呈奎提出的"国家攀登计划B中应增加有关海洋高技术的项目，海洋生物技术应成为国家863计划不可缺少的一部分"的建议，并聘请他担任了首席科学家。这对推动中国海洋生物技术的研究和发展发挥了重要的作用。

曾呈奎作为中国海藻学研究的奠基人、海藻化学研究的开拓者，70多年来兢兢业业，先后发表论文近400篇、专著13部，多次荣获全国科学大会奖、国家自然科学奖、国家科技进步奖、中国科学院重大科技成果奖和省（部委）奖。1980年，他当选为中国科学院学部委员（院士）。他还曾获得1989年首届新时期全国侨界十大新闻人物——侨界十佳奖，1995年被授予太平洋地区科学大会奖，1996年获香港求是科技基金会杰出科技成就奖，1997年获香港何梁何利科技基金会科技进步奖，2001年获美国藻类学会杰出贡献奖，2002年获山东省科学技术最高奖。

2005年1月20日，曾呈奎因罹患多脏器功能障碍综合征医治无效，在青岛逝世，享年96岁。去世后，他的骨灰被撒入了大海，这位"大海的儿子"将相伴大海母亲直到永远。

曾呈奎在阅读文献资料

22. 中国海洋遗传学的开拓者
——方宗熙

方宗熙
(1912—1985)

方宗熙，又名方少青，是中国著名的海洋生物学家和遗传学家，著名的科普作家，还是中国海藻遗传育种工作的创始人之一。

1912年4月6日，方宗熙出生于福建省云霄县，自幼酷爱读书。1936年，他毕业于厦门大学，曾经在厦门大学和印度尼西亚、新加坡等的大学任教。1947年，他赴英留学选修人类遗传学，1950年获得伦敦大学博士学位，同年年底回国。回到北京以后，他先后在国家出版总署和人民教育出版社工作。

1953年4月，方宗熙应山东大学（青岛）副校长童第周先生的邀请，担任该校生物系遗传教研室主任。1959年，山东海洋学院成立后，他担任海洋生物系主任，同时在中国科学院海洋研究所担任兼职研究员。由于当时中国内陆地区正面临着长期遭受缺碘之苦的困扰，他开始主持并带领他的海藻遗传研究课题组，开展了对海带遗传育种的研究。经过艰苦努力、克服重重困难，他们先后培养出了"海青一号"、"海青二号"、"海青三号"三个海带新品种，在国际上首创了利用海带新品种进行养殖的纪录。他的这些研究成果大大地推动了中国海带养殖业的发展，开创了对多细胞海藻遗传研究的新领域，无论在社会效益还是经济效益上都有极其重要的价值。

1973年，方宗熙和他的助手们又开始了新的海带单倍体遗传育种试验研究工作。他主张先学习外国的先进经验，从小麦和水稻单倍体育种成功的先例中得到启发，并首次发现了海带的雌性生活史。他们从雌配子体单方面的遗传性进行海带的生殖研究，使海带单倍体遗传育种试验研究取得了突破性的进展，并最终培育出了小海带苗种。

为了保证新培育成功的孤雌生殖的小海带顺利长成，方宗熙领导课题组积极创造条件建立了低温实验室。为了掌握小海带下海后的成活与生长的第一手资料，他不顾海上作业对身体的种种考验和同事们的极力劝阻，亲自到海上观察幼苗的生长情况，并及时处理现场作业问题。就这样，他用了三年多的时间，终于攻下了海带单倍体遗传育种这一科研项目，培养出若干海带单倍体细胞系，摆脱了海带遗传育种受季节性影响的限制，选育出了海带"单海一号"新品种。这是国际上单倍体育种在海藻中首次获得成功的记录。继"单海一号"新品种培育成功之后，他又选育出了"单杂十号"优良海带品种，并于1985年获得了山东省科研成果一等奖。

方宗熙不仅致力于海带等大型褐藻的遗传育种研究工作，而且还积极地推动中国其他海洋藻类和植物的研究工作。在海洋藻类资源的保存与利用、大型海藻的组织培养与再生植株等方面，他都颇有建树。在他的指导下，中国建立了世界上第一座大型海藻（海带、裙带菜）的种质资源库和中国第一座海洋微藻的种质库，完成了孔石莼、浒苔、条斑紫菜等原生质体分离培养和细胞融合、海藻工具酶的发现与利用、紫露草细胞微核监测环境污染、耐盐水稻品种的培育等工作。这一系列的研究

方宗熙在实验室进行科学试验

方宗熙和他的学生

工作是中国早期海洋生物技术研究的重要成果,奠定了中国在国际海洋植物研究领域的重要学术地位。他用海带单个配子体进行的单倍体遗传育种的研究,引起了国际社会的高度重视,并于1978年获得全国科学大会的奖励。

方宗熙是中国海藻遗传育种工作的奠基者。他以生命不息、奋斗不止的精神给后人留下了大批研究论文和著作。他一生编写、翻译了教材、专著13部,科普著作12部,发表学术论文数百篇。他是中国遗传学会的发起人之一,曾经担任过中国遗传学会副理事长、中国海洋学会秘书长、《遗传》期刊第一任主编、《山东海洋学院学报》副主编等职务。他积极参加国内外学术会议和科技交流与合作研究工作,在促进中国遗传学事业发展方面作出了重要的贡献。

方宗熙编著的《植物学》、《动物学》、《人体解剖生理学》、《达尔文主义基础》等教科书,使中国中学生用上了科学性强、通俗易懂的生物学新教材。他还与叶笃庄合译了达尔文名著《物种起源》及《动物和植物在家养下的变异》两本巨著,并与江乃萼合译了麦克德莫特的著作《人和动物的细胞遗传学》。可以说,他是中国普及生物进化论以及孟德尔遗传理论的代表性人物。

方宗熙编著的《普通遗传学》从1979~1984年连续修订再版5次,使中国经典遗传学教材水平能够紧跟世界遗传学研究的新进展,促进了中国早期遗传学研究和教育工作的发展。他还兼任全国科普作家协会副理事长,编著了《古猿怎样变成人》、《达尔文学说》、《生物的进化》、《遗传工程》等12部、上百万字的科普读物,为中国的遗传学科普工作作出了重要的贡献。

1985年7月6日,方宗熙永久地离开了他的工作岗位,终年73岁。逝者已矣,来者可追,生者对他最好的纪念,就是像他一样,把自己毕生的经历和智慧,献给祖国的科学事业,把最纯洁最真诚的爱,献给祖国的人民。

23. 以"鲨鱼女士"而著称的海洋动物学家
——E. 克拉克（Eugenie Clark）

欧也尼·克拉克是一位以研究鲨鱼和有毒鱼类而闻名的科学家。她一生捕获和研究的鲨鱼共有2 000多种，由此而获得了"鲨鱼女士"的称号。

1922年5月4日，克拉克出生于美国纽约。她的母亲由美子·克拉克是一位游泳教练，父亲查尔斯管理着一家私人游泳池。在克拉克2岁的时候，她的父亲去世了。她和她的母亲及外祖母一起生活在纽约的皇后区，可以经常去长岛的海滩游泳。

当克拉克还是一个小女孩的时候，她就是一名鱼类爱好者。她经常在纽约水族馆观看水箱中的鱼儿快速

E. 克拉克
(1922—)

而优雅地游来游去。后来，她开始自己在家中养鱼，并成为皇后区水养协会的最小成员，学会了对很多宠物进行系统的记录。到上高中的时候，她已经养过蛇、蟾蜍、火蜥蜴和鳄鱼，生物也成为她最喜欢的科目。当她读到博物学家威廉·毕比乘潜水球进行海洋探险的事迹的时候，她被神秘而又迷人的海洋生物深深打动了。可是，当她宣布她的目标是成为像毕比一样的海洋探险家时，母亲告诉她，她只可能成为毕比这一类人的秘书。但是，意志坚定的克拉克，凭着自己对海洋生物科学的深深热爱和不懈努力，最终成为了著名的鱼类学者和世界闻名的鲨鱼研究专家。

高中毕业以后，克拉克进入纽约城的亨特学院，主修动物学。1942年，她顺利毕业，获得了学士学位。之后，她进入了纽约大学研究所，进一步学习动物学和鱼类学。她研究鲀形目的膨化机制，指导老师是美国自然历史博物馆鱼类分馆馆长查尔斯·布莱德博士。布莱德博士非常赞赏克拉克的工作。1947年，克拉克在博物馆的科学刊物——《美国自然历史博物馆公报》上发表了她的研究成果——《鲀形目对于内脏解剖发展的贡献及其亲属关系》。

1945年，在匹兹堡召开的美国鱼类学者和虫类学者协会的会议上，克拉克认识了来自加利福尼亚州立大学斯克里普斯海洋研究所的卡尔·胡伯博士。并在1946年硕士毕业后，成为他的兼职研究助理，开始攻读博士学位。胡伯不仅教会了她戴着面具潜水，而且还教会了她头戴钢盔在海底行走。

克拉克的学位论文是关于新月鱼和剑尾鱼杂交习性的研究。在对新月鱼之间真实的交配行为进行研究的过程中，她发现两种不同物种的精子间存在着竞争关系。而且，与不同物种的精子相比较，同一物种的精子更具有竞争优势。正是由于她的这一研究发现，使她成为美国第一位成功进行鱼类人工授精的专家。

戴着潜水面具的克拉克

E. 克拉克

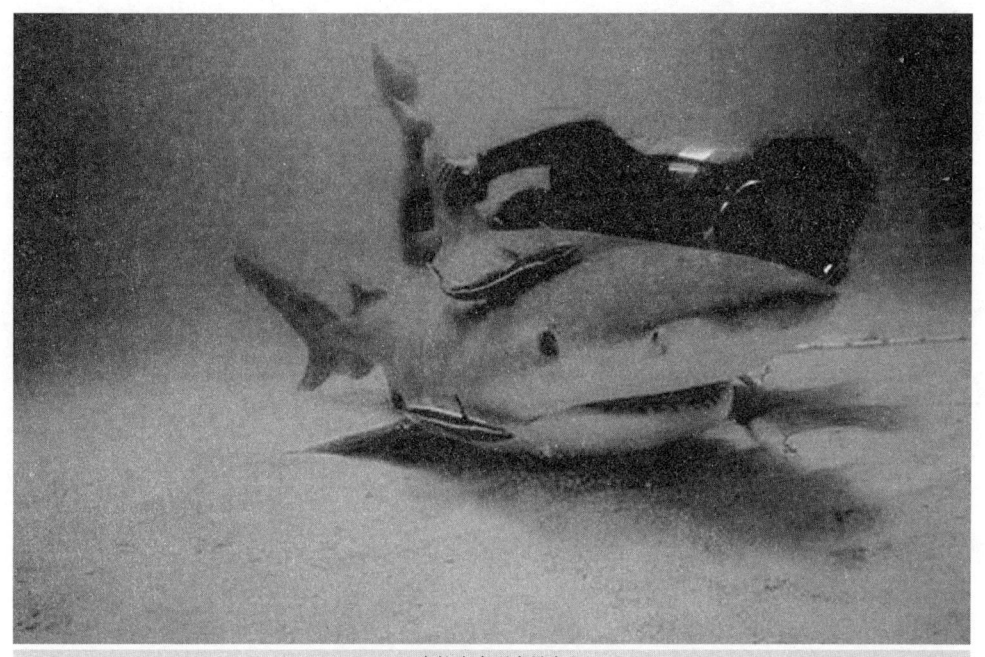

克拉克在观察鲨鱼

　　1949 年，在攻读动物学博士学位的同时，克拉克接受了来自美国海军研究部密克罗尼西亚计划的一份工作，研究南海地区的鱼类。她的踪迹遍及密克罗尼西亚诸岛、关岛、夸贾林环礁和帕劳岛。她搜集了数百种鱼类标本以及数种河豚，并将这些河豚运回加利福尼亚进行毒性分析。1950 年，她获得了纽约大学动物学博士学位，并获得了富布莱特奖学金用以在中东对红海中的鱼类进行研究。由此，她成为过去 70 年间对红海鱼类进行科学分析的第一人。她以位于埃及的海洋生物研究站为据点，到处游历，搜集了 300 多种物种的标本，撰写了有关细节描述文章，发现了 3 个新的物种，并对其中一些海洋生物进行了解剖分析。在她发现的鱼类中，唯一有毒的就是河豚。根据这段在红海的研究经历，她发表了数篇科学文章，并撰写了自传体小说《带矛的女士》。

　　克拉克的自传体小说《带矛的女士》成了当时的畅销书籍。此书碰巧被一个富有的佛罗里达人看到，而他的儿子对海洋生物学又非常感兴趣。于是，他们一家邀请克拉克到他们位于雾角半岛的家中作客，并为她在位于墨西哥湾佛罗里达的普拉溪达建立了雾角海洋实验室。这个实验室于1955年落成。

从新英格兰医学中心的药学研究者约翰·海勒曾经向她寻求过新鲜的鲨鱼肝脏得到启发，克拉克将她研究中心的工作从鱼类繁殖扩展到对鲨鱼研究。她能够识别近海的18种鲨鱼，并对它们进行过数百次的解剖分析。她担任了12年多的雾角海洋实验室的负责人。在这期间，她成为了鲨鱼研究的专家，并获得了"鲨鱼女士"的称号。

离开雾角海洋实验室后，克拉克先是在纽约市立学院教授动物学课程，并且在新英格兰医学研究中心担任客座教授。1968年，她在马里兰大学动物学系获得一个职位，于1973年被提升为全职教授。1969年，她又出版了个人第二本自传《女士与鲨鱼》。

当20世纪70年代即将来临的时候，海水的污染成了世界水域的首要威胁，因此，从1979年开始，克拉克积极投身于保护红海的活动。1987~1990年，她一直在国家地理学协会资助的毕比工程中心担任首席科学家，并开始乘潜艇进行潜水考察。她先后负责了71次深海潜艇潜水，最长的一次潜水长达17.5小时，下潜的最深纪录是3 658米。由于具有丰富的深海科学考察知识，1991年，她和作家安·麦戈文一起创作了面向儿童的科普书籍《海洋下的沙漠》。虽然，她于1992年从马里兰大学荣誉退休，不过她仍然继续从事教学、研究和写作工作。2004年，已经82岁高龄的她还在南太平洋进行了一次科学探险。

克拉克将生命中的70年都奉献给了科学研究工作，她对海洋鱼类和鲨鱼行为的研究，对分类学和生态学的发展都作出了巨大的贡献。她发现了11类新物种，撰写了165篇关于海洋科学的学术论文和科普文章，并参与了200多

克拉克在做海洋调查

《鲨鱼女士》封面

整装待发的克拉克

个电台和电视台节目，内容涉及海洋生物学、鱼类、潜水和职业女性问题等。她也因此获得了无数的勋章和奖励，美国全国地理协会、女性地理学家协会、马里兰妇女名人堂、美国海洋学家协会以及其他一些组织机构都对她的成就表示了肯定。1992 年，马萨诸塞大学授予她名誉博士学位。1995 年，她成为圭尔夫大学和长岛大学的名誉博士。有 4 种新的鱼类——克氏棘蛇胎鳚、克氏棘赤刀鱼、克氏横带双线鳚和狭眼黑姑鱼都是以她的名字命名。

克拉克事业有成，然而婚姻生活却并不顺利。她一生中共结过五次婚，但是都以失败而告终。

24. 中国现代海洋药物的奠基人
——管华诗

管华诗
(1939—)

管华诗,中国海洋大学原校长,1939年8月出生,山东省夏津县人。1964年,他毕业于山东海洋学院(现中国海洋大学),后成为中国海洋大学教授、博士生导师。1995年,他当选为中国工程院院士。

自20世纪60年代以来,管华诗根据国家发展需求和国际海洋药物研究发展的趋势,长期围绕国内外海洋药物研究的前沿领域进行了深入的研究,先后建立了海洋糖类化合物成药的基础理论,构建了海洋糖类工程药物研发技术体系,提出了中国海洋药物研究发展的新思路,推动了中国海洋药物事业的兴起与发展。他带领的科研团队先后获得授权美国发明专利1项,国家发明专利14项,申请并受理的国家发明专利27项。

管华诗是中国最早从事海洋药物研究与开发的科技工作者之一。尽管他不是医生,但是他发明研制的药物挽救了上千万人的生命。1985年,他率先采用生物技术手段研究成功的全国首例海洋新药——藻酸双酯钠(PSS),先后获得了国际发明博览会金奖、全国百病克星大奖赛金奖等15项大奖,已经创造产值接近20

亿元，产生了巨大的社会效益和经济效益，为中国海洋药物研究揭开了新的篇章，也开辟了中国海洋药物研究的新领域，推动了中国海洋药物的研究与开发的新浪潮。之后，他又研制发明了一系列海洋新药，如用于缺血性心脑血管疾病治疗、保肝抗癌、治疗糖尿病等的新药。这些海洋药物及生物工程制品均成功地实现了产业化、商品化，并先后获得国家技术发明一等奖、国家科技进步三等奖，山东省最高科学技术奖等省部级以上科研奖励10余项。

在管华诗的辛勤努力下，中国海洋药物领域高层次人才培养体系已经建立并形成。1994年，经国家教育部批准中国第一个海洋药物化学专业在青岛海洋大学（现中国海洋大学）建立，海洋药物研究领域人才的培养步入正规化。此后，该校又相继设立了药学、药物化学博硕士点以及药学博士后流动站，形成了海洋药物药学本科、硕士、博士完善的人才培养体系，成为中国海洋药物领域高层次人才培养基地，其教学课程体系和办学模式对国内同行具有明显的示范作用。十几年来，在上述教学体系中，特别是在海洋药物研究开发过程中，锻炼、培养了一批在国内外具有一定竞争力的、高层次人才队伍和学术带头人。

作为中国工程院院士、国家海洋药物工程研究中心主任的管华诗，现在仍然带领着一大批中青年海洋药物研究人员继续向世界海洋药物研究的更高水平努力。他构建了中国第一个海洋糖库，海洋特征寡糖的制备技术（糖库构建）与应用技术荣获2009年国家技术发明一等奖。基于长期以来对海洋生物资源开发利用及海洋药物研究领域的杰出贡献，2010年管华诗被授予"何梁何利基金科学与技术进步奖"。

根据国际海洋药物

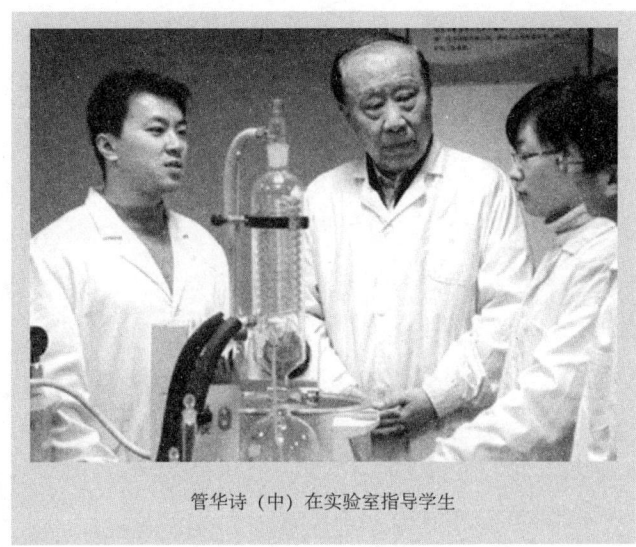

管华诗（中）在实验室指导学生

管华诗

研究的发展趋势，结合国内研究现状，管华诗又倡导提出了综合运用现代生物技术，开拓以特殊环境生物种群为药源的新思路。鉴于21世纪人类疾病谱结构的变化及海洋生物区别于陆地生物的显著特点，他提出了以中医药理论为指导、以现代技术为手段研发现代海洋中成药的新思路，开拓了我国海洋药物研发的新领域，并根据这一思想申请并获准建设了"山东省海洋中药现代化工程技术研究中心"。在国家海洋局"908"专项的支持下，展开了系统介绍海洋药物的约800万字的《中华海洋本草》的编撰工作。2009年9月，《中华海洋本草》出版发行。这对于中国进一步挖掘中国古代传统医药理论，指导临床用药，启迪现代海洋药物的研究和开发，将具有重大的科学意义和社会经济价值。

管华诗曾经担任中国海洋大学副校长、校长长达14年之久，以他旺盛的精力、严谨的作风、热情的态度，把学校办成教育部"211"、"985"重点建设高校。他还曾经担任过山东省科协主席等要职，为地方科学技术与经济的发展作出了突出的贡献。

25. "阿尔文"号潜艇驾驶员中唯一且女性的科学家
—— C.L. 凡多弗 (*Cindy Lee Van Dover*)

辛迪·李·凡多弗是一位生态学专家。她被认为是"世界公认的深海热液喷口地质学研究的真正先锋",还是美国海军部任命的"阿尔文"号驾驶员中唯一的科学家和唯一的女性。凭借职业的敏感,她对在深海火山口发现的背部有奇怪花纹的虾进行了深入的研究。结果发现那些看似"盲眼"的虾实际上是有眼睛的,而且更为惊奇的是,她还发现在如此深的海底竟然有光线,否则,即使有眼睛也毫无用武之地。这个发现后来被命名为"凡多弗之光"。

C.L. 凡多弗
(1954—)

1954年5月16日,凡多弗在美国离大海只有8千米距离的新泽西州的雷德班克出生,并一直在那里长大。她的父亲詹姆斯·K·凡多弗是一位电子技师,母亲弗吉尼亚·凡多弗是一位家庭主妇。当凡多弗还是一个孩子的时候,她就开始研究大自然。从鸟类到昆虫,再到树木,几乎无所不包,而且,她尤其喜欢夏天的海滩。在上中学的时候,她就读到了"阿尔文"号潜艇探险的故事,并梦想有一天也能乘"阿尔文"号潜入深海。但是,在当时要实现这样一个梦想比登天还难。高中时,她参加了一个夏令营,并且在一个海洋生物实验室工作过。从那时起,她就决心成为一名科学家。尽管她高中的辅导员曾经说过,她"不是上大学的料"。但是,由于骨子里有一种不服输的精神，她从没有放弃自己的计划，而且凭着这种精神，她经常尝试去完成别人认为她不可能完成的工作。经过不懈的努力，她终于实现了自己的梦想，取得了令人瞩目的成绩。

1977年，凡多弗完成了在罗格斯大学的学业，取得了动物学学士学位。为了实现自己对深海进行研究的理想，她申请了由伍兹霍尔海洋研究所和麻省理工学院联合建立的研究生培养计划，但没有成功。1982年，她完成了第一次海洋探险旅行。在这次旅行中，她第一次亲眼见到了"阿尔文"号潜艇。尽管最终没能乘上这艘潜艇下潜，但是这次旅行使她受到鞭策：她非常渴望对海底和生物圈有更多的了解。因此，她再次回到了学校，系统地学习了专业科学理论。1985年，她取得了加利福尼亚大学的生态学硕士学位。之后，她再次向伍兹霍尔海洋研究所和麻省理工学院的研究生培养计划提出了申请，这次她的申请终于被接受。在获得硕士学位的同一年，凡多弗乘"阿尔文"号完成了她的第一次深潜调查，第一次看到了海底热液喷口，并决定将海底热液喷口生态系统作为自己的主要研究课题。

1986年，当她还在攻读博士学位期间，她完成了关于海底热液喷口虾的新发现，从而为她的研究方向奠定了坚实的基础。在大西洋中脊的热液喷口附近，科学家们已经发现了一种几乎全盲的虾——"喷口盲虾"。通过观看海底热液喷口录像带，她注意到，有两条明亮的光线从上面射下，打到虾背部的前三分之一段，但是在收藏的虾的样本中，这些光线却消失不见了。她对条纹应该出现的区域进行了检测，发现有两个条状身体组织与一条大神经相连。于是，她猜测这个身体组织可能

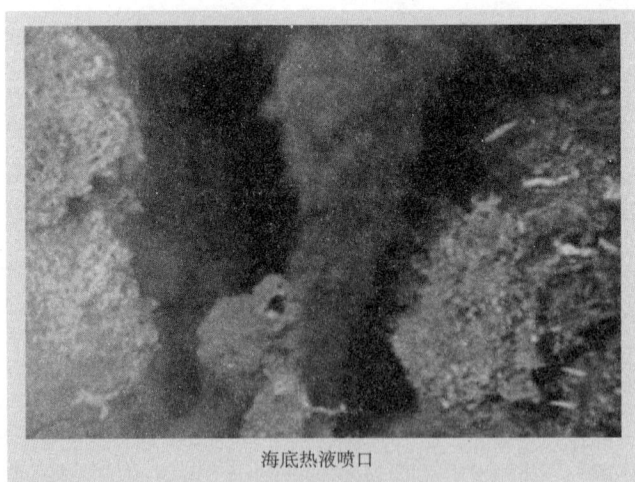

海底热液喷口

是一个官能器官,并且认为这个器官可能就是眼睛。为了证明自己的这个看起来很奇怪的想法,她将虾的部分样本和组织送到纽约的锡拉库扎大学和伍兹霍尔海洋研究所的专家们那里进行分析研究。最后,取得了证据证明"背部的组织是一种感光器官"。1988年6月,在她

凡多弗在授课

的请求下,华盛顿大学水下火山研究专家约翰·德莱尼在一个海底热液喷口附近拍到了光线照片,这就是被称为"凡多弗之光"的发现。之后,在许多海底热液喷口周围都发现了类似的"凡多弗之光"。

1989年,凡多弗凭借对热液喷口虾感光器官的研究取得了博士学位。之后不久,为了追逐另一个梦想——成为"阿尔文"号潜艇的驾驶员,她毅然中断了自己的科研工作,接受了至少9个月的"高强度和极具挑战性"、而且"有时是痛苦异常"的潜艇驾驶员训练和一系列严格的面试。从来没有一名科学家、一名女性尝试过这种挑战;她的许多同事也反对她的做法;"阿尔文"号驾驶员小组的一些成员也不欢迎一名女性进入他们的"男人的世界"。有些科学家明确表态:他们不会乘坐她驾驶的潜艇。这种种的外部阻力和自己对失败的恐惧,不但没有打消她成为"阿尔文"号驾驶员的想法,反而更加坚定了她的决心。1990年,通过各种各样的测试,她终于获得了驾驶"阿尔文"号的资格,并且成为迄今为止"阿尔文"号驾驶员中唯一的科学家,也是唯一的女性。在享受驾驶"阿尔文"号的同时,她发现自己反而无法对所到之处的环境有更多的了解,于是她决定重新回到学术研究的道路上。1991年12月,她最后一次以驾驶员的身份进行了深潜。在一年半的潜艇驾驶员工作期间,她指挥"阿尔文"号共进行了48次深潜活动。

1993年,在早期研究的基础上,凡多弗又开始实施另一项研究计划,即对海底热液喷口周围的细菌进行研究,并且调查其利用热液喷口光线进行光合作用的

凡多弗的生活照

可能性。1994年，她和伦敦大学古生物学家尤安·尼斯贝特联合提出"光合作用可能从深海起源，然后才逐渐转移到陆上，变得与阳光相适应"的理论。为此，从20世纪90年代末开始，她致力于为这个理论搜集证据。21世纪初，她和来自亚利桑那州立大学的罗伯特·布兰肯胥，在东太平洋海底隆起的"黑烟囱"附近发现了可以进行光合作用的细菌。由此，她的理论得到了最终的印证。这些新发现的细菌，是目前所知的唯一利用非太阳光线进行光合作用的生物。

从那以后，凡多弗不仅继续着海底热液喷口生态学的研究，而且将之不断深化。2001年，在世界上对印度洋海底热液喷口进行的首次探险中，她担任了首席科学家。2005年，她的研究小组首次对太平洋－南极海岭的海底热液喷口进行了研究，这也是"阿尔文"号有史以来航行的最南地点。以这些研究为基础，她完成了《深海热液喷口环境生态学》一书。现在，她的研究方向是蚌类和生活在蚌床上的微小无脊椎动物，尤其是海底热液喷口附近的这类生物。

20世纪90年代中期之前，凡多弗一直在伍兹霍尔海洋研究所工作。离开伍兹霍尔海洋研究所后，她历任北卡罗纳州杜克大学的访问学者（1994～1995年）、阿拉斯加大学的副教授（1995～1998年），她还曾经在西海岸国家海底研究中心担任过科学部主任。1998年，她成为威廉与玛丽学院的副教授。2006年，年近53岁的凡多弗被杜克大学海洋实验室任命为首位女主任。

凡多弗的努力工作使她获得了很多项荣誉。1988年，她被《女士》杂志评为年度女性；1990年，伍兹霍尔海洋研究所授予她"维特勒森奖"；1996年，她获得了美国航空与大气局/人与生物圈方案研究奖；2004年，她被罗格斯大学库克学院校友协会授予"乔治·汉密杰出校友奖"；2006年，她被评为弗吉尼亚州的杰出科学家。

是他们——研究海岸与海底的地貌、沉积、岩石、构造、矿产资源等，让人们了解了大陆漂移、海底扩张、板块构造……

26. 世界冰川学和海洋学的奠基人
——J. L. R. 阿加西斯（Jean Louis Rodolphe Agassiz）

J.L.R 阿加西斯
（1807—1873）

让·路易斯·罗德福·阿加西斯是一位著名的美籍瑞士裔生物学家，古生物学家，也是冰川学和海洋学的奠基人。1807年5月28日，阿加西斯出生于瑞士弗里堡州的莫捷。他于1846年移居美国，1861年加入美国籍。少年时候的阿加西斯本想当一位内科医生。但是，没过多久他就改变了主意，因为生物科学深深地吸引了他。此后，阿加西斯先后去过苏黎世、海德堡、慕尼黑的大学进修。1829年，阿加西斯在德国的埃尔朗根获得医学博士和理学博士等学位。然后，他又去了法国巴黎，接受了当时著名的科学家亚历山大·冯·洪堡和乔治·居维叶的指导。两位恩师促使他走上了研究植物学和动物学的道路。

开始，阿加西斯并没有对鱼类学研究有太大的关注。后来，受瑞士动物学家斯皮克斯生前的嘱托，他全力以赴投入到鱼类研究中。1833~1834年，在洪堡的主持和资助下，阿加西斯出版了五卷巨著《化石鱼类研究》，并获得了伦敦地质学会奖，那时他年仅22岁。此后，他一直从事欧洲淡水鱼的研究，同时也没放弃过对化石鱼类的探讨。

1836年，阿加西斯转入冰川学研究。1840年，他在温特阿尔冰川旁，用石块砌起一间小屋，建立了世界上第一个冰川研究站。在那里，他观测冰川运动，探测冰川厚度，研究冰川结构，并取得了引人注目的成就，为近代冰川学研究奠定了基础。同年，他出版了《冰川研究》一书。此书开篇就列出了地球上冰川活动的历史年表，然后介绍了在阿尔卑斯山脉地区所做的冰川遗迹考察，最后得出地质地貌曾多次受冰川活动影响的结论。

1846年，因生活困难，在洪堡的资助下，阿加西斯只身一人去美国讲学。1847年，他应邀登上美国海岸测量局的调查船进行海洋调查之后，便对海洋研究发

阿加西斯在讲学

生了浓厚的兴趣，并开始钻研海洋生物学。1848年，哈佛大学开设了博物学讲座，邀请他担任教授。在哈佛大学期间，他从事了大量的海洋科学研究工作，为美国海洋生物学的发展奠定了基础。

1859年，达尔文《物种起源》一书的出版，轰动了整个科学界，同时，该书也激起了阿加西斯对海洋研究的极大兴趣。当年，他在哈佛大学一间古老的木制小屋里，设立了比较动物学博物馆，开始探索以前搜集的标本的地理分布、起源以及它们之间的联系。第二年，他又新建了一所房屋，即人们所称的"阿加西斯博物馆"。

1871~1872年，他和儿子亚历山大·伊曼纽尔·阿加西斯一起乘美国海岸警备队的调查船，对巴西至西印度群岛、麦哲伦海峡至南美西岸、佛罗里达至旧金山沿海，进行海洋测量和生物标本的采集工作。他从底栖动物标本中发现了化石型动物，并对其分析研究后，提出了"大洋和大陆从远古以来从未发生过变化，

阿加西斯墓碑　　阿加西斯用过的铁制钻探工具

它是永恒存在的"观点。在此基础上，作为阿加西斯父子相传的事业——海洋学逐渐发展起来了。1873年初夏，阿加西斯在富商的赞助下，建立起美国最早的海洋生物实验室，并以极大的热情和精力投入到实验室的发展工作中。

1873年12月14日，阿加西斯在美国马萨诸塞州的剑桥去世。他的冰河时代理论和对达尔文进化论的热衷支持至今被人们津津乐道。为了纪念他，曾经一度覆盖美国北达科他、明尼苏达和曼尼托巴的古代湖泊，被命名为阿加西斯湖，哈佛大学的比较动物学博物馆也以他的名字命名。1915年，他作为著名科学家入选美国伟人纪念馆。

阿加西斯的夫人伊丽莎白·卡伯特·卡里·阿加西斯，也是美国著名的博物学家、教育家。她曾经同阿加西斯一起进行科学考察和旅行，一起撰写科学论文。阿加西斯去世后，她仍旧从事教育工作，并参与开办了哈佛大学的妇女分校。

27. 近代海洋学的鼻祖
——J. 默里（John Murray）

约翰·默里是英国海洋学家，著名的海底研究专家，近代海洋科学的奠基人之一。1841年3月3日，他出生于加拿大安大略省的科堡，1851年移居苏格兰。开始，默里在斯特灵高中学习，后来进入爱丁堡大学学习。强烈的求知欲望使他只顾钻研自己爱好的科目，而不重视考试和获取学位。因此，进大学学习了10年，默里虽然钻研了许多学科，却未能毕业，这也使得默里以大学毕不了业而"出名"。

J. 默里
（1841—1914）

从1868年起，默里开始从事海洋生物学研究，并参加了斯匹次卑尔根岛与扬马延岛附近北冰洋海域的生物采集和海洋学调查。1872年，他参加了由查尔斯·维维尔·汤姆孙领导的"挑战者"号环球海洋科学考察队，默里以助手的身份跟随汤姆孙进行深海考察。他主要负责仪器装备、测量绘图、生物学、珊瑚礁和海底沉积物调查等工作。在航海过程中，他从智利寄回英国一篇题为《远洋性沉积物、表面微生物与海底的关系以及脊椎动物》的论文，后来成为了重要的历史性文献。这次考察，默里在海图的测量和编制以及生物调查方面作出了极有价值的贡献。他还搜集了大量海洋生物标本，这些标本后来均陈放在爱丁堡，并引起了国际海洋生物学界的瞩目。考察结束后，默里被任命为主持"挑战者"号环球海洋科学考察事务局的资料整理和学术报告编辑工作的主任，完成了50卷的《英国船"挑战者"航行科学成果报告》的出版工作。这是海洋科学发展史上具有划时代意义的巨著。

默里与比利时的A.F.勒纳尔分析了"挑战者"号采集的大量底质样品，并合著了《深海沉积》一书。他们首次发现了深海生物软泥和红黏土，提出的深海沉积分类至今还很有意义；通过对不同深度海水温度的分析及相对密度的测量，最终揭示了表层以下的海水中存在复杂的流动形式；利用深度探测技术测量绘制出了海底地形图，第一次观察到了大西洋中间的海脊、海沟的存在；通过观测沉积物，特别是对锰和其他金属元素的研究，第一次提出海洋沉积物的沉积作用。默里的这些分析研究成果形成了海洋沉积学的基础，并围绕这项发现发表了数篇论文。因此，他被认为是近代海洋地质学的创始人。此外，默里还是把海洋浮游生物研究与海洋渔业调查紧密结合的先驱。在调查中，他发现了深海海域中存在着丰富的物种，仅在他们采集的标本中就有4 000余个新物种。他对珊瑚礁进行了深入研究，特别是对有关环礁和堡礁的成因提出了具有独创性见解的新学说，并著有《珊瑚礁和珊瑚岛的结构与成因》一书，填补了达尔文学说的不足。

1880年和1882年，默里两次远渡到法罗海峡考察。1884年，他在爱丁堡的格兰特建立了海洋实验室，这是英国第一个海洋实验室。1894年，他又将实验室搬到卡姆岛的米尔波特，建在克莱德河口边，并更名为"米尔波特海洋生物学院研究站"，也就是今天位于邓斯代夫纳奇的"苏格兰海洋科学协会"的前身。

默里在伏案工作

1882~1895年，默里领导了对苏格兰海域的生物考察工作。1897年，他当选为彼得堡科学院通讯院士。1898年，他又被封为爵士。

1909年，默里给挪威政府写信，希望挪威政府能将"迈克·萨尔斯"号船租给他做一次为期4个月的航海考察。考察由挪威生物学家约翰·约尔特指挥带队，默里出资。经过一个冬天的准备，1910年，近70岁高龄的默里与约尔特共同领导了对北大西洋海域的调查。1912年，他与约尔特合作完成了著作《大洋深处》一书，此书后来成为学术界的经典名著。1913年，他的名著《海洋》一书最早使用了"海

"约翰·默里爵士"号调查船

洋学"一词，并给"海洋学"下了明确定义。他在《海洋》一书中指出：海洋学包括植物学、动物学、化学、物理学、力学、气象学、地质学，海洋与地理学也有着密切的关系，它能够给予人类不可估量的影响，其分布和特性也与生产和经济有关。

鉴于默里的功绩，英国皇家学会曾经授予他名誉学位和金质奖章。为纪念他为海洋研究所作出的巨大贡献，很多机构都以他的名字命名，如爱丁堡大学的"约翰·默里实验室"、纽卡斯尔大学的"约翰·默里协会"，还有苏格兰环境保护组织的考察船也被命名为"约翰·默里爵士"号。此外，一种生存在 1 500~4 500 米深海的没有视觉的章鱼也以"默里"的名字命名。

默里的成功除了自己的努力外，还与他妻子的支持密不可分。他的妻子是一位格拉斯哥船主的女儿。当"挑战者"号考察委员会在 1889 年解散后，默里就是在妻子的财力支持下继续他的研究工作的。后来，他从"挑战者"号上一个船友送给他的一小块标本中发现了圣诞岛蕴藏着丰富的矿藏资源，通过对这些矿藏的开采，他也为妻子赚得了更多的财富。利用这些财富，默里又资助了 1910 年对北大西洋为期 4 个月的航行考察。

1911 年，默里为了纪念他的朋友亚历山大·阿加西斯，创立了"亚历山大·阿加西斯奖"，由英国国家科学院颁奖。

1914 年 3 月 16 日，默里因汽车事故不幸逝世于苏格兰西洛锡安郡的克尔克里斯顿，后被葬在附近的迪安教会墓地。因为在海洋学方面的突出贡献，他被称为"近代海洋学的鼻祖"。

28. 法国著名海洋探险家
—— J. B. 沙尔科 (*Jean-Baptiste Charcot*)

J.B. 沙尔科
(1867—1936)

让－巴蒂斯特·沙尔科是法国著名科学家、内科医生、极地学家。1867年7月15日,沙尔科出生于巴黎西郊塞纳河边一个叫讷伊的地方。他的父亲老沙尔科是当时法国知名的医生,因此,家庭较为富有。

受父亲的影响,沙尔科自学成医,但是他又非常喜欢海洋,并成了一位著名的海洋探险家和极地探险家。1903~1905年,他率领探险队乘坐"惟弗朗西斯"号船到南极洲格雷厄姆地和别林斯高晋海进行科学考察。在这次考察过程中,他们在雪特兰群岛中的维因科岛附近发现了一个优良的港口,并随后以当时法国海事部长的名字命名为"洛克雷港口"。他们在南极洲的伯斯岛上建造了数个储藏小屋及一个地磁观测站,并以船为家。考察初始阶段,他们是在沙尔科精心安排的食宿、娱乐与近程雪橇探险和科学活动中顺利度过的。当春天降临后,他们这个5人探险队历经5天在薄冰中涉水推舟,运送装备抵达了南极半岛北端的西岸,详细地制作完成了附近的海图,还曾经南下到亚历山大岛附近。1905年1月15日,由于"惟弗朗西斯"号触礁,船的引擎出了故障,从那时起,他们不得不日夜轮流靠手摇抽水,经过一个月的艰难航行方勉强驶抵阿根廷。随后,他们将船卖掉,改坐客轮回国。

在本次探险考察中,除了从事海洋科学调查外,沙尔科还精细绘制了涵盖约1 000平方千米的海岸地貌图。尽管船只损坏了,但队员们却度过了一个南极冬天,并且全程平安。回国后，在各方面的援助下，他新建造了"帕斯"号考察船。1908年，他乘"帕斯"号考察船去南大洋考察，并在南纬70°处越冬。1912~1914年，他又前往大西洋、比斯开湾、英吉利海进行科学考察。在第一次世界大战期间，他应征入伍，并作为一艘拖网船的船长立下了战功，还获得过勋章。

沙尔科（左）在北极考察

1920年开始，沙尔科再一次投入海洋考察事业。第二年，他在北大西洋中的罗卡尔岛登陆进行地质调查。1923年，他又对地中海进行了考察。因为一直向往极地，所以他几乎每年都要去极地海域考察。仅1925年一年时间，他就分别去过法罗群岛、冰岛、扬马延岛、格陵兰岛等处考察。1928年挪威极地探险家罗尔德·阿蒙森失踪后，他参加了搜查队投入搜查营救工作。

沙尔科具有丰富的冰海航行经验，为法国的海洋考察事业作出了极大的贡献。同时，他还是一位细菌学专家，在地理学和医学上的造诣也很深，所以被推荐为法国科学院院士。1936年，在他古稀之年又前往北极海域探险，由于9月16日航船遇难，他献出了自己宝贵的生命。

沙尔科纪念章　　　　　　　　　沙尔科在考察船上

沙尔科与妻子玛格丽特

　　沙尔科的妻子是法国大文豪雨果的孙女。她一直反对沙尔科从事海上探险活动，也由此引发他们婚姻的破裂。为了海洋探险事业，沙尔科虽然赔上了自己的婚姻，但是他却开启了富人亲身参与南极探险活动的先例。

29. 大陆漂移学说的创立者
——A.L. 魏格纳（*Alfred Lothar Wegener*）

阿尔弗雷德·罗萨尔·魏格纳是德国的地球物理学家、气象学家。1912年，他首次公布了有关大陆漂移的研究成果，被认为是"大陆漂移学说"的始祖。

1880年11月1日，魏格纳生于德国的柏林。从小他就喜欢幻想和冒险，喜爱读探险家的故事，英国著名探险家约翰·富兰克林是他的偶像。从科隆体育学校毕业后，他先后在德国最著名的海德尔堡大学、因斯布鲁克大学和柏林大学学习物理、天文和气象学。1905年，他获得了天文学博士学位。

A.L. 魏格纳
（1880-1930）

魏格纳一直对气象学和气候学有着浓厚的兴趣，他的研究方向也致力于这两个学科。他对气象学还作出了几项重要贡献：他率先利用气象气球追踪气团；根据他的演讲稿整理而成的《大气层热力学》，曾经作为德国气象学的标准教科书。1905~1906年，他在林登堡航空气象台工作。他还是一名"气球驾驶"纪录保持者。1906年，他和弟弟两人驾驶高空气球在空中连续飞行了52小时，打破了当时的世界纪录。

为了能去极地探险，魏格纳曾刻苦地练习长跑、滑冰和滑雪。1906年，他以气象员的身份参加了丹麦人组织的第一支格陵兰考察队。在对格陵兰东北部进行探险性考察过程中，他开始对地质学产生了极大兴趣。在那里，他在射流（流体依靠出流动量的原动力，喷射至另一流体域中的流动）的存在被人们接受之前，

魏格纳的生活照　　魏格纳在科赫探险队冬季基地

就研究了极地空气环流。他与另一位名叫约翰·彼得·科赫的丹麦探险家是最早在格陵兰东北部的内陆冰上过冬的两个人，他们两人在小屋中用螺旋钻钻入地下25米取样进行研究。

19世纪以前，人们对地球整体的地质构造还没有进行系统的研究，对海洋与大陆是否变动，并没有形成固定的认识。1910年，魏格纳在翻阅世界地图时，意外地发现：大西洋的两岸——欧洲和非洲的西海岸与南北美洲的东海岸，轮廓非常相似，这边大陆的凸出部分正好能和另一边大陆的凹进部分拼凑起来。倘若从地图上把这两块大陆剪下来，再拼在一起，就能拼凑成一个基本吻合的整体；在将南美洲与非洲的轮廓作比较时，他更清楚地看出：大西洋南部的巴西的凸出部分，正好可以嵌入非洲西海岸几内亚湾的凹进部分。这种发现使他的脑海中有了这样一个想法：非洲大陆与南美洲大陆曾经可能连在一起，也就是说，从前它们之间没有大西洋，到后来才破裂、漂移而分开的。因此他形成了一个大胆的假设：推断在距今3亿年前，地球上所有的大陆和岛屿都连结在一块，构成一个庞大的原始大陆，即"泛大陆"。"泛大陆"被一个更加辽阔的原始大洋所包围。后来从大约距今两亿年时，"泛大陆"先后在多处出现裂缝。每一裂缝的两侧，向相反的方向移动。裂缝扩大，海水侵入，就产生了新的海洋。相反地，原始大洋则逐渐缩小。分裂开的陆块各自漂移到现在的位置，形成了今天人们熟悉的陆地分布状态。

1911年，魏格纳开始搜集资料，验证自己的设想。他首先追踪了大西洋两岸的山系和地层，发现北美洲纽芬兰一带的褶皱山系与欧洲北部的斯堪的纳维亚半岛的褶皱山系遥相呼应，说明了北美洲与欧洲以前曾经连在一起；美国阿巴拉契亚山的褶皱带，其东北端没入大西洋，延至对岸，在英国西部和中欧一带又重复出现；非洲西部的古老岩石分布区可以与巴西的古老岩石区相衔接，而且二者之间的岩石结构、构造也彼此吻合；与非洲南端的开普勒山脉的地层相对应的，是南美的阿根廷首都布宜诺斯艾利斯附近的山脉中的岩石。除了大西洋两岸的证据，魏格纳还在非洲和印度、澳大利亚等大陆之间也发现有地层构造之间的联系，而这种联系都限于中生代之前，即2.5亿年以前的地层和构造。

为了进一步验证自己的设想，为获取生物学证据，魏格纳还考察了岩石中的化石。在他之前，古生物学家已经发现，在目前远隔重洋的一些大陆之间，古生物面貌有着密切的亲缘关系。例如，中龙是一种小型爬行动物，生活在远古时期的陆地淡水中，它既可以在巴西石炭纪到二叠纪形成的地层中找到，也出现在南非的石炭纪、二叠纪的同类地层中。而迄今为止，其他大陆上，都未曾找到过这种动物化石。

1912年1月6日，魏格纳在法兰克福地质学会上做了题为"从地球物理学基础上论地壳轮廓（大陆与海洋）的生成"的演讲，提出了大陆漂移的假说。后来，他又在马尔堡科学协会上做了"大陆的水平移位"的演讲。1912年，他参加了科赫－格林贝格探险队，第二次去格陵兰考察，对格陵兰的冰盖作了细致的考察，研究冰川学和古气候学。考察归来，他发表了多卷冰川学和气象学方面的考察报告。在随后的第一次世界大战中，他的研究工作中断了，在战场上身负重伤，养病期间他于1915年出版了《海陆的起源》一书，系统地阐述了大陆漂移说，确立了其大陆漂移说创始人的地位。在《大陆和海洋的形成》这部著作中，他努力恢复地球物理学、地理学、气象学及地质学之间的联系——这种联系因各学科的专门化发展被割断——用综合的方法来论证大陆漂移。由于当时科学发展水平的限制，大陆漂移由于缺乏合理的动力学机制遭到正统学者的非议。魏格纳的学说成了超越时代的理念。

魏格纳（左）与探险伙伴在格陵兰岛（1930年）

1913年，魏格纳与他的老师、德国著名气象学家汉堡大学弗拉迪尔米·彼得·柯本教授之女——艾尔莎·柯本结婚。1919年，魏格纳接替其岳父的职务，担任汉堡海洋气象台理论气象学部主任兼汉堡大学教授。1924年他又受聘于奥地利格拉斯大学。他在反对声中继续为他的理论搜集证据。1929年，他率探险队第三次去格陵兰考察，并在该岛3 000米高地上建立了考察站，发现格陵兰岛相对于欧洲大陆依然有漂移运动，他测出的漂移速度是每年约1米。1930年4月，他又率领一支探险队，迎着北极的暴风雪，第四次登上格陵兰岛进行考察，穿越了格陵兰内地，试图重新测量格陵兰的经度和搜集其他资料，以获取证据证实大陆漂移。1930年9月，探险队的两名队员受困于爱斯密特基地。魏格纳决定亲自率队去营救，然而在零下60℃的严寒下，大多数人失去了勇气不愿继续冒险前行，只有他和另外两个追随者继续前进，终于胜利地到达了中部的爱斯密特基地。11月1日，在草草庆祝完自己50岁的生日后，他带着一名受伤伙伴冒险返回西海岸基地。1930年11月2日，魏格纳遭到暴风雪的袭击，倒在茫茫的雪原上。在白茫茫的冰天雪地里，他失去了踪迹。直至第二年5月他的尸体才被发现。

　　魏格纳遇难后的20多年里，他所创立的大陆漂移说所引起的学术上的论战也暂时搁置起来。20世纪50年代中期，诺贝尔获得者、英国的物理学教授帕特里克·梅纳德·斯图尔特·布莱克特及其助手等测定了各大陆的古地磁极，发现了磁极的迁移轨迹，而这些轨迹则显示了过去大陆移动的证据。因此，古地磁的研究成果有力地证实了魏格纳的大陆漂移学说，并使其得到复活。1968年，法国地质学家泽维尔·勒比雄在前人研究的基础上提出6大板块的主张，它们是——欧亚板块、非洲板块、美洲板块、印度板块、南极板块和太平洋板块。板块学说很好地解决了魏格纳生前一直没有解决的漂移动力问题，使地质学在一个新的高度上获得了全面的综合。魏格纳去世30年后，"板块构造学说"席卷全球，人们终于承认了大陆漂移学说的正确性。

　　鉴于魏格纳所作的贡献，1980年在他诞辰百周年纪念之时，德国在不莱梅成立了魏格纳极地与海洋研究所，并设立了"魏格纳奖章"。同时，还以他的名字命名了魏格纳月球火山口、魏格纳火星火山口、魏格纳29227小行星以及魏格纳半岛（魏格纳去世时所在的半岛）。欧洲地球科学协会赞助了"魏格纳奖章和名誉会员"，以表彰那些在大气学、水文学或者海洋方面作出特殊业绩和贡献的科学家。

1930年探险时使用的滑雪车

30. 发现海底上层重力异常的科学家
——F. A. 维宁·曼尼兹（*Felix Andries Vening Meinesz*）

菲利克斯·安德雷斯·维宁·曼尼兹是荷兰地球物理学家和测地学家，他因发明了一种精确测量重力的方法而闻名于世。由于他的发明，人们可以在海上测量重力。维宁·曼尼兹自己也通过这种方法发现了海底上层的重力异常现象。后来，他将这种异常归因于大陆漂移。

F.A. 维宁·曼尼兹
（1887—1966）

1887年7月30日，维宁·曼尼兹出生在荷兰的海牙。他在一个优越的家庭中长大，他的父亲曾经历任鹿特丹和阿姆斯特丹市的市长。年轻的时候，他在荷兰南部城市代夫特学习土木工程专业。1910年毕业后，他参与了荷兰国土的重力调查工作。1915年，他撰写了一篇关于那个时期使用的重力测量仪存在缺陷的论文。此后，他自己独立设计了一种新的重力计，并由荷兰皇家气象研究所制作完成，从而大大提高了重力测量的准确度。他还组建了一个涵盖51个检测站的重力测定网络，用以测量整个荷兰国土的重力分布情况，并取得了前所未有的成功。于是，他将成功的经验应用到了海洋，并带领工作团队在海上开展了重力测量。他后来设计了一个可称为完美的海上重力测量仪，经过海上实验也取得了成功。

维宁·曼尼兹的个头相当高，超过两米！1923~1929年，人高马大的他一直在一艘小小的潜水艇中进行着考察研究,目标是要研究确定大地水准面和地球的精确形状。当他的一次考察在1935年被拍成电影之后,他就成了荷兰公众心目中的英雄。他的研究成果在国际科学界也备受瞩目。1927年,他成为荷兰乌得勒支大学测地学、地图学和地球物理学的兼职教授。1936年,他被授予"霍华德·波特奖章"。1937年,他又成为代尔夫特工业大学的教授。

维宁·曼尼兹在做试验

在第二次世界大战结束以后,维宁·曼尼兹再次获得了教授职位。1945~1951年,他担任荷兰皇家气象研究所的负责人,1957年退休。

1966年8月10日,维宁·曼尼兹在荷兰中部城市阿默斯福特去世。

乌得勒支大学一角

31．开启20世纪中叶海洋地质研究新局面的科学家
——P.H.奎年（Philip Henry Kuenen）

菲利普·亨利·奎年是荷兰海洋地质学家，1902年7月22日出生于英国苏格兰的邓迪，1976年12月17日于荷兰西部城市莱顿去世。早年的奎年在荷兰的莱顿大学学习，1925年毕业后留校任教，1926年任该校的副教授。1934年后，他在荷兰的格罗宁根大学任教，1946年任教授、理学院院长，1960年担任该校校长。

奎年以开创20世纪50～60年代海洋地质学研究的新局面而闻名。他在沉积构造、盐丘、火山锥和地层褶皱的模拟实验方面做了开拓性的工作，在珊瑚礁、海底峡谷和海底火山活动的研究中

P.H.奎年
（1902—1976）

也有重要贡献。1929~1930年，奎年参加了"斯内卢斯"号在印度尼西亚马六甲海峡的深海调查，1935年根据考察结果写成《水深测量资料的地质学解释》。他在珊瑚礁方面的研究成果，有力地支持了达尔文有关沉降对珊瑚环礁形成的影响的理论。

奎年最突出的贡献还在于海底浊流沉积的研究方面。"浊流说"创立于20世纪30年代，但直到20世纪50年代初期，才由他通过实验模拟出高密度浊流的流动特点，再现了浊流沉积物的主要结构特征，证实了递变层理（又称粒级层理，是在沉积过程中由于流体流速减缓，碎屑物逐渐沉淀下来形成的一种沉积结构）

的浊流成因。而后，他又联系海底峡谷的成因，论证了深海的浊流活动和浊积岩的分布规律，并在此基础上对阿尔卑斯山巨厚的复理石（一种由半深海、深海相沉积所构成的韵律层系。）沉积提出了深海浊流成因的解释，动摇了"大陆上无深海沉积"的传统观点。奎年的著述很多，他的名著《海洋地质学》于1950年出版。奎年的《海洋地质学》与谢泼德的《海底地质学》（1948年）、克列诺娃的《海洋地质学》（1948年），一起标志着海洋地质学体系的建立。此外，他的著作还有《水的王国》（1955年）、《地质学中的试验》（1958年）、《沙滩的起源、变迁、冲蚀和聚积》（1959年）等。

荷兰格罗宁根大学

奎年对海洋学的另一重要贡献，是他的实验才能。他通过实验为美籍加拿大地质学家R.A.戴利1936年提出的"海底峡谷的浊流侵蚀学说"提供了重要证据。他利用实验室模拟显示出不仅细粒黏土，就是粗砂也能被这些混浊流所输运。他接着指出，深海底的砂石源于大陆架，是通过混浊流输运的。他与戴利同时确信，这些混浊流的侵蚀力量足以解释海底峡谷的存在问题。奎年作为为数不多的早期实验地质学家，曾经指导了盐丘、火山锥、地壳褶皱和其他构造与沉积构造的某些实验室研究。通过这些实验，大大提高了人们对这些构造形成过程的认识。

由于奎年在海洋地质学方面的贡献，1970年他获得了"沃拉斯顿奖"，1971年他获得了"谢泼德奖"。他还曾经当选为荷兰科学院院士、美国国家科学院名誉院士，以及许多国家的地质学会名誉会员。1976年12月17日，奎年在荷兰的莱顿市去世。

32. 运用人工地震技术探测海底的先驱
——W. M. 尤因（William Maurice Ewing）

威廉·莫瑞斯·尤因是美国地球物理学家、地质学家。他是美国拉蒙特地质研究所的创始人、所长，是世界上最早运用人工地震技术探测海底的人。正是尤因和拉蒙特地质研究所其他科学家的不懈努力，才造就了以下的各种成就：布鲁斯·查尔斯·希曾和玛丽·撒普所绘制的世界洋底三维地形图（洋底主体地形图、洋底地貌图）的大部分数据都来自于他们；引起20世纪60年代地球科学"革命"的"板块构造理论"，其基础也是他们所搜集的数据。

W.M. 尤因
（1906—1974）

1906年5月12日，尤因出生于美国得克萨斯州洛克尼的一个贫困家庭。他获得奖学金后才进入休斯敦的里斯学院（现在的里斯大学）学习，1926年毕业，并获得了数学和物理学的双学位。1927~1930年，他先后在里斯大学获得了物理学的硕士学位和博士学位。

尤因很早就对海洋地球物理学感兴趣。在读研究生时，他就利用一个夏季的时间，对南部路易斯安那州的浅湖和海湾的地下油田地震波进行了探索。1930年，他到伍兹霍尔海洋研究所继续从事这项工作，并发现了油田内的盐丘。29岁时，尤因被任命为利哈伊大学物理学教授，并乘美国海岸和大地测量局的"海洋学家"号调查船出海调查。他本想利用水中爆炸声源进行实验，却因种种原因无法实现。接着，他到了伍兹霍尔海洋研究所进行研究工作。

20世纪30年代，尤因经常乘研究船，如伍兹霍尔海洋研究所的"亚特兰蒂斯"

号等进行航行。在这些探险中,他发现了不同地方的海底,其重力也不相同,这说明海底所包含的岩石种类存在着差别。他带领着工作人员乘"亚特兰蒂斯"号在近海进行人工地震波测定实验,测量了400～500米深处沉积层的厚度。尤因强调,研究船应该不间断地出海,船上的男人(他不允许女性参与航行)则要24小时处于待命状态。在第二次世界大战期间,他对水下声音传播方式的研究,直接导致了侦测波方法的发现,这种方法被应用于远距离潜艇勘测。在1947年的一次测试中,他发现了海底熔岩层比大家想象的要薄很多,与此相对应的是,它们所包含的化石都是在最近的地质时期形成的。事实证明,这个发现对那些研究海底形成的科学家是非常有价值的。

1944年,尤因加入了哥伦比亚大学地质学系。1949年,在银行家拉蒙特的资助下,他在哈德逊河畔建立了"拉蒙特地质研究所",1969年更名为拉蒙特－多尔蒂地质研究所,并从研究所建立之日起到1972年,一直担任所长。他使拉蒙特成为世界第一流的研究海底的研究所。他是将地球物理(特别是人工地震)技术应用到海底研究中的先驱,在大洋地壳的结构和厚度、大洋中脊、深海平原、海底沉积物和海底浊流等方面的研究都有重要贡献。他发展、改进了海洋探测仪器和地球物理观测系统,组织了大西洋、太平洋南部和印度洋的海洋地质和地球物理调查,建立了全球性地震监测系统。他与希曾一起发现了洋底存在全球性的大洋中脊体系和全球性的中裂谷带,提出了地震活动与裂谷有关联性,洋底扩张具有全球规模和幂次性等重要论点。

尤因一生论著颇丰,共发表(出版)论著280多篇(部),具有代表性的有《大洋中声的传播》、《层状介质中的弹性波》和《洋底：北大西洋》等著作。他先后被4个国家的大学授予10余个荣誉称号,获得过8个国家的科学机关团体授予的26枚勋章和奖章。

1972年,尤因离开了拉蒙特地质研究所,开始在加尔维斯顿的得克萨斯州立大学任教。1974年5月4日,他因中风去世。

33. "海底扩张理论"的提出者
——H. H. 赫斯（Harry Hammond Hess）

哈利·哈蒙德·赫斯是美国海洋地质学家、地球物理学家。他被认为是板块构造论的奠基人之一，提出了著名的"海底扩张理论"。他所提出的"海底扩张理论"，揭示了在海底之下的地壳形成和消亡的规律。

赫斯1906年5月24日出生于美国纽约，他的父亲在纽约证券交易所工作。在他5岁时，父母为他照了一张相片，当时他身穿水手服，因此相片取名为"小小海军司令"，这却无意地预示了他日后的职业。

赫斯先是进入新泽西的阿斯伯里帕克高中主修外语。1923年，赫斯进入耶鲁大学，在那里他原计划主修电气工程，但后来改为地质学，并在1927年获得了学士学位。毕业后，他被位于赞比亚北部的英美矿业公司雇用，他的工作主要是为矿业开采绘制地质图以及寻找矿床。这份工作并没让他感到快乐，因为他必须按照上层的指示进行勘测，而不是按照自己的意愿去那些他认为有价值的地点进行勘测。两年后，他回到了美国，进了一家研究所工作。这次的工作经验使他深刻地意识到了田野作业在地质学研究中的重要性。

在备考普林斯顿大学博士期间，赫斯学习了矿物学、岩石学和海盆构造等知识。1931年，他和荷兰地球物理学家菲利克斯·安德雷斯·维宁·曼尼兹一起，在西

H.H. 赫斯
（1906—1969）

印度群岛和巴哈马群岛执行测量地心引力的任务。根据表面不同地点地心引力的信息,地质学家就可以判断出地表之下岩石的成分,因为质量和密度越大的地方地心引力也会越大。由于地转偏向力的作用,加之船只很大程度上会受到表面波和风的影响,因此测量必须在潜艇中进行。科学家也很早就发现海沟附近是火山和地震的多发区,而赫斯希望能够找到这些现象的内在联系。

1932年,赫斯在普林斯顿大学获得地质学博士学位。他的博士论文的内容是"关于弗吉尼亚蓝山的一种巨大的侵入型橄榄岩的蛇纹石化过程"。毕业后,他在罗格斯大学任教一年,之后又在华盛顿的卡耐基研究院地质实验室进行了一年的研究。1934年,他与安妮特·彭斯结婚。同年,赫斯成为普林斯顿大学的一名教师。

也是在1934年,赫斯以海军上尉的身份加入了海军预备队。在第二次世界大战爆发后,他被分配到纽约城工作,任务是测定德国潜艇的位置。但是他并不喜欢办公室的工作,因此他请求调往海上。1944年,他成为"约翰逊岬角"号的海军官员,这艘船主要用于太平洋上军人的运输,不久后他成为这艘船的船长。"约翰逊岬角"号装有回声测深仪,这个设备通过向水下发送声波,测量海面到海底的距离。这个设备的军事目的是防止船只进入浅水区而搁浅。但是,赫斯却命令:只要船只在行进,回声测深仪就得打开,这样就可以连续测得海底剖面图。除此之外,他还因此取得了海底最深点——马里亚纳海沟的测深数据。

1945年,在回声测深仪的帮助下,赫斯发现了平顶的海山。他断言这些海底平顶山是

第二次世界大战时期的赫斯

死火山。它们平坦的顶部使赫斯猜想到：这些海山应该曾经露出过海面，只不过由于海水的侵蚀，最终将山顶磨得较平坦了。但是探测器测得它们的深度竟然是水下 2 000 米的位置，这一点让赫斯想到，这种地质特征在海洋中的位置将会发生改变。

赫斯在普林斯顿大学任教

1950~1956 年，赫斯担任普林斯顿大学地质学系主任。

第二次世界大战后，赫斯在普林斯顿大学一直思考着水下平顶山和大洋中脊的问题。1959 年前后，在吸取了有关平顶山的知识后，他得出了一个结论——海底本身就在移动。

1962 年，他在正式发表的文章《海盆的历史》中指出：大陆是被动地由地壳的水平运动将其从对流源区传送到它潜没的地方。新洋壳在大洋中脊（或中隆）生成，在那里由于较热岩石的密度较低，热地幔物质使大洋中脊（或中隆）的地形升高。在大洋中脊（或中隆），地表岩石因张力而破裂，裂谷则被来自地幔的新火山物质所充填，洋底因此而扩张，犹如在传送带上一样。在对流体汇聚处，洋壳被下拖形成海沟。这些下降流即积压部位之所在，以伴有海沟的山脉和火山

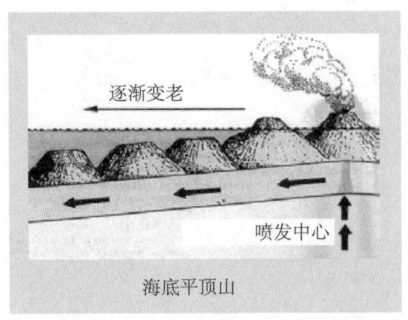

弧为标志。由较轻的富硅岩石堆积建造起来的大陆，在海沟则未被向下拖曳，而是堆积或上冲成为山脉。当俯冲的冷却物质破裂时，在海沟下面的深处便发生地震。

美国海岸与大地测量局的地质学家罗伯特·辛克莱·迪茨和赫斯的观点在本质上是一致的。迪茨将赫斯的理论称之为"海底扩张理论"。1960年，在递交给美国海军研究部的一份报告中，赫斯首先发表了这个理论，而迪茨直到1961年才发表。因此，就这个理论来说，赫斯获得了更多的荣誉。

赫斯将自己的海底扩张理论称之为"地球史诗"。因为与海底平顶山的定位相比，当时可支持这种理论的证据比较少。20世纪60年代后，从不同领域都为他的理论提供了证据。他的"海底扩张理论"，他在海沟重力、岛弧造山作用、洋壳与蛇绿岩套等方面的研究，都使他饱受赞誉。1962年，肯尼迪总统任命他担任了美国科学院太空科学部的负责人。在任期间，他辅助完成了美国太空计划，其中就包括人类第一次登月。1966年，美国地质学协会授予他"彭罗斯奖章"。不久后，他被选举为美国科学院院士。

1969年8月25日，在伍兹霍尔的一次委员会会议上，赫斯突发心脏病去世。美国国家航空航天局为他追加颁发了"公共服务杰出贡献奖"。

34. 板块构造论的突出贡献者
—— J. T. 威尔逊（*John Tuzo Wilson*）

约翰·图佐·威尔逊是一位加拿大地球物理学家和地质学家，因对板块构造论的贡献而在全世界享有声誉。

1908年10月24日，威尔逊出生于加拿大安大略省渥太华的一个苏格兰移民家庭。他是加拿大第一个修过地球物理学大学课程的大学生。1930年，他毕业于加拿大多伦多大学的三一学院。之后，他在英国剑桥大学圣约翰学院获得了几个其他的相关学位。1936年，他获得了美国普林斯顿大学地质学博士学位。之后，威尔逊加入了加拿大陆军，

J.T. 威尔逊
（1908—1993）

并在第二次世界大战期间一直服役，最后他以陆军上校军衔退伍。1946年起，他任多伦多大学地球物理学教授。

威尔逊长期研究地壳的总体结构和大陆的形成。20世纪40年代末期，他根据探测地震波的结果，详细论述了北大西洋盆地的地壳结构。1949年，他以加拿大前寒武纪的构造特征为依据，探讨了大陆起源与前寒武纪历史的发展问题。1959年，他出版了《物理学与地质学》一书，为后来的地质学和地球物理学的结合作了准备。20世纪60年代，他对板块学说的建立作出了重要贡献。他最早使用"板块"一词，用它代表大陆、海洋以及包括大陆和海洋的刚性地块。1963年，他提

出了火山岛距洋中脊愈远，其时代愈老的一些证据，有力地支持了哈利·哈蒙德·赫斯的"海底扩张说"。1965年，他提出了转换断层这一在板块运动中新的断层类型，有效地解释了洋中脊及其两侧平行的磁异常条带呈多条异常带分布的现象。1973年，他提出了大洋盆地的发展模式：从胚胎阶段的裂谷，初始阶段的张裂海槽，到成熟阶段的广阔洋盆和萎缩阶段的俯冲缩小，以至最后的消失，构成了一个完整的旋回。这就是著名的"威尔逊旋回假说"，后来这个概念被进一步扩充为"超大陆旋回假说"。

1969年和1974年，威尔逊先后两次被授予加拿大勋章；1978年，威尔逊被伦敦地质学会授予"沃拉斯顿奖"；他是加拿大皇家学会和英国皇家学会的会员；他曾经做过电视系列片《人类行星》的主持人；他曾任国际大地测量和地球物理联合会主席，是美国国家科院外籍院士；他还是加拿大安大略科学中心的主任（1974年～1985年）和多伦多大学厄林代尔学院的院长。

威尔逊的代表性著作有《大陆起源与前寒武纪历史》、《加拿大地盾的一些主要构造》、《断层的一种新类型及其在大陆漂移的作用》、《地幔热点与板块运动》和《大陆漂移与大陆固定》等。

图佐·威尔逊海底山

为了纪念威尔逊，加拿大一座年轻的海底火山用他的名字命名为"图佐·威尔逊海底山"。这是一个热点火山，其地理坐标为北纬51.4°，西经130.9°。加拿大地质联合会设立了以他的名字命名的"图佐·威尔逊奖"，授予在地球物理学界取得突出成就的学者。为了纪念他和他的"板块构造论"，在加拿大安大略科学中心外的地面上筑有一个巨大的"不动的"箭头，指示了自威尔逊出生以来北美大陆的漂移量。

1993年4月15日，威尔逊逝世。

35. 美国著名地球物理学家和海洋学家
——R. S. 迪茨（Robert Sinclair Dietz）

罗伯特·辛克莱·迪茨是美国地球物理学家和海洋学家，在许多领域都作出了重要贡献，如地质学、海洋地形学和海洋学。他对过去时间内大陆台地、斜坡和边缘所发生的结构变化以及夏威夷的巨浪和陨石坑的现象都非常感兴趣。同时，他也丰富了我们关于北极和太平洋海盆的知识。

1919年9月14日，迪茨出生于美国的新泽西州。1933~1941年，他先后在伊利诺伊大学获得了地质学的学士、硕士和博士学位，同时还辅修了化学。他大部分学位论文的研究都是和弗朗西斯·菲帕德一起，在位于圣地亚哥的加利福尼亚

R.S. 迪茨
(1914—1995)

大学的斯克里普斯海洋研究所进行的。他研究海洋地质学，并且是最早对加利福尼亚附近的水下磷矿进行研究的科学家之一。

迪茨曾是一名预备役军人，1941年，在他刚刚获得博士学位时，被临时转为现役。第二次世界大战结束以后，他成立了海军电子学实验室海底研究部。他对南极洲的地质状况进行了探测，绘制了北冰洋的测海学地图，并且在太平洋进行了多次海洋学探险。1952年，他发现了太平洋的第一条断裂带，认为它与地壳的形变有关，而且设想新的地壳物质在大洋中脊处形成，并以每年几厘米的速度向外扩张，随后的工作证实了他的想法。1953年，他成为美国"地质学潜水咨询公

迪茨（右一）在研究海底土样

司"的一名探险员，对加利福尼亚和下加利福尼亚海岸进行了上百次探险，绘制了海底的地质学地图，而且直接导致了两大油田的发现。迪茨也成为一个熟练的水下呼吸器潜水者。

在福布莱特法案基金的支持下，1953年迪茨在东京大学研究水下的声音传输。之后，1954~1958年，他在美国海军研究部任职。1955年左右，在伦敦举行的一次科学会议上，他遇见了瑞士探险家雅克·皮卡德，他们一起向世界证明了深海潜水器在水下探险中的有效性。1961年，他和雅克·皮卡德合著了一部书，书名为《七英里之下：深海潜水器"的里雅斯特"的故事》，描述了在马里亚纳海沟进行的探险。

迪茨十分关注海底年龄和成分等一些现象。1961年，他在《自然》杂志上发表了一篇文章，提出海底扩张学说。海底扩张学说是海底地壳生长和运动扩张的一种学说，是对大陆漂移学说的进一步发展。海底扩张学说认为：大洋岩石圈因密度较低，浮在塑性的软流圈之上，是可以漂移的。由于地幔温度不均匀而导致密度不均匀，结果在软流圈或整个地幔中引起对流。较热的地幔物质向上流动，较冷的则向下流动，形成环流。大洋中脊裂谷带是地幔物质上升的涌出口，不断上涌的地幔物质冷凝后形成新的洋底，并推动先形成的洋底逐渐向两侧对称地扩张。先形成的老洋底始终处于不断产生与消亡的过程中，它永远

迪茨生活照

是年轻的。尽管海洋地质学家哈利·哈蒙德·赫斯关于海底扩张学说的文章直到1962年才正式发表，但他早在1960年就已经预印了他的文章。于是在1963年，迪茨还是公开承认赫斯对海底扩张模型具有优先权。

1963年，迪茨着手建立美国海岸和测地调查中海洋学和地质学的研究机构，即后来的"环境科学部"，并成为美国海洋和大气局的组成部分。在美国海洋和大气局工作期间，他赞同板块构造理论，认为这个理论是从海底扩张的概念快速演化而来的。1975年，他从美国海洋和大气局退休。

迪茨在很多美国大学担任过客座教授，包括伊利诺伊大学、华盛顿州立大学、华盛顿大学和迈阿密大学等，并且，在1977年成为亚利桑那州立大学的终身教授。虽然，迪茨在1985年已经退休，但是他一直坚持研究，直到1995年5月19日在亚利桑那去世。

迪茨是20世纪最有影响的海洋地质学家之一。他曾获得过许多荣誉，包括美国地质协会颁发的"沃尔特·H·布赫奖章"，美国陨石协会颁发的"巴林杰奖章"，以及美国地质学会的最高奖项"彭罗斯奖章"等。

36. 绘制首张细致的全球洋底三维地图的女科学家

——M. 撒普 （Marie Tharp）

M. 撒普
（1920—2006）

一头红色的头发、着一身剪裁得体的斜纹软呢服的玛丽·撒普，会让许多人把她和国际电影巨星凯瑟琳·赫本联系到一起。这不仅是因为她出众的外貌，还有她那一份特有的自信。

1920年7月30日，撒普在美国密歇根的伊普西兰蒂出生，她是一名有着英国血统的女孩。地图是撒普家族遗产的一部分，她的父亲威廉·埃德加·撒普是美国农业部的土地测量员，也是一位地图绘制师。

由于父亲的工作需要，他们家的住址频繁变更，几乎遍布了全美国。撒普曾就读于俄亥俄州立大学，重点选择了英语和音乐课程，并于1943年毕业。后来，她进入密歇根大学地质系学习，并在密歇根大学获得了地质学博士学位。除了她本身所具备的素质之外，或许她还要感谢自己生逢其时，因为密歇根大学地质系在第二次世界大战结束后才开始为女性敞开大门。1948年，她来到纽约，又获得了另外一个数学学位。然后，她进入俄克拉荷马州塔尔萨的一家石油天然气公司工作。由于在公司一直没有得到提升，撒普又来到了哥伦比亚大学。在这里，她与地质－地球物理学家威廉·莫瑞斯·尤因相遇，而且尤因雇佣了她，让她做研究助理。在那里，她和一群来自爱荷华州的性格火暴的研究生们一起工作，并认识了一名叫布鲁斯·查尔斯·希曾（后来成为杰出的海底构造和地震学家）的青年。

传统的海底地图，一般都是等深线地图，即用等深线来标示不同海底地貌的地图。然而，在20世纪50年代的"冷战时期"，美国政府为防止苏联潜艇可能利用这些海底的等深线地图，所以，将此类地图列为国家机密，禁止任何人制作和出版。当制作标准地图受阻之后，希曾决定用制作地形学地图取而代之，这种地图显示的是：当海水退去后，从空中俯瞰海底时的情形。他首先以北大西洋西部为例，绘制了一幅简单的海底地形图的草图，然后让撒普继续完善这个理念。

撒普和一名助理根据希曾提供的大西洋上航行船只的往来路线资料，开始在厚厚的白纸上绘图。刚开始的时候，撒普画出的是每条船在大西洋上航行路线的二维空间轮廓。随着搜集的数据越来越多，她开始把那些数据和轮廓想象成三维空间。她脑海里想象着，在深深的海洋下面，也像在地球表面一样有着崎岖的景象——山脉、峡谷和倾斜的平原——被埋藏在数百千米的海底下面，人的肉眼是无法看到的。对于撒普来说，这不仅仅是科学，还是一种在严肃基础之上的创举；因为，她必须聚精会神地凭直觉去感知海洋深处的意境。而这一直是当时的测量方法所忽略和无法实现的。

随着获得的资料越来越详细，撒普开始注意到一个令人着迷的景象：一条举世闻名的海底大山脉——大西洋中脊就在大西洋海水之下延伸着。当撒普继续仔细地进行绘图的时候，事实变得更加明朗了：这条海底山脊就位于大西洋盆底中部，

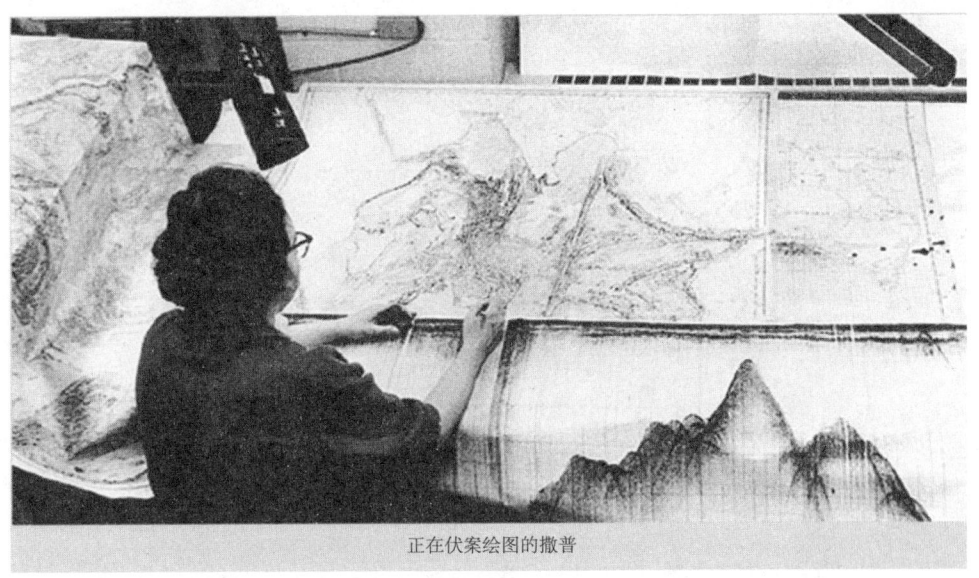

正在伏案绘图的撒普

与两岸平行南北延伸万余千米。在当时，这可是一个惊天动地的发现。随后，认为"大陆在不停地运动，而不是静止"的说法也开始出现，即现在人们所说的"大陆漂移假说"。但在当时，这一说法并没有受到大众的认可，大多数地球物理学家都是"墨守成规的老顽固"，他们坚信地球表面是静止不动的。其中，希曾当时就是极力反对她这一想法的第一人。他无礼地指责撒普说："这是一个女孩子的空话，这是不可能的事。"从那之后，希曾和撒普几乎经常会为这些绘图上的每个细节而争辩不休。然而，撒普却以她坚忍不拔的精神改变了人们对这个地球的看法——大陆和海洋都是运动的。最后，撒普花了足足一年时间说服了希曾。1956年，他们终于向外界公布了这一发现，成为"板块构造学说"的一个重要组成部分。

那时，绘图工作占据了希曾和撒普的几乎全部时间。在希曾的主人卧房里，放着很大的桌子。三维印度洋的海底地形图首先就是在这里绘制成雏形，接着，太平洋的三维海底地形图也在此诞生。而在撒普的主人卧房里，虽然摆放了一个在20世纪60年代算是最时髦颜色的衣柜，但撒普根本没有时间欣赏这些，甚至都没有她休息的地方，相反，仆人的卧房却成了她日常作息的地方。20世纪70年代，

全球洋底地貌图"世界海床"

撒普的生活照

希曾和撒普与来自澳大利亚的高山地形画家海因里希·伯蓝共同合作，一起绘制了迄今在绘图历史上被公认为最漂亮的一幅全球海底三维地图——世界海床地貌图。1977年，这幅名为"世界海床"的巨作发表了。这幅世界洋底地貌图看起来就像是有人在一个如地球般大小的浴缸中拔开了塞子，来自全世界海洋的水一下子被排出去，只把地球表面的特征毫无保留地公之于世一样。这幅世界洋底地貌图还展现了一条连绵不断、长6万多千米的山脉，中央是连续的裂谷带，沿裂谷带分布着一系列与之近于垂直的裂痕，看上去就像是给一个跳动的篮球缝了一连串的针脚。撒普对自己的这一巨作感到万分自豪，她表示："至少在这个行星上，你不可能再找到比它更大的了。"

撒普一直为拉蒙特-多尔蒂地质研究所工作，直到1983年退休。此后，她开始在纽约奈阿克的家中进行私人制图和咨询工作。由于一直受到希曾科学声望的遮蔽，无论是大西洋中脊带峡谷带的发现，还是三维海底地形地图的绘制，撒普都没有受到应有的赞誉。不过，在1997年11月，这个遗憾得以稍微的弥补，美国国会图书馆称誉撒普是为绘制三维海底地图作出突出贡献的四人之一,并对她进行了表彰。1999年,为庆祝美国国会图书馆地质学和图片部建立100周年,图书馆再次表彰了撒普的贡献。同一年,美国伍兹霍尔海洋研究所女性部授予撒普女性海洋学先锋的称号。2001年,撒普成为拉蒙特－多尔蒂地质研究所所授予的第一个传统奖得主,以表彰"她作为一个海洋学先锋,作为在当时如此男性化的领域中的先锋女性,毕生所作的贡献"。

与撒普和希曾的地图相比,今天的海底地图更加详细和准确,但就那个时代来说,他们的地图提供了最好的海底地质学信息。这些地图也为"海底扩张"和"板块构造"说提供了新的证据,同时它们也刺激其他科学家进一步研究这些具有革命性的理论。

在撒普和希曾合作期间,他们一直是专业上的好搭档,生活中的亲密朋友。1977年,当希曾突然去世后,只剩下撒普一个人继续在奈阿克的房子里生活。这名作出过突出贡献的老妇人,一直独自居住在那里,直到2006年8月23日离开人世。

工作中的撒普

37. 杰出的海底构造和地震学家
—— B. C. 希曾（*Bruce Charles Heezen*）

布鲁斯·查尔斯·希曾是美国地质学家。1924 年 4 月 11 日，他出生于美国衣阿华州文顿市。1947 年，作为衣阿华州立大学的三年级学生，当希曾正考虑是否主修古生物学的时候，纽约哥伦比亚大学地质学教授威廉·莫瑞斯·尤因改变了他的职业规划。

当时，尤因已经是海底地质学的权威。他在众多大学讲学，为的是寻找有前途的学生参与他的探险——最好不要报酬。希曾正好符合尤因心目中的新人形象。于是，希曾接受了尤因的邀请，并且将专业改为地质学。

B.C. 希曾
（1924—1977）

1948 年春天，希曾获得了衣阿华州立大学地质学学士学位后，在伍兹霍尔海洋研究所与尤因会合。在他们准备前往大西洋中脊探险期间，他帮助尤因设计了好几个水下录像机，这件事让尤因印象深刻。在之后的探险过程中，当尤因不得不离开的时候，他让希曾代替他出任首席科学家，继续完成余下的旅行，这让年轻的希曾惊讶不已。同年秋天，他在尤因的指导下开始了研究生学习，并于 1952 年获得硕士学位。1948 年 12 月，希曾刚到哥伦比亚大学几个月后，他和尤因以及相关的科学家，一起到了纽约的一幢公寓。这幢公寓是银行家拉蒙特的遗孀捐赠给哥伦比亚大学的，经过改造后，尤因将这个新研究中心称之为"拉蒙特地质研究所"。后来，拉蒙特地质研究所改名为"拉蒙特－多尔蒂地质研究所"，现在属于哥伦比亚大学地球学院。1955 年希曾在哥伦比亚大学拉蒙特地质研究所任职，1957 年获得博士学位。

"布鲁斯·希曾"号调查船

20世纪50年代,希曾和尤因首次发现了大西洋中脊、印度洋中脊和东太平洋海隆首尾相连,构成了环绕全球的大洋中脊体系;首次发现了沿中脊顶部延伸的大洋裂谷系。上述发现为"海底扩张说"和"板块构造说"的问世奠定了重要的基础。1952年,他运用"浊流说"解释了"1929年纽芬兰大浅滩地震"引起的海底电缆折断事件,为海底浊流的存在提供了有力的论据。他最早认识到深海底流在塑造洋底地形和沉积物中的重要作用,并于1966年首先提出了"等深线流"的概念。1977年,他还与玛丽·撒普合作绘制完成了世界洋底立体地形图,这幅名为"世界海床"的巨作现已在全世界得到广泛应用。

希曾还在研究海底峡谷、深海平原、大地构造和地震等方面作出了杰出贡献,并著有《洋底》(与尤因、撒普合著)、《深海面貌》等著作。

1977年6月21日,希曾在冰岛以南的雷克雅内斯海岭潜水考察时,因心脏病突发殉职。1999年,为了纪念希曾,美国海军部将一艘调查研究船以他的名字命名。

38. 中国海洋地质学的开拓者
——刘光鼎

刘光鼎,是地球物理学科的创始人之一,是中国著名的地球物理学家和海洋地质学家。他献身地质事业,在海洋地球物理勘探领域有突出造诣,被誉为"中国海洋地质之父"。

刘光鼎
(1929—)

1929年12月29日,刘光鼎出生于北京。他的祖籍是山东蓬莱,祖辈在科举时历任府县教官,主掌贡院。刘光鼎的父亲刘本钊博学多才,曾先后在清华大学、北京艺术专科学校、青岛大学、昆明西南联合大学工作,发表文章、小品数百篇,出版《台墨残痕》两卷,1968年4月16日在中国台湾逝世。刘光鼎的母亲董德玉,擅长书法和医术。抗日战争前夕,因丈夫去了昆明,她携众多子女在蓬莱悬壶行医,并支持孩子们参加革命。后因受日军迫害而自杀,年仅48岁。刘光鼎的二姐、三姐、四姐、五姐、六姐先后参加了革命,并都成为中国共产党员。他的大哥刘光斗是吴氏太极拳第五代传人,人称"铁胳膊刘",刘光鼎六七岁开始就与哥哥学习太极拳。

父亲不在,母亲去世,大哥疯了,弟妹年幼,家徒四壁,童年的刘光鼎孤苦无依,过着颠沛流离的生活。1941年9月,刘光鼎毅然离开家乡,只身来到北京投靠表伯曹伯垣。中学时代,他学习刻苦,才华出众,成绩一直名列前茅,屡次获得奖学金,多次被学校减免学杂费。同时,他热爱运动,擅长垒球、篮球、个人体操、单双杠、铅球等运动,曾多次获奖。在中学读书期间,他每周都会到堂兄刘培松(又名刘晚苍)那里去,向他学习八卦、太极等。

1948年,刘光鼎在北京准备高考,期间参加了学生运动和"地下党"活动,

刘光鼎在海洋调查船上

同年9月9日,他加入中国共产党。同时考取了北京大学物理系。在北京大学,他一方面努力学习,成绩优异,一方面积极地投入到"地下党"的活动中,迎接北京解放。不久,"地下党"公开,北京大学党委组建由理学院各系及工、农、医学院在沙滩的一年级学生组成的理沙支部,任命他为组织委员。

1950年,他由北京大学党委调往北京市委工作,任北京市节约检查委员会秘书,1951年返回北京大学继续学习。不久,他参加燃料工业部组织的实习队,并担任队长,率领北京大学物理系师生10人,去西安等地学习石油地质与钻井技术;随后,他在洛川实习测量与重力;最后,他参加翁文波、赵仁寿领导的中国第一个地震队工作。这次实习,极大地开阔了他的眼界,提高了思想认识,也坚定了他投身于发展地质事业,应用物理学的理论、技术与方法,为寻找地下埋藏的矿产资源而奋斗的志向。实习后他回到北京大学,王鸿祯教授邀请他任助教,担任《地球物理勘探》课程的辅导老师。他全面地学习了地球物理勘探的各种方法,也经受了讲课与答疑的锻炼。1952年,他毕业于北京大学物理系。之后的12年,他都在北京地质学院(现中国地质大学)任教。

刘光鼎开创了中国海洋地质与地球物理事业。1958年,他组建了中国第一支海洋物探队,担任队长。1964~1970年担任地质部(现地质矿产部)海洋地质研究所地球物理研究室主任;1970~1973年担任第二海洋地质调查大队技术负责人。1974年,上海海洋地质调查局成立,任命刘光鼎为副总工程师,兼综合研究大队长。

在上海海洋地质调查局工作期间,刘光鼎和一批地质学家联合起来,一再地向中央提出建议,并首先在东海进行区域地球物理调查,发现东海海底具有三隆两盆的构造格局,其中东海陆架盆地又有3个沉积中心。于是,他们集中力量勘察位于浙江东部的西湖坳陷,发现其局部构造发育、油气性良好。在进一步详查的基础上,勘探二号桩脚式平台在平湖构造的第三系地层中钻探到工业油气流,实现了中国东海油气资源的突破。

1980年，刘光鼎当选为中国科学院学部委员（院士）及地学部常委。同年，他担任地质矿产部海洋地质司副司长、石油地质海洋地质局副局长。1984年，他组织国家重点攻关项目——"寻找大油气田的理论与方法技术研究"，并担任项目负责人。

刘光鼎的工作照

同时，他在地质矿产部石油地质海洋地质局系统内部组织编绘《中国海区及邻域地质地球物理系列图》，其中八幅被国际太平洋与大西洋编图委员会（GAPA）采用，编入世界大洋图集。1992年，《中国海区及临域地质地球物理系列图》和《中国海区及邻域地质地球物理特征》由地质出版社出版。1995年《中国海区及邻域地质地球物理图册》由科学出版社出版。由于他对于中国海所作的长期研究与贡献，1995年，由美国、加拿大提名，他当选联合国大陆架界限专家委员会成员，并于1995年9月出席纽约该委员会会议。

1989年6月，地质矿产部派刘光鼎到亚洲近海联合勘探组织任高级专家，与此同时，中国科学院也聘请他出任中国科学院地球物理研究所所长。他不顾亲友的阻拦，在接到通知一周后即赴中国科学院地球物理研究所上任。"我是中国地球物理学家，首先要为中国地球物理干事！"这是他舍弃高薪的唯一理由。那时，中国科学院地球物理研究所的状况不佳，科研条件与职工生活都很差。他经过认真的调查研究，提出研究所基础建设的四大中心，应用开发的四大课题，他强调地球物理应与地质相结合，并亲自领导国家自然科学基金重大项目——"陆相薄互层油储地球物理学理论与方法研究"；主持并建立"高温高压地球动力学"开放实验室；设立"沉积盆地动态模拟系统"研究项目；提出"浅层地球物理工程"，建立一个崭新的前期工程咨询产业，涉及地矿、石油、煤炭、冶金、建工、铁道、交通、水电等行业，以进入国民经济主战场。经过3年多的努力，中国科学院地球物理研究所聚集了一批人才，大任务源源不断，科研项目顺利进展，成效显著。《地质报》称他是"拿大项目的所长"。时任中国科学院院长的周光召称誉他："一个人救活一个所。"国家科委确定中国科学院地球物理研究所为全国科研单位改革试点单位之一。

在关注中国能源问题的同时,地球物理学科地位的问题也同样受到刘光鼎的关注。在20世纪90年代的学科改革中,很多大学的地球物理学系都被取消或削弱了,一些研究内容被放弃,这些都引起了他的焦虑和不安。他认为,中国经济发展的很多基础工作都需要地球物理学的支撑,如三峡工程、西气东输、南水北调、西部大开发、振兴东北老工业基地等。他对中国固体矿产提出"应用地质与地球物理方法攻深探盲,寻找大矿富矿"的方针,并用此方针指导胶东等地金属矿床的勘探工作取得成绩。近年,他提出了军事地球物理的概念,他认为,高科技战争也要依赖地球物理学,需要未雨绸缪迅速建立军事地球物理学,进一步拓展地球物理学的研究和应用领域,更好地开展军事地球物理学的研究,为国防建设服务。

刘光鼎业务拔尖,管理出色,对待工作数十年如一日地充满激情,不计较个人得失,这一切都缘于他对国家对民族的爱。他心里总惦记着国家的事,满腔热血地去完成国家交给的任务。在中国石油低迷的时候,他提出二次创业的新思路,一种指导性的意见。他从地球物理场出发探讨"中国大陆构造宏观构架"以及"矿产资源的地球物理预测"的问题,在此基础上,他提出了前新生代海相残留盆地的认识,为中国油气资源的二次创业提供了理论依据。2001年8月17日,他给国务院领导写了一份关于中国油气资源第二次创业的报告。此报告发出十天之后,时任国务院副总理的温家宝同志就做出了"要重视油气资源战略勘察工作,争取在前新生代海相碳酸盐岩地层中有新的突破"的批示,中国科学院已经立项投入巨资进行研究论证工作。

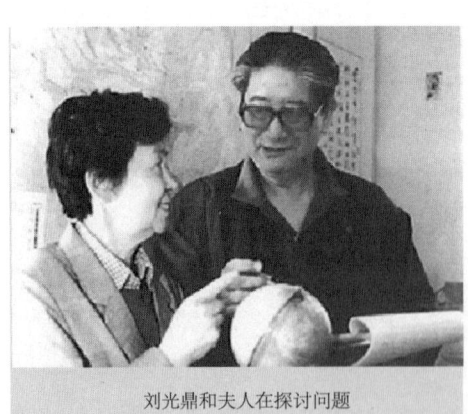

刘光鼎和夫人在探讨问题

经过几十年的地球物理实践,刘光鼎在重力、磁力和地震分析成像等的基础上,研究、运用岩石圈板块大地构造理论,分析中国海地球物理场、地质构造及其演化历史,指导油气勘探。他将中国大地构造的格架简单地概括为三横、两竖、两个三角,认为油气第一次创业集中在三横、两竖、两个三角的中间,而第二次创业,要在三横、两竖、两个三角当间儿的新生代沉积盆地的下面。油气二次创业提出的几年中,海相残留盆地勘探取得许多成绩,如日产1059吨的胜利油田"胜海古2井",日产天然气106立方米的大港千米桥"板深7井",初估储量近10亿吨的塔河古生代油田,都证实了中国海相残留盆地有丰富的油气藏。

从事科研工作50年来,刘光鼎始终保持强健的体魄,秘诀在于,他几乎每天都要打太极拳,他是一位名副其实的太极高手。他曾于1978年出版了《太极拳架与推手》一书,后经修改、补充,于1992年重新出版,定名为《太极拳术——理论与实践》。他的太极造诣,使他在海上勘探工作中,即便遇到了12级台风,也能安然自得地躺在床上边吃饼干、边捧着金庸的武侠小说醉心于华山论剑。

刘光鼎性格豪爽,正派耿直;为人热情,乐于助人。朋友们都称他为"侠客",还因为,他是一个武侠小说迷,他的公文包里总是要放上一本武侠小说,在出差的路上看看,是件惬意的事。

刘光鼎的书法和诗词造诣,在科学家队伍中应属罕见。他的墨笔行书刚劲有力,诗词歌赋优美悠长,1998年12月,他的《渔樵之歌——刘光鼎诗词选集》正式出版,选录诗词一百六十多首。

刘光鼎还有一个绰号叫"教官",他的学生,有很多已经走上领导岗位,也有十几位成为了院士。50年前,他参与组建了北京地质大学;50年后,北京地质大学又聘请他为该校的地球物理与信息技术学院的院长。

刘光鼎和夫人宋仲和于1955年结婚,两人感情很好,但年轻的时候,他们总是聚少离多。所以每当谈及夫人的时候,刘光鼎院士满是愧疚之情。他选择了地质事业,就等于选择了常年不在家,家庭、子女都无暇顾及,但妻子给了他最大的支持和理解,两人相濡以沫走

《渔樵之歌——刘光鼎诗词选集》

刘光鼎院士发表获奖感言

到今天。刘光鼎一家是名副其实的地球物理之家，他是搞地球物理的，他夫人也从事地球物理教学研究工作，他女儿在地震局工作，他孙子在美国读的也是地球物理专业。他不但教育他的学生要热爱祖国、热爱人民，干一行爱一行，也教育出国留学的儿子、女儿，一定要回国报效祖国。现已84岁高龄的刘光鼎，至今仍战斗在科研阵线上，还被一些科研单位和重大科研项目聘为顾问专家。他现任的职务有：中国科学院地质与地球物理研究所学术指导委员会主任、中国科学院地质与地球物理研究所发展战略委员会主任、全国政协委员，中国地球物理学会名誉理事长、中国海洋学会名誉理事长、中国岩石圈委员会主席，《地球物理学报》、《地球物理进展》主编。

多年来，刘光鼎始终坚持在第一线工作，先后发表了《海洋油气勘探与开发》、《东海地质与油气勘探》、《盆地演化—动态模拟—油气评价》、《中国海大地构造演化》、《中国海地球物理场和地球动力学特征》、《近海工程问题》、《大洋底矿产资源调查》、《中国地球物理往何处去》、《中国大地构造宏观格架》、《矿产资源的地球物理预测》、《中国近海前新生代残留盆地初探》等多部著作，共发表论文68篇、译著14部，讲义、报告、科普10册。

在《科学中国人》杂志社主办的"科学中国人2010年度人物"评选活动中，刘光鼎荣获"终身成就奖"。为了中国的海洋地质事业，他白手起家，在海上漂泊30年，像梳头一样把中国海梳了个遍，"中国海洋地质之父"，他当之无愧。

39. 中国海底科学家
——金翔龙

金翔龙，1934年11月29日出生于江苏南京。1956年，他毕业于中国地质大学（原北京地质学院）。1957~1985年，他在中国科学院海洋研究所工作。1997年，他当选为中国工程院院士。他现在是国家海洋局第二海洋研究所研究员，国家海洋局海底科学重点实验室主任，中国地球物理学会理事，中国海洋地质学会副理事长，中国科学院海洋研究所和浙江大学的博士生导师。他主要从事海底构造与海洋地球物理方面的研究，是中国海底科学（海洋地质——地球物理）研究的重要奠基

金翔龙
（1934— ）

人之一，对中国海底科学的创建和发展有着开拓性的贡献。

在20世纪50年代的中国，海洋科学还是一个崭新的研究领域，以海洋生物学研究为主，海洋地质科学研究几乎一片空白。立志要走出一条中国海洋地质科学研究道路，争取在国际海洋地质科学研究领域占有一席之地的金翔龙，面对前无先者、资料短缺的现实，开始了艰难的探索之路。在他老师王鸿祯的引荐下，他拜访了时任中国科学院水生生物研究所青岛海洋生物研究室（即中国第一个海洋研究所——中国科学院海洋研究所的前身）主任童第周、副主任曾呈奎。尽管，童第周和曾呈奎均从事海洋生物学研究，并没有较多的海洋地质学研究方面的经验；但是，金翔龙投身海洋科学，并大胆探索海洋地质学研究的创新精神，受到

金翔龙在科学大会上发言

他们的一致赞扬,并表示将为他创造一切必要的条件,开拓海洋地质学研究的新领域。

1958年冬天,金翔龙参加了第一次海上调查。那时我国的海上调查,与地质有关的内容只是采集海底沉积物、测量海水的深度。此时,金翔龙想学地质的任务应该将这些工作与找矿结合起来,与海底石油勘探和开采结合起来。于是,他翻阅大量的国内外资料,了解到当时国外已经进入到海底石油勘探与开采阶段,且海底勘探采用的是地球物理方法。而关于地球物理的知识,他在学校所学的课程里只涉及一点皮毛,无法满足眼前的工作需要。为了尽快地适应工作,他一方面抓紧时间补学数学、物理、无线电工程等知识;另一方面他全力以赴为促成在中国运用地球物理的方法进行海洋勘测而积极筹备、忘我工作。他长时间奔波在北京和青岛的路途中,游走于石油科学研究院、中国科学院地球物理研究所、北京地质学院(现中国地质大学)等单位的专家学者之间,穿梭于国家地质部、石油部、科学院的请示与汇报之中。工夫不负有心人,经过不懈努力,在国内著名地球物理学家、地球物理勘探专家薛琴舫、翁文波、顾功叙的指导和帮助下,在中国科学院、地质部、石油部的支持下,不仅首次海上地质勘测的方案逐渐形成、完善,并获得批准;海上勘测必备的地震仪、检波器、电缆、炸药、雷管以及人员组织与培训均已完备。经过紧张的准备,他们终于出海了,完成了中国海上第一条地震剖面(龙口—秦皇岛)的勘测任务,实现了中国海上地质勘测"零的突破"。从那以后,他先后多次协助完成了1960年地质部和1966年石油部的下海勘测任务。他还应石油部要求,帮助完成了海

金翔龙在办公室

南莺歌海的海洋勘探基地选址工作。

从20世纪60年代起，金翔龙继续不断地在巩固数理逻辑、集成电路和计算机技术知识，探索以系统工程的思想设计组构当时最先进的海洋地球物理研究系统。这其中就包括一艘三级计算机控制管理数据采集的现代化地球物理调查船和一系列陆基实验室与大规模数据处理基地。他的构想得到了中央有关部委和中国科学院的支持。他一直致力于中国边缘海的海底勘查与研究，率先开展了渤海、黄海和东海的地球物理探测，探查海底地质构造，并在南海首次取得了深海地壳洋壳性质的重要证据，发现了多金属结壳等。在中国大陆架及邻近海域的勘查研究和资源远景评价方面做了连续的研究工作，对陆架浅海的构造格局、冲绳海槽的地壳性质与发育以及边缘海的形成与演化等方面提出了自己独特的认识与见解，在国内外引起了很大反响。他对中国北方诸海（渤海、黄海和东海）提出的海底构造观点和油气资源评价研究结果相继被勘探与生产部门采纳，并得到了证实。经过他和同事们的努力，创建了中国的海洋地质－地球物理学（海底科学），开辟了科学研究的新领域。他被称为"中国海底科学的奠基人之一和学科带头人"。

1985年5月，金翔龙由中国科学院调到国家海洋局，进入国家海洋局第二海

金翔龙参加院士座谈会

洋研究所。当时，大洋矿产资源已经是国际资源研究和争夺的一个焦点。1990年12月，他出席了在纽约联合国总部召开的会议，代表中国接受联合国对中国太平洋多金属结核矿区申请的技术审查。由于事前他们准备了缜密的矿区分配方案，在面对联合国十几位专家详细而又苛刻的技术审查时，他们进行了翔实介绍和激烈辩论，经过多轮讨价还价和谈判，1991年3月，联合国国际海底筹委会批准，中国在东太平洋获得面积为15万平方千米的多金属结核开辟区。中国从此进入了大洋勘探开发的国际先进行列，成为世界上第五个"先驱投资国"。

金翔龙曾经担任中国地质学会、中国大洋矿产资源研究开发协会理事以及联合国海底管理局与海洋法庭筹委会培训专家委员会委员。1980年以来，他发表学术论文80余篇，出版专著3部。他曾获得中国科学院科技进步一、二等奖和科学二等奖各1项，国家海洋局科技进步一等奖2项、二等奖1项。

40. 中国古海洋学的开拓者
——汪品先

汪品先，1936年11月出生，江苏苏州人。1960年，他毕业于莫斯科大学地质系，1981~1982年，获得洪堡奖学金在德国基尔大学等高校进行研究。现在，他担任上海同济大学教授、博士生导师。1991年，他当选为中国科学院院士；2002年，他当选为第三世界科学院院士。他可以称得上是中国古海洋学的开拓者。

汪品先酷爱古海洋学的研究工作，并为此注入了几乎一生的精力。他长期从事海洋地质和海洋微体古生物的研究，并运用微体化石研究海洋古环境。他和他的科研组通过研究海底有孔虫、介形虫的分布得出了在不同环境下不同属性的数量分布

汪品先
（1936— ）

特征，然后又在现代生态分布知识的基础上，对地层中的微体化石进行了定量生态的解释，建立了第四纪地层对比和古环境再造的方法，不仅为中国微体古生物学开创了新途径，而且推广到澳大利亚等地应用也获得了成功。他提出的化石群分异度和古生态转换函数等一系列定量研究的新方法，在中国得到广泛应用，推动了中国微体古生物研究朝着定量古生态的方向发展。他在中国率先开展了微体化石定量古生态学和微体化石埋藏学的研究，促进了古海洋学和古湖沼学等新方向在中国的开展，开拓和发展了古海洋学研究，对中国海洋地质学发展作出了创造性的贡献。从20世纪80年代中期起，他率先培养古海洋学研究人才，并在古

汪品先在讨论工作

海洋学研究领域作出了开拓性的贡献，使中国的古海洋学研究赢得了国际声誉。

汪品先致力于推动中国的深海与海洋地质研究，推动中国参加大洋钻探的国际合作，于1996年领衔提出"东亚季风史在南海的记录及其全球气候意义"的大洋钻探建议书，在1997年全球评价中获得第一名，并应邀担任首席科学家。他成功地主持了1999年春在南海海区首次进行国际大洋科学钻探，取得了西太平洋区最佳的晚新生代环境演变记录。近年来，他积极推动中国地球系统的科学研究，强调地球圈层之间的相互作用，从海陆结合的角度研究新生代东亚宏观环境格局的演变。

汪品先现担任海洋研究科学委员会中国委员会主席、国际海洋地质委员会委员、伦敦地质学名誉会员、海洋科学委员会副主席等要职。作为首席科学家，他曾主持的国际大洋钻探ODP184航次，标志着中国实质性跻身于这一国际合作的大家庭之中，大大地提升了中国在深海研究领域的国际影响。目前，他是国家重点基础研究发展规划项目（"973"项目）"地球圈层相互作用中的深海过程和深海记录"的首席科学家、国家重点学科"海洋地质学"和上海市重点学科"海洋地质学"的学科带头人。

汪品先先后发表了学术论文100余篇，其中《中国海洋微体古生物学》受到国内外学者的高度评价。他出版的专著及论文集有10余种。他曾经获得国家教育部科技进步一、二等奖，国家自然科学二等奖和四等奖，中国科学院科技进步一等奖以及何梁何利科学进步奖等奖项。2007年，他获得了欧洲地质学会颁发的"米兰科维奇奖"。

41. 海底火山研究的探索者
——J.R. 德莱尼（*John R. Delaney*）

1941年12月8日，即在日本飞机袭击美国珍珠港海军基地，发动了震惊世界的"珍珠港事件"的第二天，约翰·德莱尼在夏威夷珍珠港出生。也许，他一出生就与爆炸结下了不解之缘。

德莱尼虽然出生于夏威夷，但是，他却在北卡来纳的夏洛特市长大。年少的他更喜欢运动而不是科学。高中时，由于在棒球方面的特别表现，德莱尼获得了利哈伊大学的奖学金，在那里他深深地喜欢上了地质学，并且于1964年获得了地质学的学士学位。之后，他又分别在弗吉尼亚大学和亚利桑那大学攻读了硕士和博士学位。

J.R. 德莱尼
（1941— ）

在读博士研究生期间，德莱尼到过厄瓜多尔附近的加拉帕戈斯群岛进行研究调查。在那里的活火山附近生活和工作了6个月，使他的研究兴趣发生了重大改变，他决定将火山研究作为自己的主攻方向。1977年，他获得博士学位，论文就是关于海底火山形成的玄武岩及其中所包含的气体。也就是在这一年，他以海洋地质学家的身份进入了位于美国西雅图的华盛顿大学，从此开始了他的职业生涯。现在，德莱尼是华盛顿大学海洋学院海洋地质学和地球物理学专业的教授。

1980年，德莱尼乘"阿尔文"号潜入了大西洋中脊，这次经历改变了他的人生，坚定了他亲自调查海底火山的决心。在对这次旅行获得的海底岩石进行研究后，德莱尼发现这些矿物标本与他早前在陆地上发现的一些矿物标本非常相似。从那时候起，德莱尼乘"阿尔文"号对海底火山进行了多次勘测，其中特别值得一提的是"胡安·德富卡板块"。20世纪80年代,德莱尼辅助组织了"国际跨学科山脉实验"计划,这是一次对洋中脊的多学科研究。其目的是对洋中脊沿线的、由地球内部上升到地壳的移动块和能量进行了物理学、化学和生物学的研究。"国际跨学科山脉实验"观测地点中最吸引他的就是"胡安·德富卡板块"的其中一段,即"恩德沃"。

虽然,德莱尼并不是生物学家,但是他对美国海洋地质学家罗伯特·杜安·巴拉德等人在1977年发现的海底热液口生物群非常感兴趣。1991年4月,"阿尔文"号上的科学家在墨西哥海岸不远的东太平洋海隆中,发现了刚刚喷出的枕状熔岩(枕状熔岩:是火山在水下喷发而成的,呈椭球状,并叠加在一起。椭球的表面是玻璃质,内部有发射状构造,外形浑圆,状似枕头),里面还夹杂着烧焦的管虫和其他海底热液口动物尸体。当德莱尼听到这个消息时,他非常高兴,但是在这个地点搜集到的数据却很少。1993年6月26日,太平洋海洋环境实验室的克里斯多夫·福克斯和其他科学家,利用声呐监听系统记录下了一系列地震沿胡安·德富卡海脊的过程。这个消息让德莱尼感到更加兴奋,因为他知道这将预示着会有海底火山爆发。福克斯成功地劝说了正在地震点附近工作的两组科学家绕道而行,并且对可能爆发的火山进行了调查。研究者发现,在系列地震停止的地方,有大量的热水柱涌上海面。遥控雪橇上的摄像机显示,这里有一条至少6.4千米长的火山裂缝。在裂缝的一端,新生的枕状熔岩堆周围布满了亮黄色的微生物,而就在附近,海底裂缝中喷涌出了大量的微生物,大团大团地从上面飘下来,就像纷扬的雪花一样。

听说了以上消息和探险经历后,德莱尼期待着能亲自看到这些新生的喷发地点。1993年10月,他和华盛顿

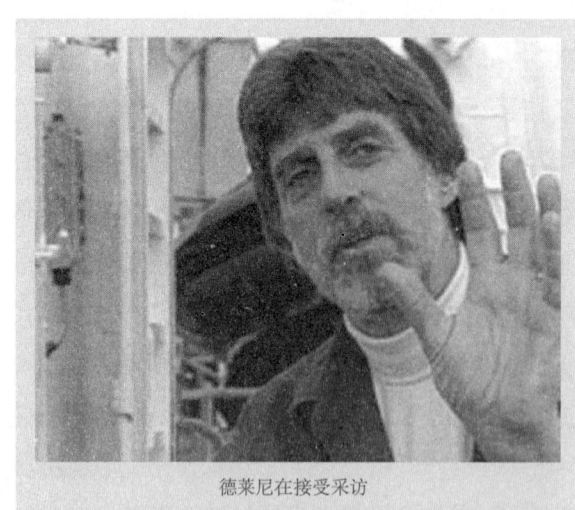

德莱尼在接受采访

大学的两位同事获得了乘"阿尔文"号潜入这些地点的机会。同之前的科学家一样，德莱尼的研究团队在新生的熔岩附近也发现了大块的疑似细菌的团状物。在将捕获到的一些标本带回海面后，母舰上的微生物学家将它们置于培养皿中培育，并且第一次对它们进行了成功的鉴定。到1994年，华盛顿大学的约翰·巴洛斯等科学家证明，这种海底热液口微生物根本不是细菌，更确切地说，它应该属于更为古老的生物纲，即所谓的古菌。德莱尼在1998年《奥西纳斯》（秋冬刊）的一篇文章中，将这次发现，即古菌从海底喷发的物质中滋生并向中心扩散，称作为"国际跨学科山脉实验的重要成果之一"。德莱尼和很多科学家相信，地球上的第一个生命体很可能是像深海古菌这样的生物。

德莱尼在考察途中

作为一位海洋地质学家，德莱尼对巴拉德和其他"阿尔文"号科学家在1979年发现的"黑烟囱"也非常感兴趣。1984年，德莱尼乘"阿尔文"号第一次看见了"黑烟囱"。1991年，在胡安·德富卡海脊上，他发现了世界上已知的最大的"黑烟囱"，有15层楼高。他将"阿尔文"号潜水时获得的部分"黑烟囱"带回到实验室，并对它们进行了分析。为了对"黑烟囱"的结构进行更多的了解，并弄清楚当把"黑烟囱"移走后，生活在周围的动物将会受到怎样的影响，1998年6~7月，他与美国自然历史博物馆的埃德蒙·A·马兹领导了一次探险，将胡安·德富卡海脊所在海底的几个"黑烟囱"完全提升到了海面。德莱尼和马兹先用牵引机器人"杰森"拍摄了将要作业区域的照片，"杰森"搜集了上万张数字照片和大量的声呐数据，它的异频雷达收发机也获得了具体的位置信息，计算机将这些数据进行综合，最终形成了迄今为止最详细的海底地图。然后，科学家们使用了一种叫遥控海洋学平台的机器人，用它带有的水下链锯将4个高3米、重达10 215千克的"黑烟囱"从海底下分离了出来。从这些"黑烟囱"中，他们获得了有史以来最多、最好的、

德莱尼在研究工作

也是最易分析的标本。

2000年前后,德莱尼开始了一项最新的工程——东北太平洋时间序列水下网络实验,这是一个水下能源和通信网,覆盖着"胡安·德富卡板块"的大约39万平方千米的区域,此试验预计将会持续30年。完成这个工程需要使用大约3 000千米的光缆,以便将海底30~50个结点连接起来。这些结点中包含有上千个仪器,它们能够稳定地提供信息流,这些信息流涉及深海的物理学、化学和生物学等方面的特性。光缆在为这些仪器提供电能的同时,也将结点中的信息传送给海上的科学家。在东北太平洋时间序列水下网络实验系统下,研究者可以对一个大的区域进行长时间不间断的观测。当海底火山爆发或其他短暂性深海活动发生时,研究者可以通过这个网络,将带有摄像机等设备的遥控潜艇送到事件发生的地点。最终,在东北太平洋时间序列水下网络实验系统下,人们通过网络就可以聆听德莱尼所谓的"地球的心跳声"。

德莱尼因他的火山研究而获得了很多荣誉。1991年,华盛顿大学给他颁发了杰出研究奖。1995年,他入选美国地球物理联盟。德莱尼还以极具感染力的演讲而闻名,1980年他从华盛顿大学获得了教学奖。

42. 发现"泰坦尼克"号的著名海洋地质学家
——R.D. 巴拉德（*Robert Duane Ballard*）

罗伯特·杜安·巴拉德是一位美国著名的海洋地质学家，他在海洋地质和生物学方面有重大发现，同时他也促进了深海勘测技术的发展。他是第一批乘深潜器探索大西洋中脊的科学家，为板块构造理论提供了直接的论据。他也是最早对生活在海底热液口奇怪生物群进行研究，并参与发现"黑烟囱"的深海探险家。他既致力于建造载人潜艇和自动化潜艇，同时还设计了深海图像设备，并利用这些设备发现和勘测到沉眠深海底部"泰坦尼克"号的残骸，从而将海洋学与考古学成功地结合了起来。"泰坦尼克"号和其他海底沉船的重大发现使他享誉全球。

R.D. 巴拉德
（1942—　）

1942年6月30日，巴拉德在美国的堪萨斯州威奇塔出生。他的父亲切斯特·巴拉德是一位飞行测试工程师，在航空航天局工作。由于工作的原因，在巴拉德很小的时候，父亲就带着妻子哈里特和3个孩子搬到了加利福尼亚州的圣地亚哥。这里离太平洋海滩很近，巴拉德经常研究海岸上的海潮水坑。在他还是孩子的时候，他就听说了很多历史上海战的故事。长大一些后，他读到了儒勒·凡尔纳的小说《海底两万里》，就被深海深深地迷住了，并梦想成为像书中尼莫船长一样的水下探险家。

巴拉德在高中时非常活跃，而且取得了很好的成绩。由于在美国科学基金会的竞赛中获胜，他得以参加了斯克里普斯海洋研究所举办的夏令营，跟随斯克里

巴拉德在讨论工作

普斯海洋研究所的研究船进行了旅行,这次旅行更坚定了他成为海洋学家的信念。1960年,高中毕业后,他选择进入加州大学圣巴巴拉分校来完成本科学业,主修了化学和地质学,并于1965年毕业。接着他又在夏威夷大学地球物理中心学习了一年。为了赚取生活费和支付研究生的学费,他曾经在海洋生物公园担任鲸训练师,这使他对水下地貌产生了强烈的兴趣,因此他决定专攻海洋地质学。

在大学期间,巴拉德是预备役军官培训团的成员。1967年,在从美国陆军调任到海军后,海军部任命他为联络官,负责海军研究办公室和伍兹霍尔海洋研究所之间的联络工作。1970年,他在海军部服役结束,被留在了伍兹霍尔海洋研究所工作,并担任海洋工程方面的研究助理。1974年,他获得了海洋地质学和地球物理学的博士学位,毕业论文的主题是关于板块构造理论方面的。

巴拉德对巴拉契亚山脉向缅因湾大陆架扩张的现象进行了地质学研究,以便获得板块分离的证据。从1971～1972年,他乘"阿尔文"号进行了多次潜水,对海底山脉群和环绕岩石进行了调查,并成为驾驶"阿尔文"号次数最多的科学家。调查的成果形成了他的论文《在大陆相撞及之后分离期间,缅因及其周围地区的行为》。

"阿尔文"号和另外两艘法国航行器深海潜水器"阿基米德"号和小型蝶形潜艇"赛纳"号,一起完成了1973～1974年的大西洋中脊探险,巴拉德也参与了这次考察。1973年8月5日,他冒着呼吸道感染恶化的危险,潜到了大西洋中脊，从而成为完成这一举动的第二位科学家和第一位美国人。为了调查海底如何生成并扩展，他亲眼目睹了发光的黑色熔岩并收集了玄武岩标本。1974年夏天，他再次回到了大西洋中脊，收集构造活动的其他证据。1975年，巴拉德发表了他为《国家地理》杂志撰写的系列文章的第一篇——《潜入大裂谷》，向普通读者描述了潜入大西洋中脊中央裂谷带的"阿尔文"号探险经历。

在巴拉德参与的所有探险中，最重要的一次海洋学探险却对生物学研究产生了重要影响，尽管他本人对生物学领域一点也不感兴趣。那次探险延续了法国和美国以往大洋

巴拉德在海上探险

中部海底研究工程的做法，继续对洋中脊上的峡谷进行勘探，考察地点是厄瓜多尔附近加拉帕戈斯群岛外的帕戈斯裂谷。历史上，正是在厄瓜多尔，当地的鸟类和动物使查尔斯·罗伯特·达尔文大受启发，提出了著名的"自然选择进化论"。那次探险的目的是找到洋中脊上火山活动的第一手资料和区域中极高温度的海底热泉的源头。由于巴拉德具有深海图像技术方面的专业知识，因此他担任了探险的首席技术专家。

为了寻找他们所认为的产生离奇高温的热泉，1977年2月，"阿尔文"号再次进行了潜水。当下潜到水下2 440米的裂谷时，潜艇上的人员感到周围的水温突然上升。也几乎就在同时，他们发现自己已经身处在奇异生物的包围之中。科学家们轮流进行了一次又一次的潜水，并在有热水流出的海底裂缝周围发现了多个动物种群。他们把"阿尔文"号潜水中所捕获的生物体带回了海上进行化学分析。当在潜水舱中打开水瓶时，这些动物发出了强烈的臭鸡蛋气味。经过检测发现，其中存在着硫化氢气体，由此证明热液口流出的海水中含有大量的硫化氢和其他氢化物，这对大多数生物是有害的。为了研究热液口生物，1979年科学家们专门进行了一次潜水。随后，生物学家对这次潜水及之前"阿尔文"号潜水所收集的

巴拉德与同事在研究"泰坦尼克"号沉船

热液口物种进行了检测和分析。结果表明，在热液口附近存在着大量的"食硫"微生物，这些微生物为热液口的所有生命群落提供了食物。在这个具有跨时代意义的发现之后的数十年，研究者在世界各地的深海热液口，都发现了类似的奇异生物群落。

1979年，巴拉德参加了一次探险，这次探险直接导致了对热液口和热液生物群的又一个重大发现——"黑烟囱"。在下加利福尼亚（西班牙语：Baja California，是墨西哥最北部的州，也称北下加利福尼亚）附近的太平洋中，他和其他科学家一起发现了很多像火山一样的烟囱，有些高达10米左右。与1977年发现的热液口一样，这些"黑烟囱"的四周也布满了各种热液口生物。他和其他科学家断定，在热液口喷出的海水落到海底的过程中，当它遇到更冷的海水时，其中所包含的矿物质就会因冷却被析出、沉淀并堆积，最终形成"黑烟囱"。

像他的父亲一样，巴拉德对机械也非常感兴趣，他自己设计出了遥控潜水器。他设计的第一个遥控潜水器是一个装有3个照相机的雪橇，名字叫"声控海底地质学勘测器"。它可以在水下持续工作12~14小时，大约是"阿尔文"号的3倍。它参与了法美中大洋海底研究工程，其任务是对大西洋中脊进行搜寻和拍照，以便科学家决定"阿尔文"号的下潜位置。1981年，在美国海军和国家科学基金的资助下，他建立了深潜实验室，隶属于伍兹霍尔海洋研究所机械部。在这里，他设计了更先进的摄像机"雪橇"——"阿尔戈"号。"雪橇"上捆绑着一个更小型的机器人——"杰森"，它有一个摄像头和一个机械臂。"阿尔戈"号上的3架摄像机都具有极高的灵敏度，可以在几乎完全黑暗的环境下拍摄影像。这些影像不间断地被传回到海面上，通过母舰上的监视器就可以实时掌握水下的状况。如果摄像机发现了一些有趣的东西，科学家就可以派遣"杰森"下潜，进行更近距离的观测。

在巴拉德还是十几岁孩子的时候，他就读过沃尔特·劳德的《永记此夜》。这本书记载了"泰坦尼克"号在那个历史之夜所发生的事情，而且他也曾经梦想自己能成为发现"泰坦尼克"号的一员，他被这个梦深深迷醉。

"泰坦尼克号"号沉船

从 20 世纪 70 年代初开始，巴拉德就一直期望能够有机会寻找这艘失事船。1985 年 8 月，他乘坐研究船"科诺尔"号开始了"泰坦尼克"号的搜寻之旅，"声控海底地质学勘测器"和"阿尔戈"号也被带到了船上。经过他和法国科学家的商议，他们对一个 239 平方千米的区域进行了系统的扫描，然后，他和船员们用"阿尔戈"号对这个区域继续进行图像研究。9 月 1 日凌晨，一些有角的铁制品出现在监控器的画面中，紧接着是更多的金属残骸和船身板碎片。当时，船上的厨师正好经过，马上将巴拉德叫醒。他在睡衣外套上了一件连身衣就慌忙跑到了控制中心，此时，屏幕上出现了"泰坦尼克"号那特有的巨大的气锅。世界闻名的被人们认为是"不沉之船"的"泰坦尼克"号终于被他们发现了。

恶劣的天气使巴拉德在那一年未能到达"泰坦尼克"号的失事地点。1986 年 7 月，在美国海军部和国家地理学协会的资助下，他又乘"阿尔文"号回到了残骸的所在位置。这一次他带来了一个新的设备"小杰森"，并将其系在了"阿尔文"号的下面。他们成功地将"阿尔文"号降落在了"泰坦尼克"号的甲板上，"小杰森"可以自由地勘测船体残骸，包括那个著名的雄伟的楼梯。至此，对"泰坦尼克"号的发现和勘测是他所有成就中最为人所知的。

在沉眠海底的"泰坦尼克"号被发现之后，水下考古学便成为巴拉德的挚爱。他的兴趣也从海洋地质学转变到海运史和海洋考古学，他将海洋学与考古学成功

"卢西塔尼亚"号沉没

地结合起来了。除了"泰坦尼克"号之外,他还发现和勘测了好几艘失事船只,包括在第二次世界大战中沉没的德国战舰"俾斯麦"号;1915年被德国潜艇击沉的豪华邮轮"卢西塔尼亚"号;第二次世界大战期间在太平洋被日本击沉的航空母舰"约克镇"号,以及他在地中海勘测到的8艘罗马时期的失事船只和在以色列附近的地中海发现的两艘年代更久远的失事船只。他还曾经调查过黑海,在这个海域中,他定位了4艘拥有1 500年历史的沉船。

1966年,巴拉德与医院接待员马乔里·玛格布森结婚,并生育了两个儿子。他的长子托德参与了1989年6月对"俾斯麦"号战舰的勘测,但是仅仅一个星期后,托德就在一次交通事故中丧生。这个消息对巴拉德是致命的打击,不久之后,他就与他的妻子马乔里离婚了。1991年1月,他与电视节目负责人芭芭拉·厄尔结婚,生育了1个儿子和1个女儿。他们还成立了奥德塞公司。1993年,他和妻子芭芭拉一起勘测了"卢西塔尼亚"号残骸。

巴拉德对海洋科学的重要贡献已经被许多组织承认,他获得了各种名誉和奖励。这些荣誉和奖励包括海军研究部海洋学主席团委员(1985年)、国家地理学协会百年纪念奖(1988年)、美国科学促进会"威斯丁豪斯奖"(1990年)、美国海军科学成就"罗伯特·德克斯特奖"(1992年)、国家地理学协会"哈伯德奖章"(1996年)、Sigma Xi科学研究协会公共财富奖(2000年)、国家人文学科基金会人文学奖(2003年)。1986年,《发现》杂志将他选为本杂志的年度科学家,从2000年开始,他成为美国国家地理学协会的常驻探险家。

是他们——勾画了海洋水文、海洋气象学的轮廓，奠定了海洋水文、海洋气象学的坚实基础……

43. 提出台风是旋转性风暴的环球航行家
——W. 丹皮尔（William Dampier）

W. 丹皮尔
(1652—1715)

威廉·丹皮尔是一位英国航海家、探险家和博物学家，也是著名的海图绘制家之一。他是第一个三次完成环球航行的人（目的是绘制新的地图和探险）；也是第一个到新荷兰（现澳大利亚）和新几内亚探险并绘制局部地图的英国人。

1652年9月5日，丹皮尔出生于英国，16岁成为水手。后来应征加入英国皇家海军，并参加了英荷海战。大约在1673年，考虑到乘海盗船便于旅行，他加入了加勒比海盗集团，并逐渐成为船长。和其他海盗不同，丹皮尔对金银财宝并不感兴趣，却热衷于观察气象、水文、地理现象和动植物。在漫长的航行中，他经常自己在船长室里记录航海日志和整理研究笔记。

1679~1691年，丹皮尔经过多次辗转完成了第一次环球航行。他曾经在1688年到过当时地图上并没有记载的、位于现在澳大利亚西北部靠近金湾的一个半岛，并上岸观察了当地的动植物和土著居民，很多人因此认为丹皮尔是第一位登上澳大利亚大陆的英国人。返回英国后，他整理了多年积累的资料，在1679年出版了《新环球旅行记》。该书获得了极大的轰动，书中也包括了对当时中国的描述。丹皮尔从此一举成名，也引起了海军部的关注，就连丹尼尔·笛福和罗伯特·路易斯·史蒂文森这些后来的大作家也会从他的书中获得灵感。

1699年，丹皮尔再次出航时已经是英国皇家海军船长了，他受海军部任命指挥"罗巴克"号军舰考察南太平洋新荷兰的东海岸。1700年2月中旬，他又来到了当年只有一面之缘的那片神秘岛屿，驾船沿东北方向航行了近1 000千米，并沿途观测和采集标本。他发现这里不是什么岛屿，而是一块广阔的新大陆，也就是今天的澳大利亚。之后，丹皮尔继续航行，又陆续发现了一系列的群岛和海峡。1701年2月，在返航途中，"罗巴克"号在大西洋中的阿森松岛停靠时因破损而沉没，船上大部分文件都随船一起丢失，但幸运的是，他的船员都幸存了下来，一些澳大利亚、新几内亚海域的海岸线图表和信风、海流资料及部分标本也保留下来了。因沉船事故在岛上被困了5星期后，丹皮尔他们搭乘一艘东印度公司的商船，在同年8月回国。通过此次航行，丹皮尔绘制出了完整的南太平洋地图，并将这次探险经历著成《新荷兰航海》一书出版。然而，由于一名船员的控诉，丹皮尔回国后遭到了审判，并被英国皇家海军解雇。

1703~1707年，丹皮尔作为私掠者，在西班牙王位继承战争爆发时，为国家所用，率领"圣乔治"号进行了第二次环球航行，与他一起出发的还有"五港"号。在这次航行中，"五港"号的船长托马斯·斯特拉德林与水手塞尔柯克之间

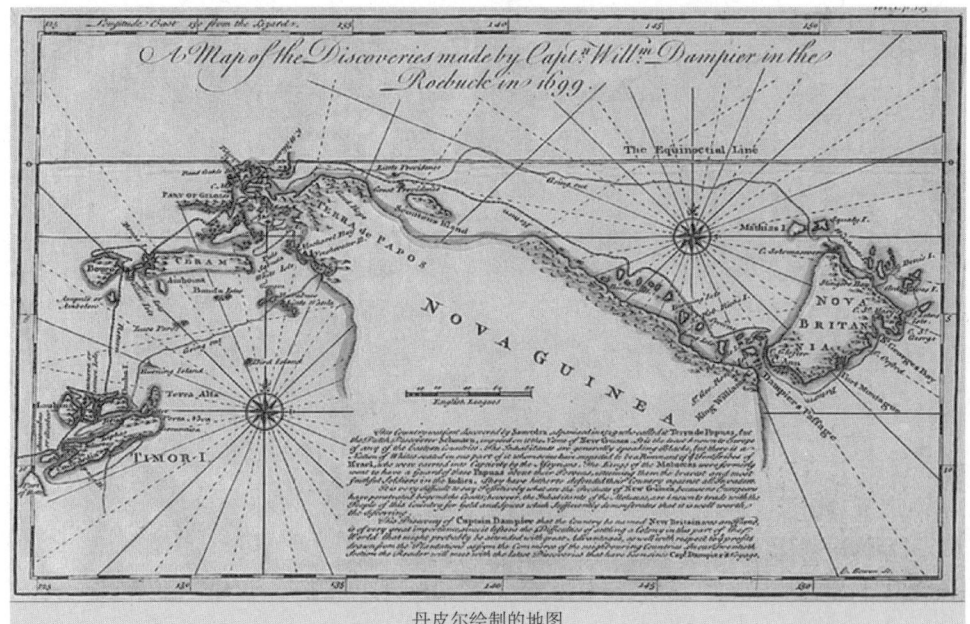

丹皮尔绘制的地图

丹皮尔（右二）登上新大陆

发生了争吵。1704年10月，当"五港"号停留在距智利海岸600多千米外的一个叫胡安·费尔南德斯群岛中的无人小岛进行补给时，塞尔柯克被放逐到了该岛上，并一个人在岛上生存了4年多的时间。但实际上塞尔柯克也算是因祸得福，因为一个月后"五港"号在途中沉没，大部分船员都遇难了。丹皮尔则率"圣乔治"号回到了英国，并在1709年出版了关于此次环球航行的《新荷兰航海续集》一书。

1708~1711年，丹皮尔参加了伍德·罗杰斯船长带领的"公爵号"考察队，进行了他的第三次环球航行。1709年2月，他们在太平洋中智利附近一个荒无人烟的小岛上发现了一个身披羊皮的"野人"，此人正是当年放逐的"五港"号水手塞尔柯克。后来，塞尔柯克的这段离奇的经历成为笛福小说《鲁滨逊漂流记》的创作素材。小说主人公之所以叫作鲁滨逊，据说是为了纪念丹皮尔著作中所记载过的一个勇敢的名叫鲁滨的印度水手。1919年，笛福的第一部小说《鲁滨逊漂流记》发表后大受欢迎，成为了他的成名作。

丹皮尔不仅是一位探险家、船长，还是一位受人尊敬的航海家和海图绘制者，同时也是一位博物学家。他的足迹遍布了世界五大洲。他对所到之处的天气、地理、海流、动植物等情况的观测被详细地记录在日志中，对早期的动物学与植物学的发展起到了重要的推动作用。他虽然不是第一个登上澳大利亚大陆的人，但却是首先在澳大利亚大陆上进行重要科学观测的人，并在他两部关于"新荷兰"的著作中进行了详细描述。

最值得一提的是，丹皮尔对台风的研究，也取得了开创性的进展。在第一次环球航行中，他遇到并记录了一次大西洋上的飓风，他们的船在随暴风雨漂行了数百千米后，却仍处在他们开始遇到飓风的位置附近。由此，丹皮尔推测出这种风暴应该是一种巨大的旋风。欧洲现存最早的对于太平洋上台风的描述，也就是由丹皮尔在他的《新环球旅行记》中记录的发生在中国南海上的台

"丹皮尔"号

风。他指出"所谓的台风就是一种大规模类似于旋风的气旋运动"，这是气象学史上首次对台风进行描述的记载。他还记录了风向在风暴眼内与风暴外围的变化，并提出飓风和台风是一种类型的风暴。回国后，他出版了《风论》一书。此书总结了大量气象规律，成为海洋气象学史上的名著。除台风外，他还研究了季风、信风、海陆风、海流、潮汐等海洋气象问题，并将相关论文收录在他1699年出版的《新环球旅行记》的附录中。

1715年3月，63岁的丹皮尔于伦敦病逝。尽管他曾经是一名海盗，但是他对于科学所作的巨大贡献是无法埋没的。地图上，至今还可以见到因丹皮尔得名的"丹皮尔群岛"和"丹皮尔海峡"。他第一次登陆澳大利亚的地方也被命名为"丹皮尔地"，以此纪念这位伟大的"环球航行家"。

44. 发现信风的英国天文学家
——E. 哈雷（Edmond Halley）

E. 哈雷
(1656—1742)

埃德蒙·哈雷是英国著名的天文学家、数学家，同样也是地质物理学家、气象学家和物理学家。他以发现了哈雷彗星而闻名于世，还曾任第二任格林威治天文台台长。

1656年10月29日，哈雷出生于英国伦敦一个富有商人的家庭。儿童时代的他就对数学十分感兴趣，事实表明这正是哈雷的优势所在，因为他一生中许多研究成果，都体现出他处理、归纳大量数据的良好能力。他曾在圣保罗学校学习，1673年进入牛津大学皇后学院进行天文观测。毕业前，他发表了关于太阳系和太阳黑子方面的论文。

1676年，哈雷放弃了牛津大学的学习，到南大西洋上的圣赫勒拿岛研究南天星空。在此以后大约一年半的时间里，除了天文观测外，哈雷还进行了海洋、大气方面的观测，对六分仪进行了改进等。1678年11月，他回到英国。次年，他根据对南天星空的观测研究，发表了《南天星表》，其中包含了341颗南天恒星的详细数据。鉴于哈雷在天文学领域的贡献，他被授予牛津硕士学位，之后又被选为英国皇家学会院士，成为最年轻的成员之一。

1682年，哈雷结婚并在伊斯林顿定居，婚后一共生有三个孩子。他的父亲也

E. 哈雷

在这一年再婚，两年后，他的父亲去世，哈雷接管了父亲的遗产。他将他大部分时间用于月球观测，但同时对引力问题也很感兴趣。为了证明行星运动的开普勒定律，1684 年 8 月，他到剑桥与艾萨克·牛顿讨论这个问题。但是，他发现牛顿已经解决了这个问题，只不过没有发表任何论文。1687 年，哈雷说服了牛顿并出钱帮他发表了《自然哲学的数学原理》。

1686 年，哈雷在杂志《哲学学报》上发表了圣赫勒拿岛上研究的第二部分，即关于信风与季风的论文和图表。文中综述了三大洋上的盛行风，并附了一张风图，提出了他自己的信风理论。他正确地描述和刻画了热带地区低层水平风的基本特性，即赤道无风，赤道以北盛行东北信风，以南则为东南信风。他认为信风的形成与太阳辐射供给赤道地区较多的热量有关，即太阳的热能是导致大气运动的原因。他还建立了气压与高度之间的数学关系。1688 年，他根据搜集到的海洋上风的观测资料，绘出了世界上第一幅北纬 30 度到南纬 30 度之间的信风分布图。这种全球信风分布图来自于实践，以观测资料为基础，从而在航海中起到了很大作用。哈雷首创的用图表来说明地球自然现象分布的方法，为测量信息的可视化作出了巨大贡献。

1690 年，世界上第一个潜水钟也是由哈雷取得的专利权。这是第一只可以容纳一人以上且有实用坐标的潜水钟。他的设计是：在一个圆锥形空木桶的外面包铅，使其能垂直下沉，潜水钟上装有玻璃窗，空气是由挂在潜水钟下方的箍铅木桶补充。因贮气木桶内压力较大，空气可输入潜水钟内。哈雷说他与 5 位同事潜入了泰晤士河下 18 米深处并停留了 1.5 小时。然而，哈雷的潜水钟由于体积大，没有在海上救援方面起到实际作用。后来，哈雷又改进了潜水钟，他将水下潜水时间延长

哈雷雕塑

哈雷彗星（1986 年）

到 4 小时。但是，不幸的是哈雷患上了中耳气压伤。

同年，在英国皇家学会的一次会议上，哈雷介绍了一种地磁罗盘的初步工作模型，利用充满液体的外壳减弱磁针转动的阻力。1692 年，哈雷又提出空心地球理论，指出地球是一个由三个同心球壳组成的星球。其中，最外一个壳厚约 800 千米，每个壳有各自的磁极，彼此之间都由大气层隔开，最内部是一个直径与金星、火星、水星差不多大的实心核，每一层壳都以不同的速度旋转。哈雷认为，这一理论有助于解释在两极地区指南针无法准确指向的现象。他设想，内部大气层是会发光的，并推测从两极地区逃逸的气体形成了极光。

1698 年，哈雷被任命为英国海军"帕拉莫夫"号探险船的船长进行科学探险，继续研究地球的磁场。在两年的时间里，他的航行覆盖了大西洋上从北纬 52 度到南纬 52 度的范围，制成了世界上第一幅地磁变率图，并在 1701 年发表了《通用指南针变化图》。

1703 年 11 月，哈雷被聘任为牛津大学的萨维尔几何学教授，并于 1710 年获得了名誉法学博士学位。1705 年，他应用历史天文方法发表了关于彗星的猜想，提出在 1456 年、1531 年、1607 年和 1682 年出现的彗星是同一颗彗星，并进一步预言这颗彗星将于 1758 年重返地球。当这颗彗星于 1758 年重返地球后即被命名为"哈雷彗星"。1716 年，哈雷提议使用金星凌日的时间来精确地测量地球和太阳之间的距离。1718 年，他通过比较他的天体测量数据和古希腊的数据后，发现了恒星的自行运动现象。

1720 年，哈雷继约翰·弗兰斯蒂德之后被任命为英国皇家天文学家，并担任这一职位一直到他逝世。1742 年 1 月 14 日，哈雷在伦敦逝世。现在，仍有很多以"哈雷"命名的事物，包括哈雷彗星、哈雷环形山、哈雷研究站（位于南极洲）等。

45. 大洋潮汐动力学理论的首创者
——P.S. 拉普拉斯（*Pierre Simon Laplace*）

皮埃尔·西蒙·拉普拉斯是法国著名的数学家、天文学家，法国科学院院士。拉普拉斯是天体力学的主要奠基人，是天体演化学的创立者之一。他也是分析概率论的创始人、应用数学研究的先驱。他用数学方法证明了行星的轨道大小有周期性变化，即著名的拉普拉斯定理。他发表的天文学、数学和物理学的论文有270多篇，专著合计有4 000多页，其中最有代表性的专著有《天体力学》、《宇宙体系论》和《概率分析理论》。由于他对太阳系稳定性动力学问题研究的重要贡献，而被誉为"法国的牛顿"和"天体力学之父"。

P.S. 拉普拉斯
（1749—1827）

1749年3月23日，拉普拉斯出生于法国诺曼底博蒙特的一个富足家庭，他从青年时期就显示出卓越的数学才能。1768年，18岁的拉普拉斯为了发挥自己的数学才能，放弃了继续攻读硕士学位的机会，带着老师的推荐信只身来到巴黎，求见巴黎科学院负责人达朗贝尔。第一次见面时，达朗贝尔根本不想接纳这么一个年轻学生。他给出了一道很难的数学题目，要求他在一周内完成后再去见他。但是，就在第二天，拉普拉斯已经正确地解决了这一难题，并再次来到达朗贝尔面前。于是，达朗贝尔又出了一道关于打结的数学难题，企图把他难住。然而，他当场就解答出来了。久负盛名的达朗贝尔十分惊讶和赏识拉普拉斯的数学才能，于是同意接收他来巴黎科学院。但是，当时巴黎科学院内的保守势力以拉普拉斯过于年轻为由，最终拒绝了他。达朗贝尔只好介绍他先去巴黎军事学院担任数学教授。1773年，拉普拉斯终于如愿以偿，从军事学院调入巴黎科学院，成为科学院中第一位如此年轻的科学家。由于当时他在社会上的名气已经很大，他一进入科学院就获得了副院士的头衔。从此，拉普拉斯真正开始了他梦寐以求的科学研究生涯。在科学院里，他夜以继日地工作，在数学、天体力学等方面颇有建树，取得了巨大成就。

在数学方面，拉普拉斯潜心研究概率论，写成《概率分析理论》一书，把概率论广泛地应用于自然哲学、天文学、大地测量学、测试、误差等实践领域中，使古典概率论发展到了新的历史高度，并最终导出了著名的"拉普拉斯变换"。应用"拉普拉斯变换"解常变量齐次微分方程，可以将微分方程化为代数方程，使问题得以解决。这一数学工具今天已经在科学技术的各个领域得到了广泛的应用。1772年，他发表了《对积分和世界体系的探讨》一文，详细地阐述了数学行列式的许多规则，并进一步推广了自己展开"行列式"的方法。现在，这个由他提出的展开"行列式"的方法就是以他的名字命名的。

除了数学以外，拉普拉斯对其他科学领域的兴趣也非常浓厚。从青年时代起，他就一边学习数学，一边用数学来探究宇宙的秘密。1796年，他根据自己在巴黎综合工业学校等地写的讲稿，整理出版了他的一部历史性名著《宇宙体系论》。这是一部文笔优美、深入浅出的通俗性科普读物。在该书中，他十分明确地提

拉普拉斯星云说

出了自己的"星云说"。由于伊曼努尔·康德在科学和哲学上也提出了"星云论"这一假设，后人把这个假设称之为"康德－拉普拉斯星云假说"。

拉普拉斯在宇宙探究上取得的另外一个重大成就，就是奠定了天体力学在科技领域中的地位。他一生中倾注心血最多、研究时间最长且成就最大的学科也就是天体力学。《天体力学》一书几乎是他一生关于天文学研究成果的总汇，共5卷16册，是经典天体力学的代表著作。在《天体力学》中，他第一次给"天体力学"这门学科的目标和内容下了定义，并归纳出经典

拉普拉斯塑像

天体力学的基本课题，即太阳系大行星的问题、月球运动问题、卫星运动问题、彗星运动问题、行星（尤其是地球和月球）的自转运动、行星形状理论、潮汐理论等。在《天体力学》中，拉普拉斯把艾萨克·牛顿、亚历克西斯·克洛德·克莱罗、约瑟夫·路易斯·拉格朗日和他本人的研究结果与发现融为一体，对太阳系力学问题做了完全的分析解释。这部书是如此完善，以至于后人无法再补充其他内容。由于拉普拉斯的奠基性研究，天体力学在19世纪深受数学家、天文学家、物理学家重视，发展十分迅速。1846年9月23日，乌尔班·勒威耶（法国数学家、天文学家）等人用天体力学理论计算后发现了海王星，这标志着天体力学的成熟和在实践中的正确性和有效性。

拉普拉斯对于海洋科学方面的贡献，主要体现在他于1775年首创了"大洋潮汐动力学理论"。他认为，对于海水运动来说，只有水平引潮力是重要的，而垂直引潮力并不重要。海洋潮汐是海水在月球和太阳水平引潮力作用下的一种强迫波——潮波的运动。潮波的周期与引潮力的周期相同，在其传播过程中，波峰所到之处将出现高潮，波谷所到之处将出现低潮。他提出的潮汐方程是研究大洋

正在潜心研究的拉普拉斯

潮汐的基本方程,但在求解时同样遇到了很大的数学困难。为此,他也同样做了一些假设。动力学理论还解释了在一些半封闭的海湾、近海和大洋中,有时出现水面没有升降现象的无潮点,同潮时线(同时达到高潮的点的联线)绕无潮点作顺时针或逆时针方向旋转的现象,从而证实大洋分潮波的基本运动形态为旋转潮波系统。同时,他还计算出了各个主要分潮在世界大洋中的分布。

在对世界的客观认识上,拉普拉斯是个唯物论者。他从小就不迷信各类主观臆断的学说,认为万事都要弄个明白,实事求是,探究其理,不唯心、不务虚、只求真。有了唯物论的指导,他十分重视科学的实践作用。他关心社会现实,社会需要解决什么问题,他就研究什么问题。拉普拉斯的研究领域十分广泛,因此,他的研究成果的应用范围也十分广泛,不仅在自然科学上,在社会科学上也找到了研究与应用的结合点。拉普拉斯的研究成果,都直接对社会的发展产生出强大的推动作用。因为注重实践,他还积极投身于社会活动,从另一个方面解决了社会中存在的问题。他十分关心法国高等教育,为此付出了大量的心血和汗水,积极支持并直接参与了高等教育的改革和发展,使法国的高等教育在短时期内有了长足的进步,他还培养了一大批著名的数学家、物理学家。

拉普拉斯一生研究了100多个重大课题,为人类的发展作出了巨大的贡献。在科学界,他被誉为"法国的牛顿"。

拉普拉斯在近40岁的时候与玛丽·夏洛特结婚。他们生有一个女儿和一个儿子。1827年3月5日,年逾古稀的拉普拉斯安然地离开了人世。

46. 秘鲁海流的发现者
——A.von 洪堡（*Alexander von Humboldt*）

亚历山大·冯·洪堡是德国著名地理学家、博物学家，秘鲁海流的发现者。他在《洪堡和邦普兰德美洲内地旅行》的探险报告中首次报道了秘鲁海流（当时称洪堡海流）的观测记录情况。

A.von 洪堡
(1769—1859)

1769年9月14日，洪堡出生于德国柏林。他的父亲是普鲁士陆军少校，来自于一个显赫的波美尼亚家族，曾因为在"七年战争"中的表现而受到嘉奖。他的哥哥威廉·冯·洪堡是德国著名的教育改革家、语言学家、外交官，柏林洪堡大学的创始人。1779年，父亲去世之后，母亲负责教育他们。由于家族的影响，洪堡似乎注定要从事政治。1787年，他进入法兰克福的欧洲大学学习了6个月的经济学。一年之后，也就是1789年4月25日，他被录取到哥廷根大学。

洪堡对于旅行有浓厚兴趣。1789年假期，他在莱茵河上进行了一次科学性的旅行，并发表了相关论文。1790年夏天，洪堡和他在哥廷根的好友格奥尔格·福斯特一起在英格兰进行了短期旅行。福斯特是德国著名诗人海涅的女婿，也是英国著名航海家詹姆斯·库克船长著名的第二次航行的伙伴。洪堡受福斯特的影响很大，从此以后，他所做的各种事情都是为了成为一名出色的科学探索者。为了实现这个目标，他陆续在汉堡大学学习了贸易和外语。在弗赖贝格工业大学师

洪堡的画像

从德国地质学家亚伯拉罕·戈特洛布·沃纳学习地质；在耶拿跟随J. C. 罗德学习解剖学；跟随F. X. von 扎克和J. G. 科勒学习天文学和科学仪器的使用。同时，他还在欧洲各处游历。

1792~1795年，洪堡在柏林的拜罗伊特和安施帕赫矿山工作了3年。1794年，他和哥哥一起进入了歌德和席勒领导的魏玛地方文学团体。1795年，他去意大利和瑞士进行植物学和地质学的考察。他对弗赖贝格矿山植被的研究成果于1793年出版。

1796年，在母亲去世后，洪堡计划实现他长期以来漫游世界的梦想。于是，从1799年起，他开始了第一次长时间的探险考察。在法国植物学家艾米·邦普兰德的陪同下，他们乘"皮萨罗"号船，于6月5日从拉科鲁尼亚出发，中途在特纳利夫岛停留了6天，攀登了泰德峰。7月16日，他们在委内瑞拉的库马纳登陆。1802年1月，他们到达了厄瓜多尔首都基多，探访了皮钦查火山和钦博腊索山，登上了5 878米的高度，这一高度是当时有记载的世界登山最高纪录。在秘鲁西部，洪堡观测到了11月9日的水星凌日，并且研究了鸟粪石作为肥料的特性。后来他在墨西哥待了一年。1804年8月，他们回到了欧洲，将这次探险的发现成果，用10年的时间分17卷予以出版，书名为《洪堡和邦普兰德美洲内地旅行》。书中详细介绍了沿南美洲西岸流动的寒冷大洋流，即洪堡海流的情况。从1808年

A. von 洪堡

春天起，洪堡留居在巴黎将他的工作进行整理出版，前后共达 21 年。这其中最著名的著作有《1799～1804 年新大陆热带地区旅行记》（30 卷）、《新西班牙王国地理图集》（1810 年）、《植物地理论文集》（1805 年）等。这次探险的成果奠定了洪堡在自然地

"亚历山大·冯·洪堡"帆船

理学、气象学中的地位。在气象学方面，他描绘了等温线，提出了比较各国气候条件的想法，并首先研究了平均温度随高度的递减率，以及探究了热带风暴的起源。在植物地理学方面，他从有机物的分布受物理条件影响的思路进行了研究。在地理学方面，他发现了地球磁场强度从极地向赤道递减，提出了火山的线性分布与地下裂纹一致，并论证了火成岩，修正了之前的岩石水成论。

1827 年，洪堡回到德国柏林。1829 年，他重新开始了科学探险。他与 C. G. 伊伦伯格和 G. 罗斯二人前往西伯利亚考察，从 5~11 月共 25 个星期里，他们行程近 15 480 千米。通过这次旅行，他纠正了当时对于中亚高原的错误了解，之后出版了著作《中央亚细亚》（3 卷）。1830~1848 年，洪堡经常接受外交使命奔走于普（鲁士）法（国）两国之间，并利用空闲时间完成他的传世巨著《宇宙》（1845 年）一书。《宇宙》共计 5 卷（第 5 卷在洪堡逝世之后才出版），主要包括了 1845～1858 年他在欧洲和亚洲进行的多次旅行科学考察以及进行讲演活动的讲演稿。这部书可以称得上是一部自然宇宙的百科全书，它使洪堡成为当时在自然地理学、气象学和海洋学方面最伟大的科学家之一。直到现在，世界上仍有许多物种、自然现象、地名和学校等都因洪堡而得名，或是为了纪念洪堡而设立。

洪堡终身未娶，在柏林时常住在他哥哥家里。1859 年 5 月 6 日，他在柏林逝世，享年 90 岁。

47. 风力分级的创立者
——F. 蒲福（Francis Beaufort）

弗朗西斯·蒲福是一位英国水道测量师，他因为创立了"蒲福风级"而闻名于世。在海图的绘制方面，他也作出了巨大贡献。

蒲福于1774年5月7日出生在爱尔兰米斯郡那湾。他的父亲丹尼尔·奥古斯博·蒲福是一位地形学家，曾经在1792年制作并发表了第一张完整、精确的爱尔兰地图。他的母亲玛丽·沃勒尔·蒲福精通法语、意大利语和英语。蒲福在威尔士和爱尔兰成长至14岁，这期间他较好地学习了基本航海知识和天文学知识，从此以后就离开了学校，投身于海洋学研究中。

F. 蒲福
（1774—1857）

1789年登上英国东印度公司的商船后，蒲福逐步晋升至海军少尉候补军官（拿破仑战争期间）、海军上尉（1796年）、指挥官（1800年）。在战争时期，蒲福还利用闲暇时间进行水深测量和方位测量，通过天文观察的方法来确定船舶的经度和纬度以及测量海岸线，并将研究成果汇编成新的海图。

1805年，蒲福被任命为"伍尔维奇"号指挥官，并受命在南美洲的拉普拉塔河口进行水文测量。1806年，蒲福在船上研究创立了风力等级和天气符号代码的最初版本，并将其应用于航海日志中。他用"圆圈"表示气象站，延伸出一道"长杆"（就像在五线谱中的一样）加上一个或多个"半勾"或"整勾"来表示风。例如，用一根长杆、三个完整的勾和一个半勾来表示"蒲福风级"的七级，也就是风速

蒲福风力等级

风力级数	名称	海浪 平均(米)	海浪 最高(米)	陆地地面物理征象	相当于空旷平坦地面上 10 米处风速		
					海里/小时	米/秒	千米/小时
0	静风	—	—	静,烟直上	小于 1	0~0.2	小于 1
1	软风	0.1	0.1	烟能表示风向,但风向标不能动	1~3	0.3~1.5	1~5
2	轻风	0.2	0.3	人面感觉有风,树叶微响,风向标能转动	4~6	1.6~3.3	6~11
3	微风	0.6	1.0	树叶及微枝摇动不息,旌旗展开	7~10	3.4~5.4	12~19
4	和风	1.0	1.5	能吹起地面灰尘和纸张,树的小枝摇动	11~16	5.5~7.9	20~28
5	清劲风	2.0	2.5	有叶的小树摇摆,内陆的水面有小波	17~21	8.0~10.7	29~38
6	强风	3.0	4.0	大树枝摇动,电线呼呼有声,举伞困难	22~27	10.8~13.8	39~49
7	疾风	4.0	5.5	全树摇动,迎风步行感觉不便	28~33	13.9~17.1	50~61
8	大风	5.5	7.5	微枝折毁,人行向前,感觉阻力甚大	34~40	17.2~20.7	62~74
9	烈风	7.0	10.0	建筑物有小损(烟囱顶部及平屋摇动)	41~47	20.8~24.4	75~88
10	狂风	9.0	12.5	陆上少见,见时可使树木拔起或使建筑物损坏严重	48~55	24.5~28.4	89~102
11	暴风	11.5	16.0	陆上很少见,有则必有广泛损坏	56~63	28.5~32.6	103~117
12	飓风	14.0	—	陆上绝少见,摧毁力极大	64~71	32.7~36.9	118~133

13.9~17.1米/秒，称为"疾风"。蒲福设计的这种风力分级的最初版本，共有13个风力强度等级，从0级到12级，可以帮助航海员通过视觉观测来确定风力。直到今天，这种观测方法仍被人们用来评价海上的风力及波高。1831年，当罗伯特·菲茨罗伊被任命

"蒲福"号

为著名的"贝格尔"号第二次航行的指挥官时，他首先采用了"蒲福风级"来记录航海日志。从1838年起，英国海军部命令所有船只均采用"蒲福风级"进行风速测量，从此实现了英国海军航海日志的记录整齐划一。

1811~1812年，在蒲福晋升为舰长后不久，他率队调查了土耳其南安纳托利亚地区，并为其绘制地图。在此次调查中，他还找到了许多古代遗址。这项工作因当地土耳其人的一次袭击所中止，事件中蒲福也受了严重的枪伤。回到英国后，他根据调查结果绘制了一系列图表，并发表在1817年的著作《卡拉马尼亚》中。

1829年，在55岁时，蒲福被任命为英国海军水文局局长，并任职长达25年之久。蒲福曾经将一个十分不起眼的图表储藏室发展为世界上最好的测绘和制图机构。他当时绘制的一些优秀图表至今仍然沿用。蒲福在任期间，英国格林威治及非洲好望角的大型天文台均在他的管理之下。作为英国皇家学会、英国皇家天文台和英国皇家地理学会的理事会成员，他利用身为高层管理者的地位与威望，成为当时许多科学家的"中介人"。

1846年，72岁的蒲福以少将军衔从英国皇家海军退役。为表彰他的贡献，1848年，蒲福被封为巴斯勋爵士，后人称他为"弗朗西斯·蒲福公爵"。1857年12月17日，他在英格兰苏塞克斯郡霍夫逝世，被埋葬在了伦敦哈克尼的圣约翰教堂的花园中。直到现在，人们仍然可以在那里看到他的坟墓。

像其他著名探险者一样，蒲福的名字也被用来命名了许多地方，比如，北冰洋中的蒲福海、南极的蒲福岛以及北大西洋的蒲福湾等。

48. 暴风警报系统的设计者
——R. 菲茨罗伊（Robert FitzRoy）

罗伯特·菲茨罗伊是英国海军军官、水文地理学家和气象学家，也是暴风警报系统的设计者。

菲茨罗伊1805年7月5日生于英国萨福克郡。他出身英国贵族阶层，是英国查尔斯二世的曾孙。他的母亲是第一任伦敦德里郡侯爵的女儿。他从4岁起，就居住在位于北安普顿菲茨罗伊家族的一座欧式豪宅中。

1818年，12岁的菲茨罗伊就进入了普里茅斯的英国皇家海军学院，次年参加了英国皇家海军。14岁时，他自愿作为学生登上英国皇家海军"欧文·格林杜尔"号护卫舰，并随船航

R. 菲茨罗伊
（1805—1865）

行到南美洲，在船上他被升为见习军官。1824年，他以前所未有的优异成绩结业，并被晋升为中尉。1828年，菲茨罗伊在"贝格尔"号第一次航行的后期担任临时船长。1930年，当"贝格尔"号归航时，作为船长的他已经具有了一定的声望。

1831年，在弗朗西斯·蒲福的帮助下，菲茨罗伊再次成为"贝格尔"号船长，并将船只进行了大力改装。他还邀请查尔斯·罗伯特·达尔文作为他航行中的同伴，并将查尔斯·赖伊尔（英国地质学家）所写的《地质学原理》第一卷送给了达尔文。12月27提，他们同乘"贝格尔"号从英国西南部的普里茅斯起航，开始了著名的第二次航海探险。1832年2月，"贝格尔"号穿越北大西洋，跨过赤道，抵达

世界海洋科技名人
Celebrities of the World Marine Science and Technology

菲茨罗伊生活照

了巴西的圣萨尔瓦多城，后继续向南沿大西洋西海岸航行，经里约热内卢到达阿根廷的布兰卡港。1834年6月，他们经过了南美洲最南端的火地岛，穿过狭小的航道进入了南太平洋，并花了一年的时间测量智利海岸线。1835年，他们到达了加拉帕戈斯群岛；之后横渡太平洋，经过塔西提岛、新西兰和澳大利亚，进入印度洋，绕过好望角进入了大西洋。为了证明对经度测量的精确度，他们又绕道巴西北部的巴伊亚。1836年10月，他们终于回到了英国的法尔莫斯港。

回国后不久，菲茨罗伊就和已有婚约的女孩成婚，婚后他们育有4个孩子。在第一任妻子去世后。1854年他再次成婚，又添有1女。1839年5月，菲茨罗伊将航行的经历发表了《1826和1836年间英国皇家海军舰艇"冒险"号和"贝格尔"号考察航行记》和《南美南岸考察与"贝格尔"号的环球航行》等四卷著作，其中闻名的第三卷《"贝格尔"号的航行》是达尔文在1832~1836年的记录与评论。

1843年，菲茨罗伊出任第二任新西兰总督，1845年被召回国。1848年，他成为英国皇家海军伍尔维奇造船厂的负责人，1850年由于健康问题而退休。1851年，他入选英国皇家学会，其支持者当中就有达尔文。

从1854年起，菲茨罗伊才开始致力于国家气象事业的发展。在英国皇家学会的推荐下，他成为一位进行海上天气数据搜集处理的新部门的主管，这个部门也是现代气象局的前身。他要求船长们提供用实验仪器搜集来的信息，并进行计算。在"贝格尔"号上,他曾经制作出一种天气变化预测管,通过密封玻璃管当中混合液体的变化情况来预测天气。后来,他将这种仪器改进成一种气压计,也就是现在所说的"菲茨罗伊风暴气压计"。这种气压计被放置在各个港口,供船员们出海之前作为气象参考。现在,放置这种气压计的石槽在许多渔港还可以见到。他还设计出其他多种气压计,直到20世纪这些气压计还都在被生产和使用。而且这些气压计上都标注着菲茨罗伊专有的一句说明语:"在冬季,气压计升高预示着冰冻。"

1859年的异常严重风暴促使菲茨罗伊产生了进行天气预报的想法,并开始着手进行规划工作。随后,多个气象站相继建立起来,并使用电报技术每天定时向他发送天气报告。1860年,世界上首次每日天气预报在《泰晤士报》上发表。1861年,他提出了一套暴风警报系统,当预报有大风时,会在主要港口通过升起暴风标志来进行预警。这种预警系统后来被作为每日天气预报规范,并得到广泛应用。1863年,他出版了《天气学》一书,其中包含了当时许多先进的科学观点。1865年,菲茨罗伊自杀身亡。

1837年,英国皇家地理学会将金质奖章颁发给菲茨罗伊,以表彰他曾邀请达尔文作为同伴出海考察,从而直接促成了达尔文"进化论"的提出。如今,在澳大利亚有许多纪念菲茨罗伊的地名,还有一些山脉、河流、公园、岛屿也以他命名。

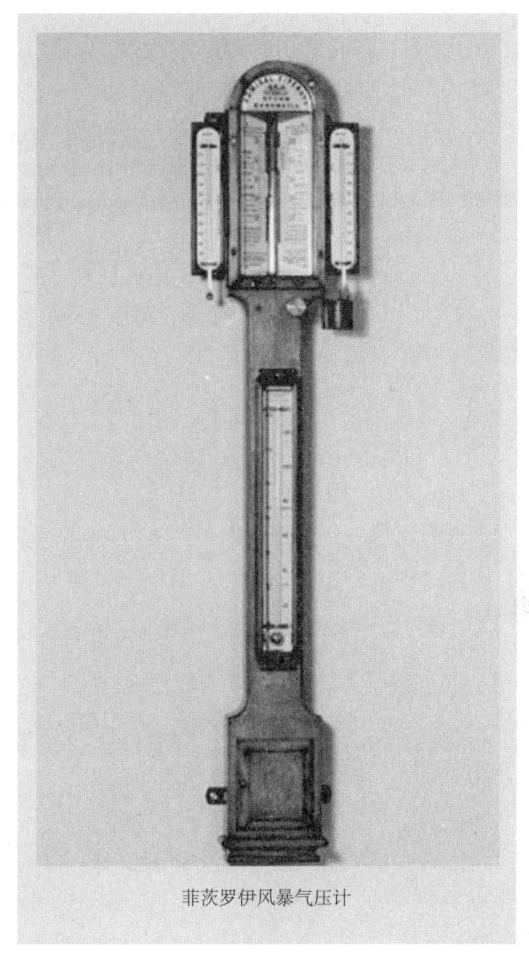

菲茨罗伊风暴气压计

49. 第一幅航海图的编制者
——M.F. 莫里（Matthew Fontaine Maury）

F.M. 莫里
（1806—1873）

马修·方丹·莫里最初是美国的一名海军上尉，后成长为美国最早的水文学家、海洋学创始人之一，被称为现代海洋学及海洋气象学之父。

1806年1月14日，莫里出生于美国弗吉尼亚州，是家中的第7个孩子。5岁时，全家人搬到田纳西州富兰克林市附近的农场生活。莫里从小就有着争强好胜的性格，想效仿他的一个哥哥成为美国海军军官。但由于哥哥在一场战斗中不幸染病而亡，父亲最初反对莫里加入海军。莫里经过考虑，1824年在刚刚达到入伍年龄后便报考了军校。1825年，他成为海军候补军官。

1825~1834年，莫里共参加了3次远航。1829~1831年，他乘"文森涅斯"号环球航行。1831~1833年，他又乘"法莫斯"号出航太平洋，从而积累了丰富的海上航行经验。在航行实践中，莫里切身体会到了海洋洋流和风场对于航行的重要意义。1834年，莫里返回美国后，与安·赫尔·赫恩登结婚，并在弗雷德里克斯堡定居。1836年，他出版了《新理论和实地航海学纲要》一书，该书成为美国海军航海学的教科书。

1839年，莫里因马车事故腿部受伤，无法继续从事远航。在医疗期间，作为海军上尉，撰写了关于改革军官教育的论文，从此出了名，第10任美国总统泰勒请他做海军秘书，主管海图和仪器库。在任职期间，莫里发现一些旧航海日志要被水兵当破烂扔掉，他感到非常可惜，于是产生了利用这些资料汇编航海图志的想法。他在大量船只的报告档案中，开始归纳和整理各个季节的海洋洋流、风场和天气信息。为搜集更多有效的资料，他还为船长们专门定制了统一格式的航海日志，规定其中要记录的各种海洋气象要素，希望将海上观测规范化。为了能让更多的船只参与观测并提供资料，他坚持将绘制好的包括各海区风场、洋流情况的航海图免费提供给船长们，并

莫里半身塑像

交换他们最新的航海日志。1843 年，莫里利用从各国船只那里搜集来的大量有关风、海流和水温等要素的观测记录，发表了能帮助船只大大缩短航程、节省燃料的航海图，并使航海图上所记载的海洋与气象记录趋于完善。1847 年，莫里又绘制出精确的风和海流图，以及鲸的洄游路线，这对当时的航海业和捕鲸业起到了积极的推动作用。莫里的这些工作也促成了 1853 年布鲁塞尔会议的召开，会议上许多国家都同意合作分享以统一标准记录的海洋和大气数据。几年内，各国都会将海洋观测记录发给莫里，经过莫里评估后，再将结果分发给全球各地。

1854 年，莫里发表了《北大西洋水深图》，绘制了海深达 7 300 多米的等深线，为铺设横贯大西洋的海底电缆提供了依据。在铺设电缆的过程中，莫里发现了大西洋中部浅、两侧深，他第一次指出"大西洋中脊"的存在。第二年，他在伦敦出版了近代海洋学的第一部著作《海洋自然地理学》。书中系统地叙述了海流、风、盐度、温度、海洋与大气的关系等，同年还出版了《航海指南》。

除了以上的各项开创性工作外，莫里还建立了大气环流模式，改进了海洋测

位于弗吉尼亚军事学院的莫里住所

深仪,并记载了墨西哥湾流等现象。他在海洋学和气象学方面的卓越功绩得到各国的一致赞赏,被誉为"美国前所未有的学者"。许多国家还向他授予了爵位和勋章,一些大学和学会也授予了他荣誉称号。但是,由于种种原因在美国他却没有得到优厚的待遇,他的理论也受到某些人的批评。

1861年美国南北战争爆发,莫里作为上校参加了南军,从而被北军宣判有罪,他的著作也被禁止发行。南军失败后,他带领全家移居到英国。1868年,他又回到了美国,任弗吉尼亚军事学院物理学教授,直到1873年2月1日在列克星敦去世。他的墓地建在美国加利福尼亚的里士满,位于前总统门罗和泰勒两人的墓地中间。

50. 地球物理流体力学重要奠基人
—— W. 费雷尔（*William Ferrel*）

威廉·费雷尔是美国气象学家，也是第一个把流体动力学方程式运用到大气和海洋环流研究中的科学家。他对气象学的最大贡献是用方程式的方法说明由于地球自转导致地球表面流体运动的偏斜，即费雷尔定律。大气经圈环流当中的"费雷尔环流"也是以他的名字命名。

1817年1月29日，费雷尔出生于美国宾夕法尼亚州。1829年，费雷尔随父母搬到西弗吉尼亚州的一个农场。受当地教育条件的限制，他主要是通过自学来了解科学的入门知识。15岁时，一本高等数学书让费雷尔第

W. 费雷尔
（1817—1891）

一次接触到了数学，从此数学成为他为之奋斗的人生方向。同年，在一次日偏食现象发生之后，费雷尔仅仅根据农民的历书和从初级地理书中学到的知识，就用数学方法准确推算出1835年还将会发生日食。这一件事充分展现出他在数学方面的过人天赋。1839年，费雷尔进入了宾夕法尼亚马赛堡的马歇尔学院，开始接受正式系统的数学教育，但是两年后因为学费不足而退学了。1842年，他再次攒齐了学费，进入西弗吉尼亚州的贝萨尼大学学习。这一次，他在两年后顺利毕业，并来到西密苏里州的莱伯蒂教书。

在莱伯蒂，费雷尔受到艾萨克·牛顿《自然哲学的数学原理》的影响，开始

潮汐预报器

关注海洋潮汐研究。1850年，他在肯塔基州的托德县获得了一个教职岗位。1854年，他在田纳西州的纳什维尔建立了一所私立学校，开始研究天文学，并解释了地球自转对物体相对于地球表面运动的影响。1858年，费雷尔搬进了剑桥区，专心从事美国天文及航海年历的编制工作。1867年，他进入美国海岸和大地测量局工作，对大气气旋的形成原因进行了进一步研究。1882~1886年，他在美军信号局任教授，并发表了一系列气象科普类著作。

费雷尔在地球物理流体力学研究中，阐明了地球自转对大气和海洋运动的影响。在1856年发表的《试论风和大洋洋流》一文中，费雷尔提出了中纬度存在经向大气环流圈，也就是说：极地环流和哈德雷环流之间存在一个反向的"费雷尔环流"，从而形成了大气环流和气旋运动模型。然而，有些人却认为，"费雷尔环流"实际上并不存在，因为大气环流的实际情况要比理想化的带状地图上所显示的要复杂得多，所以包含"费雷尔环流"的大气环流简化版本是不准确的。尽管如此，"费雷尔环流"的提出仍是人类第一次尝试为中纬度西风带的产生原因寻求科学解释所做的努力。之后，在《与地球表面的流体和固体有关的运动》中，他又明确提出了"费雷尔定律"，为他赢得了地球物理流体力学奠基人的称号（与拉普拉斯共享）。他推断出风和气压梯度力之间的关系，并解释地球表面对风的阻力作用。他还提出了风暴形成和运动过程中上升气流的作用。

"费雷尔"号调查船

在海洋潮汐研究中，费雷尔先后发表了《太阳和月球地球自转的影响》，用数学方法解释了潮汐如何影响地球和月球的运转；在《涉及第二类振荡的潮汐问题》中，他提到了潮汐对地球自转影响的二阶项；在1864年的一次讲座中，他提到了潮汐摩擦问题；1874年，他出版了《潮汐研究》一书。他还发明了一种可以给出潮汐峰值和谷值的潮汐预报器，于1883年投入使用，并在之后的25年中一直被美国海岸局和大地测量局用来制作潮汐表。

费雷尔是把数学应用到气象学的先锋，使数学成为气象学研究中的重要方法。1868年，他入选美国国家科学院，同时还是澳大利亚、英国和德国气象学会的荣誉会员。

费雷尔70岁时退休，与家人安度晚年。1891年9月18日，他在堪萨斯州的伍梅德特去世，享年74岁。

51. 潮汐摩擦理论的完善者
——G.H. 达尔文（George Howard Darwin）

G.H. 达尔文
（1845—1912）

乔治·霍华德·达尔文是英国天文学家、数学家，也是著名生物学家查尔斯·罗伯特·达尔文的次子。1845年7月9日，他出生于英国肯特郡。虽然父亲在生物学界有着显赫的地位和威望，但他并没有沉湎于此，而是步入了另一科学领域——天文学。1868年，他以优异的成绩毕业于剑桥大学，并于1873年起在该校任教。1883年，他晋升为天文学和自然哲学教授。1879年，他被选为英国皇家学会会员。1899年，他出任英国皇家天文学会会长。1905年，他受封爵士。

达尔文是第一个采用动力学分析天体演化问题和地质问题的科学家。他最杰出的贡献是研究海洋潮汐和潮汐摩擦对天体演化的影响。通过对液态物质旋转平衡状态的观察和对周期轨道的研究，他详细地探讨了太阳系、地－月系及双星系的起源和演化问题，研究了旋转的任何椭圆体的潮汐摩擦对双星系演化的影响。虽然，早有一些学者已经将月球与潮汐联系起来，但是，直到艾萨克·牛顿才奠定了潮汐的理论基础，他指出了月球引力对地球潮汐的影响。继牛顿之后，皮埃尔·西蒙·拉普拉斯首创大洋潮汐动力学理论，详尽地对引力理论作了广泛的论述。然而，只有达尔文最先全面分析了由于陆障和洋底摩擦的影响而导致潮汐的各种不规则性。

1879年，达尔文提出月球起源的"共振理论"。与此同时，他还采用调和分析法来研究和预报海潮；研究大陆和山系对地壳的压力而引起的地壳应力等。

在他的一系列论文中，他曾经尝试用潮汐摩擦来揭示久远的过去，并预言遥远的未来。潮汐摩擦使地球自转变慢，并使其角动量减小；又因为地－月系统角动量守恒，从而月球的角动量必然不断增大；所以，这便意味着月球与地球的距离将必然增大。他因此推断，地球自转现在比过去慢得多，而月球也在离地球越来越远。从而，他提出月球起源的"共振理论"，即月球是由于共振太阳潮引起地球的不稳定性，使其脱离地球而形成的。也就是说，月球正是由于太阳潮的共振作用，从急速自转的地球分裂出去的；地球也因此而丧失了一小部分角动量。这解释了月球的密度不如地球大是因为根据上述假设它是由地球的外层形成的；而且，也解释了由花岗岩构成的大陆为什么不是连续地覆盖地球的表面。有人甚至大胆地提出：太平洋（它没有花岗岩）是个巨大的洞，它正是地球抛掉一个月亮的地方。

达尔文油画像

达尔文也对"限制性三体问题的周期轨道"、"一团黏滞流体达到平衡时的形状"等许多数学性很强的问题做过深入探讨。他不但尝试用已知的数学原理为

达尔文夫人蜡笔画像

基础来研究天体演化学,还尝试将潮汐摩擦效应运用到双星系统、行星系统和其他卫星系统的演化。也许,他的某些设想有不正确的一面,但他的理论对于天体演化学的发展起了巨大的推动作用。一代人之后,金斯继承并发展了他的研究。

达尔文的主要著作有《潮汐和太阳系中的同种现象》(1898年)、《科学论文集》(五卷)等。鉴于达尔文在科学上的贡献,1884年他获得英国皇家学会的皇家奖章;1892年他获得英国皇家天文学会金质奖章;1911年他获得英国皇家学会的科普利奖章。

达尔文与夫人玛莎生育了两个儿子和两个女儿。1912年12月7日,他在英国剑桥去世。

52. 乘雪橇横穿格陵兰岛的海洋探险家
——F. 南森（Fridtjof Nansen）

弗里乔夫·南森是挪威的北极探险家、动物学家和政治家，穿越格陵兰冰盖的第一人。他因为于1888年跋涉格陵兰冰盖和1893~1896年乘"前进"号横跨北冰洋的探险航行而闻名于科学界。

南森1861年10月10日出生在挪威奥斯陆附近的一个富有的律师家庭。他的母亲从小就锻炼她的孩子们进行户外运动和学习各种体育项目，所以，他十分擅长滑雪、游泳等运动，一共获得过12次挪威越野滑雪冠军。这些技能也为他以后的各种探险活动打下了良好的基础。进入学校的南森在各门功课上都表现得十分优秀，从古典语言到体育，在科学和绘画方面也取得了不错的成绩。

F. 南森
（1861—1930）

1880年，南森进入克里斯蒂安尼亚大学攻读动物学。1882年，他乘船到格陵兰水域去进行动物学调查，这次海上调查让他对北冰洋产生了的强烈兴趣。返回挪威之后，他成为卑尔根博物馆动物学馆长。他对海洋无脊椎动物的神经系统进行了大量的研究，并在卑尔根博物馆出版了他的论文《中枢神经系统组织元素的结构与组合》。1888年，他获得了克里斯蒂安尼亚大学博士学位。

在卑尔根期间，南森就产生了穿越格陵兰冰盖的想法。1887年，提交了博士论文之后，南森提出用雪橇进行横跨格陵兰冰盖的考察规划，但是挪威政府拒绝提供资金支持。后来，他从一个丹麦商人那里获得了财政支援，就开始执行他的计划。1888年5月，他与5个同伴结成考察组离开了挪威。当时冰况十分恶劣，为考察组在靠岸制造了很大的困难。8月16日，他们开始由东向西艰苦地行进。10月上旬，南森一行到达了格陵兰西海岸的戈特霍普。因为最后的一班轮船已经启航，所以考察组不得不在那里过冬，进行一些狩猎和钓鱼的活动。而这个被迫停留的冬天也给了南森一个研究因纽特人（旧称爱斯基摩人）的机会，后来他将研究成果写成《爱斯基摩生活》一书，于1891年出版。第二年春天，当有船进港时，考察组准备返回。1889年5月，南森回到了挪威后，人们对他的态度一下子就改变了。因为他做到了前人从未做到的事情，这使他成为了一个英雄。这次考察也让他积累了在极地附近区域生存的经验。

南森和他的考察团

1889年8月11日，南森宣布他与伊娃·萨斯订婚。他们是在几年前相识于一个滑雪胜地，两个人都是优秀的滑雪者。伊娃比南森大三岁，是一位著名的歌手。9月6日，他们举行了正式的婚礼。

穿越格陵兰考察的成功使南森的利用浮冰群漂浮横跨北冰洋探险的筹款活动，得到了包括挪威政府在内的更多支持。他认为，北冰洋的洋流是从西伯利亚海岸向北极方向流动的，因此，他计划让他的船冻结在西伯利亚近海的冰上，然后随洋流自由漂浮。南森利用筹集来的资金建造了一艘船，取名为"前进"号。这艘船的最大特色是其外壳呈圆形，可以使船易于挤进大冰群并拱在冰上面。

1893年6月24日，南森带着精心挑选的12名同伴从奥斯陆启程向北冰洋进发，船上携带了够用5年的食品和燃料。"前进"号绕过挪威北端，经巴伦支海入喀拉海。9月10日,"前进"号通过了欧亚大陆最北端的切柳斯金角。9月22日,"前进"号到达了切柳斯金角东北方向的冰区,完全被封冻于冰上,开始了随冰漂流。在漂浮过程中,队员们分别进行气象、海冰、生物、水文和磁力的观测。而南森通过计算发现这条路线并不能使该船跨过北极。因此,在1895年3月14日,他与另一位队友约翰森离开船,乘雪橇向北极点前进。由于冰况使行进受到阻挡,所以他们不得不在4月初开始返回法兰士约瑟夫地群岛。根据记载,他们曾经到达了北纬86度14分的地方,离北极点只差360千米,这也是前人从未达到过的一个纪录。南森及队友在岛上度过了1895～1896年的冬天,过着住洞穴、猎食海兽的原始人生活。1896年5月,他们开始向南行进。8月份,在南森回到挪威8天之后,"前进"号也返回了挪威。正如他预料的那样,"前进"号后来继续随着他认为存在的洋流漂移,尽管偏离了北极,但最终还是通过了北极海区。他的这次漂流探险,虽然未能到达北极点,但是却达到了科学探险的目的,取得了辉煌的成就:一是通过水深测量发现了一个大海盆,即南森海盆;二是发现了大洋内部深水海域风向与风驱表层流的方向不一致,海流较风向偏右30～40°;三是发现了北冰洋表层水温接近0℃,而水深240～670米之间水温却达1.7℃。同时,这次"前进"号探险也证实了北极地区没有大陆,而是一片被冰层覆盖的海洋。

1894年南森在北极考察

回到挪威后的南森在克里斯蒂安尼亚大学担任动物学教授。后来,物理海洋学成为他的主要研究方向。他将1893～1896年北极探险的观测成果出版为《挪威人的北极探险》一书,全书共分6卷,其中大部分是由南森执笔。该书至今仍是认识

"弗里乔夫·南森"号

北冰洋的基础。他提出：北冰洋与格陵兰之间有一隆起的海脊，这个论断后来被证实，海脊被命名为"南森海脊"。1902年，他组建和领导了克里斯蒂安尼亚海洋中心实验室，参与创建了国际海洋考察理事会，并成为该理事会的成员。1908年成为海洋学教授。

1896~1917年，他先后参加了挪威海、北大西洋中部、斯匹次卑尔根海区和亚速尔群岛及B.海兰德－汉森区的调查。上述这些调查研究的成果，最后以文献的形式得以出版，很多出版物上还有南森亲自作的图解说明。1905年，由于他参加到争取挪威独立的活动中，而一度中断了科研工作。1914年，探险活动又因战争而中断，南森逐渐对国际政治事务产生了兴趣，他曾出任驻英国大使、挪威防卫联盟总裁。

另外，南森还在海洋科学仪器的设计、风生洋流的解释和北极海域水层形成等领域的研究中作出了重要贡献。他在1910年发明的一种采集预定深度水样和固定颠倒温度表的器具，又称颠倒采水器、南森瓶，由于结构简单，工作可靠，使用方便，成为各国常规使用的一种海洋调查现场采水器。

南森还因为从西伯利亚、中国和世界其他地区遣返50万名战俘的工作和直接援救俄国遭受饥饿的人民（1921~1923年），于1922年获得了诺贝尔和平奖。南森于1930年5月13日去世，享年69岁。

53. 现代气象学之父
—— V. F. K. 皮耶克尼斯（ *Vilhelm Friman Koren Bjerknes* ）

威廉·弗里曼·科伦·皮耶克尼斯是挪威气象学家、物理学家，近代天气学和大气动力学主要创始人之一，也是气象学挪威学派的创始人。他曾经荣获英国皇家气象学会"西蒙斯纪念金质奖章"和海洋学领域的"亚历山大·阿加西斯奖章"。

1862年3月14日，皮耶克尼斯出生于挪威的克里斯蒂安尼亚，即今天的奥斯陆。他的父亲卡尔·皮耶克尼斯是一位物理学家，主要研究电磁学和流体动力学。少年时代的皮耶克尼斯就协助父亲做物理实验，以验证其流体动力学的理论预测是否正确。1880年，他进入克里斯蒂安尼亚大学

V.F.K. 皮耶克尼斯
（1862—1951）

（今奥斯陆大学）学习数学和物理，从事流体动力学研究，并继续与父亲合作研究。1888年，他在获得克里斯蒂安尼亚大学理学硕士学位后，获得了一份国家奖学金前往法国留学。1889年，他在巴黎参加了 J. H. 彭加勒关于电动力学的讲座，并结识了该领域的著名科学家海因里希·鲁道夫·赫兹。1890年，他来到德国波恩，成为赫兹的助手与合作者。之后的两年，他一直随赫兹在波恩大学从事电磁共振课题的研究，他们的研究项目对后来无线电广播的发展起到了至关重要的作用，他也与赫兹一家建立并保持了亲密的友谊。不久，皮耶克尼斯回到挪威，完成他

在波恩大学尚未完成的博士论文，并在1892年获得物理学博士学位。

1893年，皮耶克尼斯被聘为瑞典斯德哥尔摩工程学校讲师，两年以后成为斯德哥尔摩大学应用力学和数学物理学教授，并再次转到流体力学的研究中。1897年，他将威廉·汤姆孙和赫尔曼·冯·赫尔姆霍茨的适用于绝对运动的涡旋理论推广到大气和海洋这样的地球流体运动中，提出了著名的"环流理论"，成为了地球物理流体力学理论的开端。他阐述了流体力学和热力学的基本相互关系，认为两者的结合将有利于更好地解释大气运动。由于大气运动可决定天气情况，天气预报可以作为数学物理学的初值问题并通过控制方程数值积分来处理，所以这对气候模式中原始方程的提出作出了贡献。这一工作被瓦格恩·沃夫瑞德·埃克曼和卡尔-古斯塔夫·奥维德·罗斯贝进一步应用到海洋和大气大尺度运动中，从而使现代天气预报的实现成为可能。而早在1904年，皮耶克尼斯已经预见到了这种应用的可行性。

1895年，皮耶克尼斯与H.S.波奈薇结婚，生有4个儿子。他们的二儿子雅各布·皮耶克尼斯于1897年11月2日出生。雅各布子承父业，后来也成为世界著名的气象学家。20世纪60年代，雅各布指出了吉伯特·托马斯·沃克爵士提出的南方涛动与厄尔尼诺现象之间的联系机制，组成了一个大尺度海洋-大气相互作用的框架，开辟了一个崭新的气象学研究领域。

1905年，为了得到科研资助，皮耶克尼斯到麻省理工学院演讲，向美国同行介绍了他在气团理论研究中取得的重要进展，以及利用数学方法制作天气预报的设想。他的计划深深地打动了卡耐基基金会，从而获得了他们的资助，这项资助一直持续了长达36年之久，直到1941年战争开始。

1907年，皮耶克尼斯回到挪威，接受了克里斯蒂安尼亚大学应用力学和数学物理学的教授职位。在科研中他喜欢团队协作，他在克里斯蒂安

皮耶克尼斯生活照

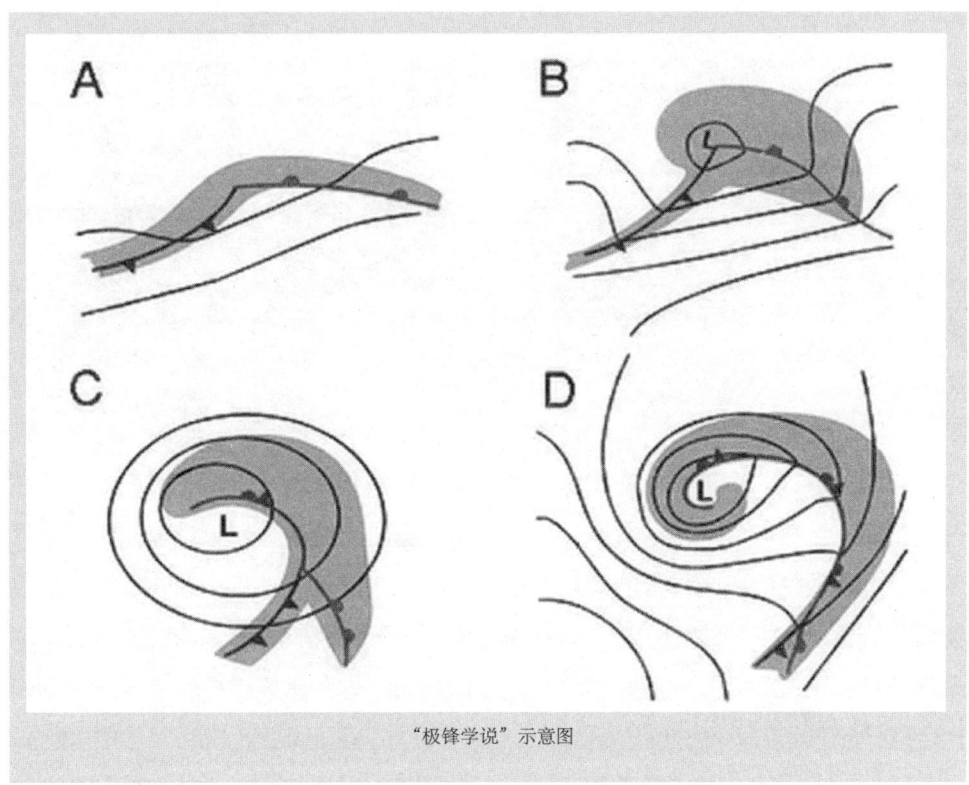

"极锋学说"示意图

尼亚大学组建了一个很大的动力气象学术研究梯队。在这期间,他与助手 J.W. 桑德斯特勒姆合作完成了重要论著《动力气象学和水文学》第一卷《静力学》。次年,他和助手 T. 海赛尔贝格、O. 德维克合著的第二卷《运动学》出版。而由他和他的儿子雅各布、H. 索尔贝格及 T.H.P. 伯杰龙合作完成的第三卷《物理流体力学及其在动力气象学上的应用》,于 1951 年才发表。1911 年,后来知名的挪威地球物理学家哈洛德·里克·斯韦尔德鲁普也加入了他们的研究工作。

1912 年,他被德国莱比锡大学聘任为地球物理学教授,并兼任新成立的莱比锡地球物理研究所所长一职。和他一起到莱比锡的还有 T. 海赛尔贝格及斯韦尔德鲁普,后来他的儿子雅各布也加入进来。

1917 年,挪威卑尔根大学邀请皮耶克尼斯加盟。除了教学工作外,他还受弗里乔夫·南森和比约恩·海兰-汉森邀请组建卑尔根地球物理研究所。在卑尔根的时间皮耶克尼斯完成了他一生中最重要的研究工作,并为卑尔根气象学校的

皮耶克尼斯纪念邮票

建立奠定了基础。皮耶克尼斯父子及其他助手们开始着手进行与天气服务相关的各项工作，进行天气预报。后来，挪威政府根据皮耶克尼斯的申请建立起一个气象观测网。他们的团队在此期间还提出了极锋理论，创立了气旋的现代模式及高空锋面理论。这一领域的主要工作都被收进了他1921年发表的论文《论圆涡动力学及其在大气和大气涡旋、波动中的应用》中。这些重要成果的发现极大地推动了现代气象学的发展，也逐渐形成了国际气象界著名的挪威（又称卑尔根）学派。1926年，皮耶克尼斯离开卑尔根，接受奥斯陆大学的邀请担任应用力学和数学物理学教授。在奥斯陆大学，他主要进行理论物理的教学，并发表了在矢量分析和运动学方面的第一部著作。他于1932年从奥斯陆大学退休，之后，他仍积极参加国际气象学术活动，如主持国际大地测量学和地球物理学联合会气象学会的工作等。

皮耶克尼斯一生为现代气象学的发展作出了巨大贡献，因为皮耶克尼斯所做的工作奠定了现代气象学和天气预报的基础，所以，他被人们称为现代气象学之父。美国国家科学院和英国皇家学会接纳他为外国会员。为了纪念他，欧洲地球物理学会海洋和大气部专门设立了"皮耶克尼斯奖"，用来表彰每年为大气科学作出卓越贡献的科学家。

1951年4月9日，皮耶克尼斯在奥斯陆去世，享年89岁。

54. 南方涛动的发现者
——G. T. 沃克（Gilbert Thomas Walker）

吉尔伯特·托马斯·沃克是英国数学家和气象学家。他首先发现了大气当中的南方涛动现象，有力地推动了大气科学的发展。

1868年6月14日，沃克出生于英格兰西北部的兰开夏郡，是家里7个孩子当中的第4个。他的父亲是克里登郡的市镇工程师，也是将混凝土应用于市镇大型供水系统中（如水库）的先行者之一。1876年，沃克进入惠特吉夫特中学，在那里他对数学和力学表现出浓厚的兴趣。1885年，中学毕业后的沃克获得了数学奖学金，之后他进入剑桥大学三一学院学习。毕业后，他留校任教，后来升至讲师。

G.T. 沃克
（1868—1958）

1903年，沃克离开学校。第二年，由于前任局长约翰·艾略特推荐，他被任命为印度气象局局长。艾略特希望借助沃克在数学方面的才能来进行印度季风的预测，以减小季风对印度人民生活的影响。沃克在印度的21年里，全力投身到了季风年际变化的预报和全球天气的研究当中。1909年，他第一次实现了利用回归方程来进行天气预报。

在对印度季风年际变化的研究中，通过引入相关与回归的方法，沃克发现了印度季风的变化和全球天气有某种关联。他认为，全球的天气系统极其复杂，无法仅通过理论研究来了解它们。因此，他从实测数据入手，着眼于研究地球表面不同地区的大气压强值之间的自相关和交叉相关关系。他发现东、西太平洋某些

剑桥大学三一学院

观测站（如东太平洋的塔希提岛和澳大利亚的达尔文港）的气压值呈现负相关的关系，即赤道东太平洋区域的气压上升，西太平洋及印度洋区域的气压会下降，反之亦然。1924年，他从印度气象局离任后回到英国。随后，他进入伦敦大学，在帝国理工学院担任气象学教授，继续从事世界天气的研究。1928年，在向英国皇家气象学会提交的一篇论文中，他将东西太平洋上气压的这种跷跷板式的变化关系定义为"南方涛动"，还给出了测量两个地区之间的气压差的尺度。他观测得出，当气压东高西低时，印度的季风雨量就会很大，而东西气压差不大时，雨量则很小，甚至干旱。而且，沃克还指出干旱状况不仅出现在澳大利亚、印度尼西亚和印度，还会袭击非洲的次撒哈拉沙漠地带，与此同时，加拿大则可能伴随暖冬。他相信，这些不同的天气事件应该是同一现象的不同组成部分。他还发现了"北大西洋涛动"，即在北大西洋地区的这种南北向跷跷板现象，简称"NAO"。这种"NAO"主要表现为北大西洋上两个大气活动中心（冰岛低压和亚速尔高压）的气压变化为明显负相关，当冰岛低压加深时，亚速尔高压加强；冰岛低压填塞时，亚速尔高压减弱。类似的南北向气压跷跷板现象在北太平洋地区也存在，当热带和副热带太平洋地区的气压偏高（低）时，东西伯利亚到加拿大地区的气压往往偏低（高）。

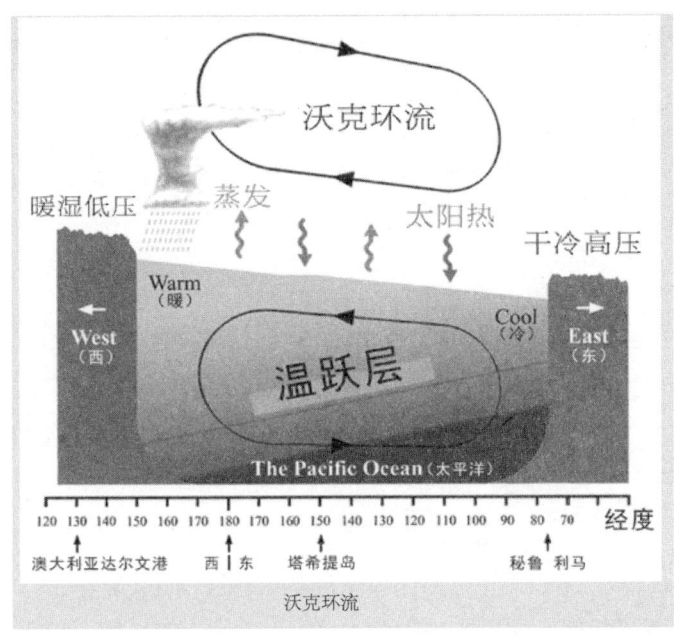

沃克环流

然而，沃克并没能解释出这种跷跷板现象的物理机制。在后来的几十年里，由于"南方涛动"的气候信号较弱，对"南方涛动"的进一步研究进入低潮。直到20世纪60年代，挪威气象学家雅各布·皮耶克尼斯对厄尔尼诺的机制进行深入研究时，重新唤起人们对"南方涛动"的研究兴趣。1969年，雅各布发现热带太平洋上空的大气中存在一种东西向的垂直热力直接环流，从而第一次将"南方涛动"与海洋表面温度联系了起来。为了纪念沃克爵士在此领域中的贡献，雅各布把这个环流命名为"沃克环流"。正是"沃克环流"强度的波动，对印度夏季风降水有着重要影响。

1908年，沃克与M.G.卡特结婚，婚后育有一子一女。除了对科学研究充满热情外，他还是长笛研究和演奏专家，并且喜爱绘画，他的风景水彩画还曾经参加过展览。1958年11月4日，沃克去世，享年90岁。

在当时的年代，沃克的研究是具有开创性的。他是将统计相关、多元回归以及谐波分析方法应用于天气预报的开拓者之一。因其在理论和应用数学研究中取得的杰出成就，沃克在1904年当选为英国皇家学会会员。为表彰他在领导印度气象局时的杰出成就，英国国王还授予他爵士称号。

55. 近代海流学的开拓者
——V. W. 埃克曼（Vagn Walfrid Ekman）

V.W. 埃克曼
（1874—1954）

瓦格恩·沃夫瑞德·埃克曼是瑞典物理海洋学家，发展海洋科学的先驱，尤其以研究关于海流方面的基本流体动力学理论而闻名于世。是物理海洋学家 F.L. 埃克曼（老埃克曼）的小儿子，他 1874 年 5 月 3 日出生于瑞典斯德哥尔摩。

1897 年，埃克曼在乌普萨拉大学做物理学研究生时，受挪威气象学家、物理学家威廉·弗里曼·科伦·皮耶克尼斯所做的流体动力学演讲的影响，他明确了自己今后从事海洋学研究的方向。之后，皮耶克尼斯邀请他去参加研究弗里乔夫·南森在"前进"号远征船上所观测到的浮冰偏离盛行风向运动的问题。1902 年，他提出了用风与表层水的摩擦力、表层水与内层水的摩擦力和地转偏向力的三力平衡来解释这一现象，并发表了"埃克曼螺线理论"，用以说明地球自转对风生海流的影响。1902~1909 年，埃克曼来到奥斯陆的国际海洋研究所，在皮耶克尼斯和南森的指导下工作。在这期间，他研制了能同时测量流速和流向的埃克曼海流计；通过实验和理论研究发现了"死水"导致船舶停滞不前的原因，是因为冰融水在海面分散成一层薄薄的淡水造成在不同密度水层之间产生内波；基于此发现，他又推导出了一个考虑压力影响的海水平均压缩率的经验公式。该公式至今还用于测定受流体静压力压缩的深层海水的密度，后来又发展成为"海水状态方程"。

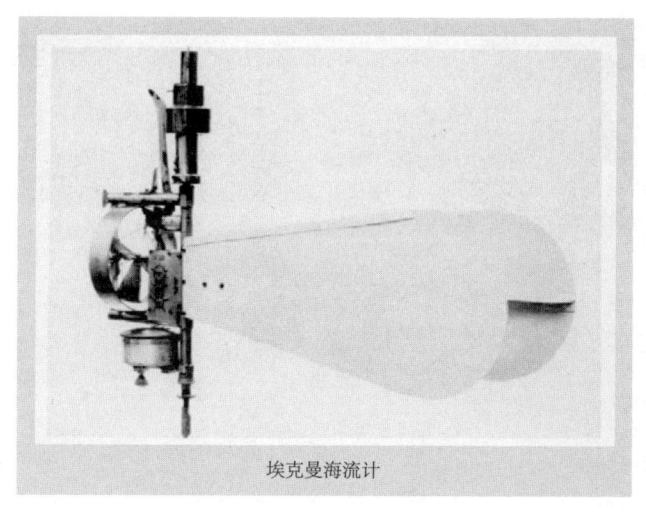

埃克曼海流计

1910~1939年，埃克曼在担任瑞典隆德大学力学和数理学教授期间进行了海流动力学问题的研究，发表了包括海岸和海底地形效应的风生海流理论以及湾流动力学理论。他还试图解决关于海流湍流的复杂问题，并取得了一些重要成果。1922~1929年，他通过在锚定船上搜集的数据，改进了测量海流的技术。1930年夏天，他在位于北大西洋信风带的许多测量站上，测量了海水各层的平均海流，并根据数据分析结果，发现其中有周期性变化和不规则变化。这一发现很快在这次观测活动的简报上发表了，但埃克曼的最终报告直到1953年才正式发表，这也体现出他对于科学研究认真负责的精神。1953年秋天，他又开始研究混浊流，并工作到去世的前几天。1954年3月9日，埃克曼在瑞典赛夫舍市去世。

埃克曼以研究海流动力学著称，是发展物理海洋学的先驱。他于1928年获得了"亚历山大·阿加西奖章"，并且与皮耶克尼斯共同获得了1939年的"织女奖章"。虽然，全球的海洋学家都熟知他的名字和成就，但是，他很少参加国际研讨会。他大多数的老师和朋友，如南森和皮耶克尼斯，都是挪威人，他的许多假期都是在卑尔根度过。他还积极参与宗教哲学的讨论，并发表了《如何协调宗教与科学知识关系》的小册子。同时，他还爱好音乐，能够唱出漂亮的低音，喜欢弹奏钢琴，偶尔还会作曲。

为纪念埃克曼的成就，他的名字今天仍被用在一些科学术语上，如"埃克曼层"、"埃克曼螺旋"、"埃克曼输送"，还有"埃克曼漂流"和"埃克曼深度"等。

56. 物理海洋学的伟大先驱
——B.H. 汉森（Bjørn Helland-Hansen）

B.H. 汉森
（1877—1957）

比约恩·海兰-汉森是物理海洋学的伟大先驱、近代海流力学的开拓者。1877年10月16日，他出生于挪威奥斯陆。大学时，他一开始学习法律，之后改为学医，后来又弃医转向海洋学研究。

1900年，汉森作为弗里乔夫·南森的助手参加了"迈克·萨尔斯"挪威海考察。1902年后，他在中央研究所工作。1903年，他根据威廉·弗里曼·科伦·皮耶克尼斯的"环流定理"推导出著名的"海流力学计算法"，被广泛地采用。1906年以后，他担任卑尔根博物馆生物研究所所长。1909年，他与南森共同出版了《挪威海》一书。为了开展广泛的海洋调查，他自行设计并建造了长32米的"A. 汉森"号海洋调查船，该船海洋调查的范围从北大西洋、地中海、挪威近海一直扩大到斯匹次卑尔根群岛一带，直到1958年建造出新调查船"B. H. 汉森"号为止。1910年，他制造并完善了"海兰-汉森"光度计，并在"迈克·萨尔斯"号调查船上使用。

1915年，汉森成为卑尔根大学的海洋学教授。1917年，他又担任卑尔根大学地球物理研究所的所长。在他的积极建议下，1917年卑尔根博物馆新建了地球物理研究所，成立了"挪威国家地球物理委员会"和"挪威国家地球物理协会"。1917年和1927年，他分别出版了与南森合著的《北大西洋和大气中的温度变化》、

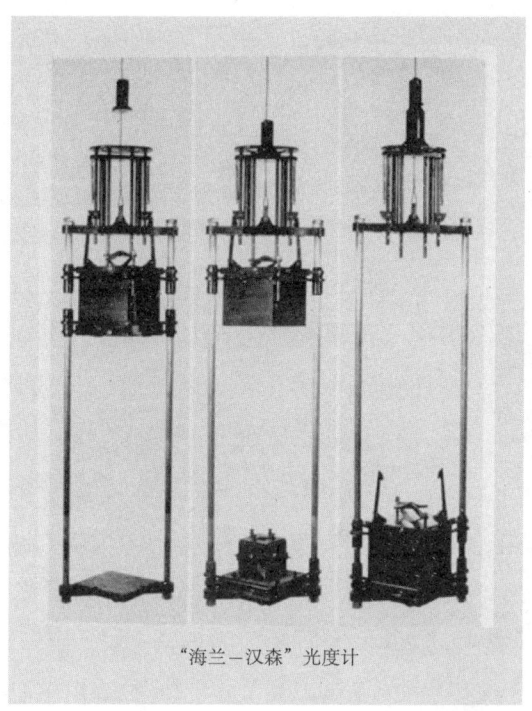

"海兰-汉森"光度计

《东部北大西洋》等著作。1934年，他出版了《松内湾的剖面》一书，书中记载了南森去世前提出的许多科学设想。他还与瓦格恩·沃夫瑞德·埃克曼合作进行了锚定船的测流实验。由于他的努力，1930年在卑尔根建立了克里斯蒂安·迈克尔逊研究所，并由他担任所长至1955年。

　　汉森是一位伟大的海洋学者，也是一位非常有魄力的社会活动家，对科学进步和社会发展均作出了很大贡献。1933年，由于他在物理海洋学，特别是海洋环流动力学方面所作的贡献，被美国国家科学院授予海洋学"亚历山大·阿加西斯奖章"。1942年，他担任国际测地学和地球物理学联盟的会长，还是普鲁士科学院以及德意志民主共和国科学院院士。

57. 中国现代海洋研究的奠基人
——蒋丙然

蒋丙然
（1883—1966）

蒋丙然是一位著名的天文学家、气象学家，是中国现代气象事业奠基人，中国气象学会创建人之一。他主持建造了中国第一座圆顶天文观测室，从法国引进第一架大型天文望远镜，并购置坐标量度仪和超人子午仪等，为中国现代天文事业的建立和发展奠定了基础。在他的主持下，青岛观象台参加第一、二届万国经度测量，取得较好观测结果，成为中国天文界步入国际合作的创举。他对中国现代地震、地磁研究均有重要贡献。同时，他还是中国现代海洋研究的奠基者。

1883年9月3日，蒋丙然出生于福建省福州市。他出身于书香门第，他的父亲蒋培孙在光绪十九年考中举人，历任福建大学堂教务长，曾经与清末著名海军将领林子固创办贞仁学塾，讲授国文、算术及法文。他自幼聪颖好学，并受家庭环境的熏陶和教育。受父亲"提倡西学，注重实业"的影响，他于1905年到上海先入法文学校学习法文，后入震旦大学（天主教耶稣会在上海创办的大学，"震旦"是印度对中国的旧称）物理科学习。因各科成绩优异，成为马相伯（中国教育家，震旦大学、复旦大学创始人）的得意门生。1908年，他从震旦大学毕业后赴比利时双博罗农业大学学习气象学。1912年12月，他获得博士学位后回国，担任苏州垦殖学校教务长。

1913年夏至1924年1月，蒋丙然担任国民政府教育部中央观象台技正（技正为旧时中国技术人员的官职，在厅局级中为最高官职，其下有技士、技佐等）、气象科科长、代理台长。在此期间，他兼任北京南苑航空学校（1913年袁世凯创

中央观象台

办的中国历史上第一所航空学校,1928年停办)教官、代理航空署气象科科长、北京大学和北京师范大学讲师。

1913年7月,蒋丙然应时任中央观象台台长高鲁之聘任,担任中央观象台气象科科长后,便开始创建中国的气象事业。他首先开辟观测场,自己设计并制造了量雨计和英式百叶箱,购置毛发湿度计、空盒气压表及干湿球温度表等,每天观测温度、湿度和气压各三次,观测工作由他一人亲自担任。这便是中国气象观测事业的开端。随后,他又培养训练观测人员,扩充设备和仪器仪表,于1914年元月开始正式观测相关气象要素。

1915年,蒋丙然建成了中国第一个初具规模的现代气象观测场后,又继续建议在全国增建气象站,并开始筹划开展气象预报工作。绘制气象图需要各地甚至全球广泛的气象资料,要获取这些资料必须通过气象电报来传递。他几经努力,争得了当时税务署、电报局及上海徐家汇气象台等各方支持,以及东京、长崎、贝加尔湖、马尼拉、关岛等重要地点共16处的气象资料,每天两次免费以急电

观象山顶的建筑

拍发至中央观象台。在此基础上，他还绘制了中国第一张天气图。1916年，中央观象台正式每天两次向社会发布天气预报，9时在台内悬挂信号旗，晚间由北京各报馆向社会公布，这就是中国近代天气预报的开端。

1914年7月，蒋丙然还创办了中国最早的气象刊物《气象丛报》，1915年7月扩充为《观象丛报》，增加了天文、地磁、地震、历象等资料。1922年为适应国内气象学发展的需要，《气象月刊》重新单独出版。中央观象台曾经利用这些专刊与国内外300多处学术机构进行交流，获得学术资料。

蒋丙然的另一项重要贡献是建设青岛观象台。1924年以他为首的接收组，受命代表中国政府从日本人手中接管了青岛测候所，并更名为青岛观象台。他也成为中国主权下青岛观象台的第一任台长，并连任台长至1937年。在他的领导下，经过14年的建设，青岛观象台发展成为世界著名气象台之一，并成为当时全国气象观测与预报的中心台。青岛观象台还是中国太阳黑子观测的发源地。

更值得称道的是，蒋丙然还开创了中国的现代海洋事业，是中国现代海洋研究的奠基者。

1928年，在时任北京大学教授宋春舫的提议下，蒋丙然倡导并主持成立了青岛观象台的海洋科，这是中国现代史上第一个正式以"海洋"命名的研究机构，拉开了中国海洋科学研究的序幕。青岛观象台海洋科成立后，宋春舫被委任为首任科长，学者朱祖佑（后成为蒋丙然的二女婿）、刘靖国等进入海洋科开展海洋研究工作。蒋丙然四处争取经费，购置了各种探测海洋的仪器，开展海洋观测研究。他主持制定了海洋科的工作细则：开始了测量海水温度、采集海洋生物标本，

原青岛水族馆

开展海洋地质调查，建立海洋理论化实验室，测量潮汐和海流，进行海洋气象观测、海洋仪器保管维修、学术研究、科普教育等。在他的组织下，青岛观象台海洋科的研究工作全面展开，每天测量前海及大港海水表面温度，每天观测记录潮汐涨落，统计历年潮汐记录，绘制候潮曲线，编制潮汐预报表，赠发有关机关及船舶军舰，以服务于渔业及航运。自1929年1月起，每月都要借用警察局巡逻艇，测量青岛胶州湾及近海一带海水各层水温及海流方向和速度，采集海水及海底沉淀物。1935年5月~1936年10月，青岛观象台进行了4次海洋调查，总计测量了460个站，开创了中国海洋调查工作的先河。1932年，他在观象台建起海洋物理实验室，自制氢气，分析海水盐分、密度、酸度、泥沙比例及钙质成分；并对青岛地区海洋生物进行了多次调查，发现多种海洋藻类、鱼类及其他海洋生物，掌握了大致的分布规律。他对海洋科的研究成绩及有关海洋研究的图书资料极为重视，凡有研究成绩均公布于众，如朱祖佑的《胶州湾潮汐之研究》，刘靖国的《胶州湾海水温度》等论文，均译成英文，在第五次太平洋科学会上宣读，以期扩大国际影响，并得到国际图书资料交换。蒋丙然只要寻得国外海洋类巨著出版，均设法选购，到1933年为止，青岛观象台有关海洋学的书籍已达百余种。他主持操办的这些

蒋丙然（右二）与刘朝阳、李珩、宋国模合影

工作，均为后来中国海洋科学的研究和发展打下了较好的基础。

1930年秋，当时的中国科学社在青岛大学召开第15届年会，中国科学、教育界先驱蔡元培、杨杏佛、李石曾等及青岛观象台台长蒋丙然、海洋科科长宋春舫等科学家联名发起在青岛筹建"中国海洋研究所"的倡议。

会议推举时任青岛市市长的胡若愚、蒋丙然、宋春舫为筹委会常务委员；并决议先行筹建青岛水族馆，作为中国海洋研究所的研究、实验、办公场所，同时兼做宣传海洋知识的基地。会议还决定由青岛观象台负责水族馆的建设，推举宋春舫负责水族馆的建筑建设。青岛水族馆于1931年1月破土动工，1932年2月建成，并于当年5月8日，由蔡元培亲自主持了开馆典礼。蒋丙然兼任水族馆馆长，青岛观象台的李方琮为主任，刘靖国为技正，朱祖佑为技佐。青岛水族馆也成为中国第一座水族馆。1945年底，王彬华（原名王华文，著名海洋气象学家，原山东海洋学院教授）被任命为青岛观象台第二任台长，并兼任水族馆馆长。

蒋丙然一生撰写专著20余部，论文106篇，内容涉及气象、天文、地震、地磁、海洋等许多学科。同时，他也受过很多嘉奖，如四等嘉禾章、六等文虎章、陆军部银质奖章、航空署一等奖章等。

蒋丙然还是中国气象学会的主要发起者和组织者之一，曾经担任中国气象学会副会长，并连任五届会长。他还曾经担任中国天文学会副会长、国民政府教育部译名委员会委员等职。1946年12月~1966年12月，他担任台湾大学农学院教授，并担任了中国台湾气象学会首届会长与台湾天文学会首届理事长。此外，由于其在国际学术界享有声望，他还曾被聘为意大利气象学会名誉副会长和国际天文联合会委员。

1966年12月24日，蒋丙然病逝于中国台北，享年84岁。

58. 现代物理海洋学和海洋气象学巨匠
—— H. U. 斯韦尔德鲁普（*Harald Ulrik Sverdrup*）

哈洛德·里克·斯韦尔德鲁普是挪威海洋学家、气象学家，也是现代海洋科学的奠基人。他的名著《海洋》一书曾经被誉为海洋学家的"圣典"。

1888年11月15日，斯韦尔德鲁普出生于挪威的松达尔。1914年，他毕业于克里斯蒂安尼亚大学（现奥斯陆大学）。1917年他以有关北大西洋信风的论文获得了奥斯陆大学博士学位。此时，他与海塞堡合著的《海中水压与质量分布计算》已在全世界范围内广泛使用。

H.U. 斯韦尔德鲁普
（1888—1957）

1918~1925年，他两次参加"莫德"号船的北极海探险。回挪威后，他担任卑尔根地球物理研究所气象学教授，专心致志地分析"莫德"号船的观测资料，并执笔完成了五卷探险报告的大部分内容。该报告的内容涵盖极其广泛，既解释了地磁、大气电、极光的许多问题，又包括从潮汐及其理论、海流、水团、极地气象、海水、冰的风海漂流、海洋地质、重力、天体观测到动物学等诸多学科的文献资料。该报告于1933年出版。

1931年，斯韦尔德鲁普参加了H.威尔斯金指挥的"鹦鹉螺"号潜水艇在北冰洋的潜水探险，并担任科学考察学术主任。他根据"卡耐基"号船在太平洋上7次航海的调查资料，弄清了太平洋的海洋学问题，提出了深层水形成于南大洋的印度洋区域的理论。他还利用英国"发现"号考察船的调查资料研究了南大洋问题，调查了威德尔海海冰的漂流状况，研究了1897年安德烈北极探险取得的气球飞行资料。

1936年，斯韦尔德鲁普担任美国加利福尼亚大学斯克里普斯海洋研究所所长。他任职的12年间，他培养了大批海洋科学家。1942年，他与M.W.约翰孙、R.H.弗莱明合著的综合性海洋巨著《海洋》一书出版，反映了他非凡的记忆力和他在海洋学方面极其丰富的综合性知识。同年，他还出版了《气象学家的海洋学》。这两部书作为军用教科书，发挥了极大的作用。1947年，他在论文《斜压海洋中的风驱海流》中提出了中纬度海流和风应力旋度之间的联系，开启了"大洋环流大尺度模型研究"的先河。随后，沃尔特·海因里希·蒙克和亨利·梅尔森·施托梅尔都对此进行了更为详尽的阐述。第二次世界大战期间，他开始涉足水声、海浪预报和海流图的绘制等领域，并与蒙克共同提出海浪预报方法。他还将海洋物理研究与生物研究结合起来，1953年，他将"临界深度"的概念进行了量化，使用创新的分层水柱方法解释了浮游生物春季大量繁殖的原因。

1948年，他从美国回到挪威，创立了挪威极地研究所，并担任所长。1949年，他还兼任了奥斯陆大学地球物理学教授。1949～1952年，他担任了挪威、英国、瑞典三国联合南极探险队队长，到南极洲进行考察。

斯韦尔德鲁普一生担任过许多重要职务，也获得过很多荣誉。他曾经担任国际物理海洋学协会（现国际海洋物理科学协会）主席、国际极地气象学会主席、国际海洋考察理事会主席等职。他是美国科学院与挪威科学院院士；获得过美国科学院的"亚历山大·阿加西斯奖章"及皇家地理学会奖章。现在物理海洋学中度量海流体积输送量的单位被命名为"斯韦尔德鲁普"；由他发展的"斯韦尔德鲁普方程"，也是物理海洋学中的基本方程。美国气象学会还设立了"斯韦尔德鲁普金质奖章"，用来表彰在海洋和大气相互作用领域作出杰出贡献的海洋科学家。

斯韦尔德鲁普于1957年8月21日在奥斯陆突然离世。

59. 世界海-气相互作用研究的先驱
——E.H. 帕尔门（Erik Herbert Palmen）

埃里克·赫伯特·帕尔门是芬兰气象学家和海洋学家。他是一位法官的儿子，1898年8月31日出生于芬兰的瓦萨。他因为在海洋和大气相互作用方面取得的显著研究成果而成名。

帕尔门从幼年开始就对天气有着浓厚的兴趣。儿时的他喜欢追踪天空中云的运动以及天气的变化，并经常自己进行天气预报。不到10岁，他就攒钱买了自己的第一架气压仪。成年之后，帕尔门每天进入办公室的第一件事就是观察他自己气压计中的记录和其他天气信息，然后才点燃一支雪茄烟。这种对于天气的兴趣一直伴随了他一生，而且，

E.H. 帕尔门
(1898—1985)

他有着超常的记忆力，可以回忆起几十年前曾出现过的异常天气情况。另外，帕尔门对雪茄烟的热情以及对天气对农业的影响的兴趣也众所周知。

帕尔门在赫尔辛基大学学习了天文、物理和数学，并在1921年获得哲学博士学位。1922年，他进入芬兰海洋研究所，开始了海洋方面的研究工作。1939~1947年，他担任芬兰海洋研究所所长。1947年起的三十余年里，他一直担任芬兰赫尔辛基大学气象学教授。在这期间，他有过长期或短期的海外访问学习的经历。1948年，帕尔门被选为芬兰科学院终身院士。1946~1948年、1949~1950年以及1952~1956年，他均担任过美国芝加哥大学的客座教授。1954年，他还担任了加利福尼亚大学的客座教授。

由于当时芬兰国内的条件限制，帕尔门没有正规地学习过气象学，但他仍凭着兴趣和自己的努力成为了知名的气象学家。帕尔门早年主要研究海洋学和大气－海洋相互作用问题。在第二次世界大战前夕，他长时间从事温带大气气旋和大气一般结构方面的研究。他和雅各布·皮耶克尼斯在1937年合著的《欧洲气旋选例分析》奠定了气旋结构及其变化研究工作的基础。1946~1948年，他在美国芝加哥大学讲学，与卡尔－古斯塔夫·奥维德·罗斯贝教授一起从事研究工作，并参加领导了大气环流的研究工作，研究阐述了"西风急流"在大气环流

《大气环流系统》封面

中的重要作用。他是测定出上层对流层中急流存在的测量队队员。在大量的实测与数据分析的基础上，他首次提出，在每个半球有两个主要急流存在，这些巨大的"风河"在9 100~12 200米的高空中吹流，对全球天气和空中航线具有重要的影响。1951年，他指出长波同极锋和气旋波之间的紧密联系，并区分出了极地急流和副热带急流。在加利福尼亚大学期间，他研究了大气热带环流，他仅用少量的上层风观测数据就对经向哈得来环流的强度进行了计算；同时，在对热带气旋的研究中，他得出能量、角动量的收支，并指出由于热带大气结构受海面温度的影响，热带气旋只出现在几个特定洋区和特定的季节。1966年，他研究了大气铅直热通量和动能的发生机制。1969年，他又计算了整个大气中各种能量的收支。

帕尔门的一生共撰写论著130篇（部），涉及了气象学、地球物理学和海洋学多个方面。1969年，他与C.W.牛顿合著的专著《大气环流系统》一书出版。书中评述和总结了他之前30余年间的大量研究成果。此书至今还被广泛地用作大

学教材。他还对无线电探空仪搜集到的数据进行分析,经过他预处理和质量检验之后的数据集被科学家们广泛应用。尽管他几乎所有的学术论文都是观测研究,但帕尔门主要是关注观测数据的物理解释和诊断结果。他似乎有着天生的见微知著的能力,总能从少量信息中得到问题的关键。

由于帕尔门在海-气相互作用研究方面的突出贡献,他被学术界公认为是海-气相互作用研究的先驱。1957年,他获得英国皇家气象学会"西蒙斯纪念金质奖章";1960年,他获得美国气象学会"罗斯贝奖章";1964年,他获得荷兰皇家科学院"白贝罗-巴洛特勋章";1966年,他获得瑞典地球物理学会"罗斯贝奖";1968年,他获得芬兰地球物理学会银质奖章;1969年,他获得世界气象组织奖。

帕尔门逝世于1985年3月19日。

赫尔辛基大学主楼

60. 气象学和物理海洋学不朽的创新者
——C.G.A. 罗斯贝（Carl-Gustaf Arvid Rossby）

C.G.A. 罗斯贝
(1898—1957)

卡尔-古斯塔夫·奥维德·罗斯贝是瑞典裔美国籍气象学家。1898年12月28日，出生于瑞典斯德哥尔摩的一个工程师家庭。他曾经担任美国国家科学院院士，美国气象学会理事长，英国皇家气象学会名誉会员，还是1953年"西蒙斯纪念金质奖章"获得者。世界气象组织于1957年授予他国际气象组织奖。

当罗斯贝还在斯德哥尔摩大学的数学和物理专业学习时，就参加了当时刚刚取得气象预报理论突破的威廉·弗里曼·科伦·皮耶克尼斯主讲的关于大气运动不连续性问题的讲座，从此对气象学产生了浓厚的兴趣。1918年，他从斯德哥尔摩大学毕业，获得哲学学位。1919~1920年，他在挪威卑尔根气象学院学习，师从皮耶克尼斯。当时，年轻的罗斯贝亲身经历了"极锋理论"和"气团学说"的发现过程，并提出了一些很好的建议，比如，他首先提出在天气图上分别用红色和蓝色代表"暖锋"和"冷锋"。1921年的大部分时间，罗斯贝在德国莱比锡研究高层探空问题。他敏锐地感觉到缺少解决气象难题的理论方法，在大学里学习的物理和数学知识在气象学领域不仅有用，而且远远不够。于是，1921年他又回到斯德哥尔摩大学继续深造，并于1925年完成了学业。这期间，为了解决学费问题，从1922年开始，他同时担任瑞典气象和水文局的雇员，参与高空气球观测网的建立和每天进行3次的天气图分析并做出全国天气预报，还曾两次随船出海提供随航的天气预报。

1926年，罗斯贝获得了瑞典-美国基金会资助，前往美国天气局进行访问，研究"极锋理论在美国天气中的应用"。1926年和1927年，他在《每月天气评论》杂志上发表了关于大气湍流和对流方面的论文，反映了他在来美之前的研究工作。他将大气湍流的理论成果与

罗斯贝工作照

航空气象服务相结合，并在加州建立了美国第一个航空气象服务试验系统。

1928年，罗斯贝担任麻省理工学院航空系副教授，不久后，在那里创立了美国第一个现代气象学意义上的大学气象系，并担任了气象系教授。1931年，他还成为伍兹霍尔海洋研究所的研究者。他在麻省理工学院工作了11年，先后进行了气团热力学、大气和海洋相互作用以及混合与湍流问题的研究。1939年，他成为美国气象局主管研究工作的副局长。两年后，他到芝加哥大学气象系担任主任。他逐渐将研究重心转移到与短期天气预报关系更为密切的大气大尺度运动上，提出并描述了"罗斯贝波"和大气长波理论，于1939年在《海洋研究杂志》上

麻省理工学院

发表了《纬向环流强度变化之间的关系》的文章，1940年在英国《皇家气象学会季刊》上发表了《大气中的行星流型》的论文，成为世界气象学发展史上大气环流研究的一个重要里程碑。

第二次世界大战爆发时，罗斯贝在芝加哥大学积极组织和参与了对军事气象人员的培训，同时还继续研究大气长波理论。战争结束后，他招募了其中一大批优秀学者加入到芝加哥大学气象系，为将要利用计算机开展的数值天气预报工作进行大气动力学理论上的准备。1950年，正是在罗斯贝前期工作的基础上，首次成功的数值天气预报得以完成。

1947年，在祖国的召唤下，罗斯贝回到了瑞典，任新成立的斯德哥尔摩气象研究所主任，致力于欧洲数值天气预报的实践。同时，他也经常往返于欧美之间，兼顾芝加哥大学与伍兹霍尔海洋研究所的工作。他在欧洲创办了一本高品质的地球物理学杂志《大地》（*Tells*）。1952年，他开始关注大气化学中的固定氮沉降问题的研究。在一次学术会议上，他将"大气中的氮循环"列为与"天气预报"

斯德哥尔摩大学主校区

和"云物理"并列的第三议题,从而将空气污染问题引入了气象学的研究内容当中。1955年,他在《大地》(Tells)上发表了《论化学气候及其随大气环流型的变化》一文。

1957年8月19日,即在罗斯贝发出纪念他60诞辰请帖后的一个月,他在斯德哥尔摩气象研究所因心脏病发作而突然去世,年仅59岁。在追悼罗斯贝的纪念出版物《运动中的大气和海洋》(1959年)一书中,收录了他的《气象学的各种问题》等遗著。

纵观罗斯贝的一生,共发表学术论文约70篇,而他对于气象科学的贡献不仅表现在其发表论文的数量多少,更在于其富于开创性的工作。他与埃里克·赫伯特·帕尔门共同发现了中纬度"西风急流"的存在。他还提出了位势涡度的概念,并创立了位涡守恒原理。1941年,他发表的《现代气象学科学基础》中对大气经向三圈环流模式进行了精辟的论述。

罗斯贝还致力于创办学术刊物,在他提议下创办了《海洋研究杂志》、《气象学杂志》(后改名为《大气科学杂志》)以及由他亲任主编的《大地》(Tells)。同样,罗斯贝非常重视教育事业,积极培养气象人才,分别在美国麻省理工学院、

罗斯贝生活照

芝加哥大学和瑞典斯德哥尔摩大学创建了气象学系，在芝加哥大学时，他召集培养了大量专业人才，形成了气象学发展史上知名的芝加哥学派。这其中，他亲自指导的两位来自中国的博士生叶笃正、谢义炳，都成为了中国现代气象事业的开创者。

罗斯贝被认为是近代大气、海洋动力学研究的主要奠基人之一。他留给全世界气象学家的永远创新的思想理念，就像很多用他的名字命名的气象学概念一样都体现了他对于科学的巨大贡献，比如，气象术语"罗斯贝波"、"罗斯贝数"和"罗斯贝变形半径"等。1956年，他还登上了《时代》杂志的封面。为纪念罗斯贝对科学的贡献，美国气象学会将他们最重要的杰出科学进步奖命名为"罗斯贝研究奖章"，此奖项也成为国际气象界最重要的气象科学研究大奖，后来，罗斯贝的很多学生都成为了这一奖项的得主。

罗斯贝兴趣广泛，对宗教颇有研究，还有研究兰花的特殊嗜好。他曾经试图完整地搜集斯堪的纳维亚半岛上已知的野生兰花品种，并经常与他担任摄影师工作的儿子和他的学生到哥特兰岛上搜集、拍摄新的兰花物种。他还沉迷于历史，他的很多学生都曾经有和他一起访问废墟和著名城堡的经历。

61. 大气海洋"热机"理论创始人之一
——C. O'D. 艾斯林（Columbus O'Donnell Iselin）

哥伦布·奥唐奈·艾斯林是美国著名的海洋学家，1904年9月25日生于美国纽约州的新罗歇尔。自从他的高曾祖父于1801年从瑞士巴塞尔移居到美国后，他的家族历代都从事银行家和慈善家事业。1929年，他与青梅竹马的女友艾莉诺结婚，婚后他们一共育有3个女儿和2个儿子。

1922年，艾斯林进入哈佛大学，由于家庭的影响，他选择了数学专业。他把大量的课余时间用在了魏德纳图书馆。在那里，他结识了哈佛大学著名的海洋生物学家亨利·布赖恩特·比奇洛，从此开始对海洋学产生兴趣。

C.O'D 艾斯林
（1904—1971）

1928年，他在比奇洛的指导下获得了海洋学硕士学位。25岁时，他就担任了哈佛大学比较动物学博物馆海洋学助理馆长的职位。1930年，当伍兹霍尔海洋研究所创建时，艾斯林担任了该所第一艘海洋研究船"亚特兰蒂斯"号的船长。在后来的10年当中，他和"亚特兰蒂斯"号多次横跨大西洋，搜集了许多大洋深度、水温和底样方面极有价值的资料。1940年，比奇洛卸任之后，艾斯林开始担任伍兹霍尔海洋研究所的所长，并一直任职到1950年。1956年，他又再次担任了这一职务。1959年，他任麻省理工学院海洋学教授，1960年起任哈佛大学教授。

艾斯林是研究海洋湾流的专家，他曾经考察研究过海洋盐度和温度的分布、海洋的循环、海流变化以及水声等诸多问题。在哈佛大学时，他驾乘"常斯"号海洋研究船对拉布拉多流和湾流进行了观测研究，并在1927～1931年间发表了一系列这方面的论文，引起了人们对他的极大关注。由于他观测到的数据与地转方程的结果十分吻合，所以国际冰情预报队的船只均采用地转方程来预测冰山的运动。虽然，他的主要研究领域与发表的论文几乎全部与北大西洋和湾流系统有关，但是他却是最早指出大气和海洋一起构成一台由太阳驱动的巨大而复杂的"热机"的主要学者之一。

鉴于艾斯林在海洋学研究中所取得的杰出成果和他在伍兹霍尔海洋研究所的发展历程中所作的重大贡献，他获得了很多荣誉。1943年，他获得美国科学院的"亚历山大·阿加西斯奖章"，也是获此殊荣的最年轻的海洋学家。他1944年当选为美国人文与科学研究院的会员，1950年成为美国哲学学会会员，1951年当选为美国国家科学院院士。因此，艾斯林被公认是对现代海洋学有重大影响的科学家。

由于身患重病，1971年1月5日，艾斯林在马萨诸塞州去世。

艾斯林考察墨西哥湾流

62. 中国物理海洋学的一代宗师
——赫崇本

赫崇本是中国海洋科学的奠基人之一，是中国著名物理海洋学家和海洋教育家。1908年9月30日，他出生于辽宁省凤城，满族。小时候家里穷，由姑姑资助他到北京师范大学附中读完了中学。后来，他以优异的成绩考入了清华大学物理系，并于1932年毕业。毕业后，他先后在天津河北工学院、清华大学、昆明西南联大等校任教，讲授物理课程。1943年11月，他赴美留学。

与许多人出国的目的不同，赫崇本出国不是为了自己的前途，而是为了学成回来报效祖国。因为，那个时代，国内的海洋学科研究几乎是个空白，所以到了美国以后，他选择的学科方向就是物理海洋。但是，

赫崇本
（1908—1985）

在美国如果要学海洋就必须先学气象，因为海上的变化和气象变化密切相关。于是，他进入美国的加州理工学院气象系学习，1948年获得了博士学位。其实，在1947年提交博士论文以后，赫崇本就马上转到了海洋学上。他到斯克里普斯海洋研究所攻读物理海洋专业，同时也在那里工作。他的想法是，在美国取得了气象学博士和物理海洋学博士以后，带着两个博士学位回国，在国内开展对海洋科学的研究。

1949年，赫崇本提交了物理海洋学的博士论文，并申请了物理海洋学的博士学位。恰在这时，他得知新中国就要成立的消息，这使他面临着人生的一次重大

选择。因为，按照美国的规定，博士论文提交以后，要到第二年才能被授予博士学位。而当时的美国政府对新中国采取的是敌对政策，如果动身晚了就难以回国。心系祖国的他毅然放弃了第二个博士学位，踏上了归国的行程。在他回国之前有两个地方邀请他，一个是北京大学气象系，一个就是山东大学（青岛）。因为他要研究海洋，所以选择了山东大学，选择了青岛。

　　回国以后，赫崇本被山东大学（青岛）聘为教授。他立即与童第周等人在生物系的地下室组建了一个海洋筹备组，随后便亲自带队组织出海考察。在20世纪50年代初期，国内海洋科技力量极其薄弱，海洋图书资料寥寥无几，仪器、设备奇缺而陈旧，物理海洋学科基本处于空白状态，就是在这种情况下他启动了开创性的研究工作。根据国情的急需，他首先从水团研究入手，率先对中国黄海重要渔业经济区水团的形成、性质、季节变化以及能达到的范围做了全面、系统的论述。他对黄海冷水团形成机制的研究成果，是中国海洋科学中最经典的发现，其专著《中国近海水系》成为重要的海洋经典文献之一。他主持开展的中国浅海海域海洋水位调查方法的系统研究，有效地解决了调查方法、调查资料的准确度和调查规范等关键性问题，有力推进了中国海洋科学基础性工作的完善和发展。

　　作为一名海洋科学教育家，赫崇本开创了中国物理海洋科学与海洋气象科学教育的先河。他把培养海洋科学人才视为自己的神圣使命。他常说，要想发展中国海洋科学，首要任务是必须尽快地培养人才。为了尽快地培养出中国自己的海洋科学工作者，他动员非海洋专业的同学在临毕业前一年攻读《潮汐学》、《动力气象学》等海洋专业课程，并由他亲自编写教材和讲授，这在中国教育史上还是第一次。就是这样，他甘为人梯，把毕生的精力都用在了中国海洋

埋头工作的赫崇本

人才的培养和科研基地的建设上,为中国海洋科学教育事业的发展奠定了坚实的基础。

作为国家高层次的海洋战略专家、新中国海洋科技事业的开拓者,赫崇本经常思考新中国海洋科学的发展前途,对制定中国海洋科学发展规划更是煞费苦

赫崇本塑像

心。1956年,他担任国家科学规划委员会气象海洋组副组长,并参与制定了"国家1956—1967年的十二年科学技术发展规划"、"1962年的国家十年海洋科学研究规划"和"1977年的国家海洋科学规划"。

作为国家科委海洋组副组长、中国海洋事业的决策者之一,赫崇本积极促进并参与领导了1958年中国在近海海域首次进行的空前规模的全国海洋综合调查,基本查清了中国近海的自然环境与资源状况,同时也向世界宣告了"中国的海洋研究已经进入了新的时代"。

1959年,山东大学西迁济南,赫崇本以战略科学家的目光,看到了海洋科学在未来经济和社会发展中的重要作用,认为海洋系不能离开大海,留在青岛将会更加有利于中国海洋科技事业的发展。于是,他上书中央,建议以原海洋系为基础,加上已有的海洋生物、海洋化学、海洋水产等专业师资组建新的海洋学院。他的建议得到中央的高度重视,并获得批准,而且还把新成立的山东海洋学院确定为国家重点大学。从此,中国第一所以培养海洋科技人才为主的重点大学诞生了。山东海洋学院成立后,赫崇本先后任教务长、副院长。为了将新成立的学院建设成全面培养国家海洋人才的教育基地,他放弃了大量从事科研工作的时间,集中精力钻研和制定学院的办学方针、教学计划、培养师资队伍、筹划建设试验设施和搜集添置图书资料。他特别重视师资队伍的建设,一方面设法在全国范围内网

赫崇本故居

罗人才，另一方面注意培养本校毕业的中青年教师。

赫崇本既十分重视理论基础教学，又重视科研实践能力，为此，他力主要建造一艘用于教学实习的海洋综合调查船。经过不懈努力，这一愿望终于在建院6年后得以实现。第一艘中国自行设计制造的综合性海洋教学实习船"东方红"号，于1966年下水。他经常乘坐"东方红"号船指导教师和学生的海洋调查和实习，并率队参加了首次全国海洋普查工作。在他的倡导和支持下，20世纪60年代至70年代，中国成功地举行了大规模的海洋仪器会战，加速了中国海洋研究仪器、技术实现系列化、标准化、自动化和现代化。1963年3月，他又联合曾呈奎等多名海洋界专家，联名建议国务院设立国家海洋局。

赫崇本先后主持了《海洋学基础理论丛书》、《中国大百科全书》（海洋卷）、《辞海》"海洋条目"、《海洋学辞典》、《海洋与湖沼学报》的编审工作。他曾任中国海洋湖沼学会副理事长、国家科委海洋组副组长、中国海洋湖沼学会副理事长、《海洋与湖沼》副主编、《中国海洋湖沼学报》（英文版）和《中国科学》编委、《中国大百科全书》海洋科学卷的副主编等职务。

1985年7月14日，赫崇本在青岛逝世，享年77岁。

63. 极富创造力的物理海洋学家
——W. H. 蒙克（Walter Heinrich Munk）

沃尔特·海因里希·蒙克是美国地球物理学家、海洋学家。由于在海流和海浪方面所作的开创性研究，他于1956年当选为美国科学院院士，1976年入选英国皇家学会。

1917年10月19日，蒙克出生于奥地利的维也纳。1932年，他移居美国，进入纽约州一所寄宿学校。1939年加入美国国籍并参军。他来自于一个富裕的家庭，他的外祖父是奥地利杰出的银行家和政治家。由于父母希望他继承家族生意，他进入银行工作了

W.H. 蒙克
（1917— ）

几年。然而，他发现自己对于财务工作并不感兴趣，于是进入哥伦比亚大学学习，后来又进入了加州理工学院，1939年获得了物理学学士学位。之后，他接受了斯克里普斯海洋研究所的一份暑期工作，师从哈洛德·里克·斯韦尔德鲁普教授，并于1940年取得加州理工学院地球物理学硕士学位。1947年，他成为斯克里普斯海洋研究所的海洋学博士，并留所担任助教。1954年，他晋升为教授，并进入加利福尼亚大学地球物理学院任教。1959年，他创建了位于斯克里普斯的地球物理和行星物理研究所，并一直管理这个研究所到1982年。在担任所长的20多年里，他还培养出了一大批优秀的海洋学者。

蒙克（左一）与斯韦尔德鲁普（右一）

蒙克在海浪、风海流、海洋湍流、海洋声学和地球自转方面进行了大量理论研究。第二次世界大战期间，他与斯克里普斯海洋研究所的几位同事加入了美国海军雷达与声学实验室进行与两栖战争有关的研究，他还与所长斯韦尔德鲁普合作确立了海浪预报方法。他们关于海浪预测处理的方法被盟军成功地应用于北非和诺曼底作战中。第二次世界大战之后，他仍然在南太平洋的比基尼环岛协助斯韦尔德鲁普分析海流、扩散和水交换。

在斯韦尔德鲁普返回挪威后，蒙克继续进行关于风海流西向强化理论研究以及远洋深海潮汐的实测。1949年，他到奥斯陆大学进行了6个月大洋环流动力学的研究，为理论海洋物理学作出了杰出的贡献。他在风与大洋环流之间的关系方面进行了开创性的研究，提出现在广泛使用的术语"风驱环流"，并于1950年发表了"风驱动的大洋环流理论模型"，该模型与"施托梅尔模型"一样同为大洋环流研究中的经典理论模型。1959年，他进一步从涡度平衡的角度解释了环流西向强化的原因。

20世纪50年代，蒙克主要研究了地球自转当中存在的不规则性，比如说"张德勒摆动"以及一天（地球自转率）长度的年变化和长期变化，并探讨了这些现象与大气、海洋和地心的变化以及潮汐加速度的消散能等地球物理过程之间的关系。基于这些研究成果，1960年他与G.J.F.麦克唐纳合著的《地球自转》一书出版。

20世纪50年代末，由于结识了将能量谱应用于海浪研究的先锋约翰·图齐，蒙克再次转向海洋波动的研究。1967年，他在《穿越太平洋的波动》中，描述了由于冬季风暴而产生于南半球的波动是怎样在整个大洋中传播的。1965~1975年，他致力于潮汐研究，进行了大洋动力学实验，显著提高了潮汐预报的精确度。

1966 年，他与英国的 D.E. 卡特莱特基于辐射潮可以通过辐射能流来推算的想法，提出了一种称为"潮汐响应分析"的方法。后来，他还研究了地球自转所产生的潮汐性的摄动影响、极潮汐、平均海平面等。

20 世纪 70 年代，蒙克与麻省理工学院的著名海洋学家卡尔·翁施教授合作，开创了海洋的声学断层摄影技术，即利用声学方法在大范围的海域上测量海洋动力特性的一种遥感技术，这项技术成为海洋声学研究中的一个里程碑。1991 年的赫德岛

蒙克生活照

试验是这一研究的高峰，北太平洋的海洋气候声学探测计划则是这一工作的继续。1996~2006 年，蒙克主要研究全球变暖对海洋的意义。

蒙克是一位富有独创力的物理海洋学家。他把自己毕生的研究工作归纳为地球谱学，即一门收集长时间的序列，并对它进行高分辨率、高可靠性的谱分析学科。

鉴于蒙克在地球自转和海洋波浪方面所取得的成果，1985 年 2 月他获得了美国最高科学奖——全国科学奖。他还曾获得"斯韦尔德鲁普奖"（1966 年）、皇家天文学会金质奖章（1968 年）、第一届美国物理学会和美国海军"尤因奖"（1976 年）以及美国科学院"亚历山大·阿加西斯金质奖"（1977 年）。1993 年，美国海洋学会和海军设立了"蒙克奖"，他本人获得了第一届"蒙克奖"。1999 年，他获得 15 届京都奖的基础科学奖。

1953 年，蒙克与朱迪斯结婚，他的妻子在数十年里都是斯克里普斯海洋研究所的积极参与者，主要贡献在建筑、校园设计以及历史建筑革新等领域。1978 年秋，他们曾一起随美国国家科学院代表团出访中国，与中国科学家进行交流。朱迪斯于 2006 去世。

64. 中国物理海洋学的奠基人之一
——毛汉礼

毛汉礼
(1919—1988)

毛汉礼是一名物理海洋学家,也是中国海洋科学的主要奠基人之一。

1919年1月25日,毛汉礼出生于浙江诸暨一个贫苦家庭。因为家中有兄弟姐妹7个,父亲根本供不起他读书,但是父亲为了改变家里世世代代没有读书人的状况,还是竭尽全力供毛汉礼读完了小学,中学的学费对于他的家庭来说就再也无力承担了。强烈的求学愿望使毛汉礼下决心考公费中学。他凭着考试第一名的好成绩进入绍兴一中,后又考入金华高中,他全靠奖学金完成了中学学业。

1943年,他毕业于国立浙江大学史地系,同年秋天由校长竺可桢介绍去四川北碚中央研究院气象研究所任助理员。1947年,他赴美国加州大学斯克里普斯海洋研究所进修海洋学,并于1951年8月获得博士学位。当时,他一心想早日报效祖国,但是却遭到了美国政府的无礼阻挠。后来,在周恩来总理的亲自过问下,他历尽艰辛,终于在1954年8月回到祖国。

回国后,毛汉礼任中国科学院青岛海洋生物研究室研究员,从事物理海洋学方面的研究,并很快取得了丰硕成果。1957年,他发表了在美国期间与日本海洋学家吉田耕造合写的《大尺度上升流理论》,文中指出大尺度的气象条件决定了美国加利福尼亚沿岸的上升流及其变化。在该文中所建立的"风应力旋度和上升流间的关系式",应用在其他地区也有重要的价值,被业内人士认为是上升流理论研究的经典著作之一,并被广泛引用。1958年,毛汉礼主持编写了中国第一部《海洋调查暂行规范》和《渤海和北黄海西部综合调查报告》(物理海洋学部分),这也是中国第一部海洋综合调查报告。在1958~1961

毛汉礼在书房工作

年,他参与领导了规模空前的全国海洋综合调查并兼任全国海洋综合调查技术指导组组长。他率领技术指导组制订了调查计划实施方案、海洋调查暂行规范以及调查仪器校验和调查资料审核等一系列规章制度。本次全国海洋综合调查最后统一安排出版了《全国海洋综合调查资料汇编》(10册)、《全国海洋综合调查海洋图集和潮流图集》(14册)和《全国海洋综合调查报告》(10册)。

20世纪60年代初,毛汉礼主持了"黄、东海环流(海流与水团)"课题的研究工作。在他与别人合著的关于黄、东海海流系统的论文中,第一次描绘了整个黄、东海的冬、夏两季海流系统模式图,并首次应用大面积同期资料详细阐述了冬、夏两季黄、东海的水文特征与水团分布。他还第一次应用T-S多边形混合百分比法定量分析了黄、东海的水团,说明了各水团之间的混合关系。与此同时,他率领甘子钧等人对长江口和杭州湾进行了海洋综合调查,并在发表的论文中阐述了长江冲淡水的扩展范围与季节变化。该论文指出,该冲淡水冬季沿海岸南下,夏季其舌轴转向东北弯曲;还提出了杭州湾潮混合的上界和混合椭圆等。这是中国在河口海洋学方面最早的论述,为中外学者进一步研究河口区咸淡水的混合问题指明了方向。1964年,他与邱道立合编的《中国近海温、盐、密度的跃层现象》中,以跃层的深度、强度和厚度三个参数,定量地对中国近海的海水跃层现象作了精辟的划分和阐述,清楚地展示了中国近海海水各个强跃层区及其季节变化。此项研究对潜艇活动、水下通信和渔业捕捞等都有重要应用价值。

20世纪70年代后期以来,毛汉礼主持了中国科学院重点课题"黄、东海大陆架综合调查研究"和"黄、东海环流结构与海-气相互作用的研究",共完成重要学术论文和报告 30 余篇。其中，"东海环流结构中的两个主要分量（长江冲淡水及东北部气旋型涡旋）"和"黄、东海水文物理学的调查研究"分别获得了中国科学院 1985 年重大成果一等奖和二等奖。1978~1983 年，他领导进行了东海大陆架及冲绳海槽海洋学研究中的物理海洋学工作。随后，他又领导了黄海、东海环流及海－气相互作用的研究工作及海洋石油开发与研究和海洋污染防治研究中的物理海洋学方面的研究工作。在他与别人合著的论文中，第一次发表了由中国人描绘的中国海及邻近大洋的环流模式图，并用海洋水文观测资料和海底沉积资料证实了东海北部中尺度冷涡的长期存在。他于 1980 年当选为中国科学院学部委员（院士），1986 年担任"七五"国家重点科技攻关项目"海洋环境数值预报研究"的负责人之一，并承担了"中国海温跃层基本特征及数值预报"专题研究，以及国家自然科学基金"南黄海海流的热盐输送及其动力学研究"的课题工作。

毛汉礼在进行科学研究的同时，还非常重视培养人才。他经常鼓励年轻的科技工作者要"青出于蓝而胜于蓝"，并把培养的重点放在建立一个专业配套的科研集体上，尤其注重对"学术带头人"的培养。在他的关心和培养下，秦蕴珊、甘子钧、范时清等一大批中国著名的海洋科学家迅速成长起来。为了能让大家可以借鉴到西方海洋科学方面的研究经验，他不惜日夜操劳，在其夫人的帮助下，短期内就翻译出《动力海洋学》、《海洋》、《湾流》等世界海洋研究的经典著作，对中国年轻海洋科学人才的成长起到了重要作用。同时，他还撰写了通俗海洋科普读物——《海洋科学》奉献给全国的广大青少年。

毛汉礼在中国科学院海洋研究所任职期间，还先后兼任国务院科学规划委员会海洋组成员、国家科学技术委员会海洋专业组成员、国务院学位委员会学科组成员、国家自然科学基金委员会海洋学科组成员、中国海洋湖沼学会及其下属的水文气象学会副理事长、中国海洋学会副理事长、《海洋学报》与《海洋与湖沼》学报副主编、国际大地测量及地球物理学联合会中国委员会委员及其下属的国际海洋物理科学协会中国委员会主席、中美海洋渔业科学技术委员会专家组成员。

1988 年 11 月 22 日，毛汉礼，这位平凡而伟大的海洋科学家在青岛逝世，享年 69 岁。

65. 登上现代物理海洋学高峰的人
——H. M. 施托梅尔（*Henry Melson Stommel*）

亨利·梅尔森·施托梅尔是德国－瑞典混血的美国人，美国物理海洋学家。1920年9月27日，他出生于特拉华州威尔明顿。

与许多当代著名科学家不同，施托梅尔并没有获得过博士学位，1942年获得美国耶鲁大学理科学士后，他留校担任了数学和天文学的讲师。1944年，他进入伍兹霍尔海洋研究所，在威廉·莫瑞斯·尤因的指导下从事研究工作。1950年12月，他和伊丽莎白·布朗结婚，他的岳父是明尼苏达大学的一位英语教授。结婚以后，他们生有3个孩子，分别从事渔业、医师和护士，都没有继承他的事业。1959年起，施托梅尔先后

H.M. 施托梅尔
（1920—1992）

在麻省理工学院（1959，1963～1978）和哈佛大学（1960～1963）担任教授。之后，又回到了伍兹霍尔海洋研究所工作，直至退休。

施托梅尔是近代率先以地球物理流体力学模式解释全球海洋环流的著名物理海洋学家，在阐述大洋环流的结构和机制方面作出了重要贡献。他于1948年就发表了"墨西哥湾流及其西部边界流理论"，用"β－效应"阐释了大洋风生漂流西向强化的理论，提出了"科氏力强度随纬度的变化导致了大洋当中的亚热带环流圈在其西边界处流场增强"的理论，这种增强的流场被称为"西边界流"，黑潮、湾流都属于此类流系。这是现代物理海洋学中引用最为广泛的经典理论之一。西边界流比相应的东边界流更加强大、稳定，对于将地球接收到的热量从热带输

施托梅尔在办公室

送到极地起到非常重要的作用。

在深海环流研究方面,施托梅尔也做出了创造性的贡献。他预言沿着大洋西边界存在着流向赤道的深层边界流,提出了"全球环流模型",这种环流模型在1957年春季进行的北大西洋联合调查中得到了证实。他在许多大型的海洋调查、试验计划,例如,国际印度洋考察、大洋动力学试验等项目中都作出了贡献。他先后发表出版了百余篇(部)论著,几乎涉及物理海洋学的所有方面,对物理海洋学的一些基本问题,例如,对温—盐关系的来源和意义、位涡守恒、主温跃层形成机制、大洋涡旋和湾流等方面,都有深入的研究。他的主要著作《湾流》(1958年)是一部经典性的教科书,被世界各国广泛采用。此外,他还研究了一些其他海洋学、气象学方面的问题,主要包括河口的分类、湍流扩散的预测以及火山对气候的影响等。

因此,有人说,在美国,东有施托梅尔,西有蒙克,他们俩是现代物理海洋学的"双璧"。此外,施托梅尔还是哈佛大学、哥德堡大学、耶鲁大学和芝加哥大学的荣誉博士,先后荣获过"斯韦尔德鲁普奖"(1964年)、"信天翁奖"(1966年)、"尤因奖"(1977年)和美国科学院阿加"亚历山大·阿加西斯金质奖"(1979年)等。

1961年,施托梅尔被选为美国科学院院士,1989年获美国国家科学奖。他在物理海洋学方面的业绩,与其说是划时代的,倒不如说是具有革命性的,因此,被誉为"登上现代物理海洋学高峰的人"。

1992年1月17日,施托梅尔在波士顿去世。

66. 中国海浪理论研究的先驱
——文圣常

1921年11月1日,文圣常出生在河南省光山县,曾任山东海洋学院院长,现任世界洋流试验计划中国委员会副主席,中国海洋湖沼学会、中国海洋学会名誉理事长,《中国科学》编委,《海洋与湖沼学报》、《海洋学报》副主编。

1944年,文圣常毕业于武汉大学机械系。毕业后,他曾经先后在当时的中央政府成都航空委员会第八飞机修理厂、第十一飞机修理厂、空军空运103中队等单位工作。由于他具有坚实的数理和英文功底,又善于学习和接受新事物,所以,1946年他被选派赴美进修。1947年,他从美国航空机械学校毕业后回国。

文圣常
(1921—)

正是由于这次出国进修,使他与大海结缘,并萌发了研究海浪的想法。当文圣常乘轮船赴美国学习途经太平洋的时候,他被那大海汹涌的波涛震撼了,因为,他亲身感觉到乘坐的这艘重达几千吨的轮船,在太平洋上竟像一叶小纸船似地随浪颠簸。他不禁想:海洋既然轻而易举地使巨轮颠簸,当然也可以给一切海上和沿岸的设施及生命构成极大的威胁,但是,只要人们掌握海浪的产生和运动的机理,就可以使之成为取之不尽的能源。于是,他决心要设计出一种利用海浪能量的装置来敲开海洋世界的大门。回国后不久,他经过精心研究,成功地设计出了一种装置模型。这一装置模型几经改进,先后在嘉陵江畔、北戴河海边、青岛汇泉湾

文圣常在研讨工作

进行了试验。这也是中国学者最早进行的海浪能量利用的试验。

1953年,应物理海洋学家赫崇本教授的邀请,文圣常来到位于青岛的山东大学海洋系从事海洋科学研究和教学工作,从此,他便将自己的毕生事业放在海浪理论及其应用的研究上。他的成就主要有两个重要方面,其中一个是海浪的计算和数值预报方法,另一个则是海浪谱研究。

在20世纪50年代中期,国际上虽然已经有两种盛行的研究海浪的方法,但是,当时的研究往往只限于考虑海浪在充分成长的状态下研究海浪频谱的内容,没有考虑海浪在成长过程中的谱型形式。在这种国际背景下,文圣常率先发表了著名的研究论文《普遍风浪谱及其应用》,将国际上盛行的能量方法和谱方法结合起来,从能量平衡的观点出发,导出了可用以描述风浪成长的全过程的"普遍风浪谱"。在对涌浪研究后,他又发表了《涌浪谱》的著名论文。由于这两篇论文具有极高的学术价值,不仅刊发在《中国科学》杂志的英文版上,还被译成了俄文发表。在20世纪60年代初期,上述文章被世界著名海洋学家克累洛夫编著的《海浪》论文集专著中全文刊出。这使得他的海浪谱研究受到国内外的高度重视,并被誉为"文氏谱"。1962年,文圣常出版了专著《海浪原理》,这是国内外第一部海浪理论专著,至今被列入国际五大海浪巨著之一,而美国唯一的一本同类型的学术专著,则是出版于1964年。

为了使自己的研究成果能更好地为国民经济服务,从20世纪60年代开始,文圣常在理论研究的基础上,更多地考虑如何将海浪理论转化为生产力。这期间,他主持和领导了国家科委海洋组海浪预报方法的研究工作。由于在研究中充分考虑了中国海域的特点,该研究组提出的海浪计算方法精度较高,使用方便,被国家制定的《海港水文》规范采用,取代了以前长期使用的国外方法,在国民经济建设中产生了巨大的社会效益和经济效益,该项成果荣获了国家科技进步奖。

在继续完善风浪谱的研究中,20世纪80年代文圣常又在国际上首次提出"风浪频谱"研究,这代表了近代海浪研究的一种新方向。1984年,他又出版了专著

《海浪理论与计算原理》。该书在促进中国海浪研究、培养海洋科学人才和在国民经济建设中的应用方面都起了相当重要的作用。如果说《海浪原理》一书的出版,是中国物理海洋学诞生的一个重要标志和中国海浪研究趋于成熟的里程碑的话,那么,《海浪理论与计算原理》就是中国物理海洋学走向世界和中国物理海洋学研究已经进入到一个新时期的又一个里程碑。

20世纪80年代末90年代初,古稀之年的文圣常又承担了一系列国家"七五"、"八五"等重点科技攻关项目。1986~1995年,他承担了国家重大科技攻关项目中的"海浪数值预报方法的研究"。针对国外盛行方法中存在的问题,他提出了一种新型混合型预报模式,将控制方程中能量摄取、耗散、非线性波-波相互作用等难以精确计算的源函数项合并为一项,然后通过对易于观测得到且较可靠的海浪成长关系加以计算,从而使模式的精度有了基本保证,且运转稳定,其计算时间只为国外"WAM模式(第三代模式)"约1/60。由于适合中国国情,该预报模式被国家有关预报部门应用于远洋航行的台风防避系统及一部分海洋评价中。此项成果达到国际先进水平,部分成果国际领先,获国家"七五"、"八五"重大科技成果奖,联合国技术信息促进系统中国国家分部"发明创新科技之星奖",并获国家科技进步奖及国家教委科技进步奖。1993年,他当选为中国科学院院士。

20世纪90年代初,联合国教科文组织提出了"国际减灾十年"的号召,正契合了他一直以来从中国海洋事业的实情出发,研究海洋灾害、造福人类的想法。他义不容辞地承担起相关研究的重要课题,并亲自主持了"灾害性海浪客观分析、四维同化和数值预报产品的研制"研究工作。其研究成果已经被国家海洋环境预报中心应用于台风浪预报及中央电视台进行灾害海浪预报,在国家防灾减灾中取得了重大的社会效益和经济效

文圣常在书房

文圣常（左）向获奖学生颁发证书

益。20 世纪 90 年代中后期，他又承担起了"近岸带灾害性动力环境的数值模拟和优化评估技术研究"专题，并亲自参与相关子课题的研究。他提出了新的谱方法研究，其谱结构的可靠性、模式性能覆盖范围、改进的可行性及所需的计算机时间等方面都优于当前世界上盛行的第三代海浪模式。

文圣常不仅在海洋科学研究上硕果累累，在海洋人才的培养上也是桃李满天下。他的毕业生中很多人已成为当今世界海洋科技界的知名学者。在荣获 1999 年度何梁何利基金科学与技术进步奖后，他分文不留地全部捐给了祖国的教育事业。全部以他个人捐款在中国海洋大学建立的"文苑奖学金"，寓意激励年轻的海大学子在这个知识的殿堂里努力学习科学文化知识。

虽然，文圣常已经为中国乃至世界海洋事业作出了卓越的贡献，但是他却永远保持着那份执著敬业、从容淡泊。他是集科学精神与人文精神于一身的完美结合者。

67. 赤道潜流的发现者
—— T. 克伦威尔（Townsend Cromwell）

汤森·克伦威尔是美国海洋学家，因其对赤道太平洋研究而闻名。1922年11月3日，他出生于美国的波士顿。1947年，他与凯瑟琳·赫其托森结婚，他们共有5个孩子。

克伦威尔曾任美洲热带金枪鱼委员会的高级研究员以及斯克里普斯海洋研究所的助理研究员。第二次世界大战期间，他还在美国陆军航空队担任过气象员。他的主要研究方向是海洋物理环境及其与渔业的关系。

克伦威尔在洛杉矶获得加利福尼亚大学学士学位后，1947年回到了家乡拉荷亚，在斯克里普斯海洋研究所就读。1949年，他获得加利福尼亚大学海洋学硕士学位，这期间受到哈洛德·里克·斯韦尔德鲁普的很大影响。1949~1953年，他来到位于夏威夷火奴鲁鲁的太平洋渔业调查所任职，在塞特所长的指导下，从事海洋调查活动。他长年坚持乘"史密斯"号考察船对太平洋海域的物理学特性和生物学特性进行详细调查，并分析、研究了大量的观测资料，为人们了解赤道太平洋区域物理学、生物学特性提供了可靠的信息。这项工作具有开创性的意义，因为同样的调查在当时的大西洋和印度洋赤道地区还都是空白。通过长期的调查研究，他证实了上升海流存在于赤道处，而不是赤道逆流的北部边界处，并于1953年进一步提出了赤道地区风生海流输送的一个合理化模型。

在此时期，克伦威尔还发现了一个重大事实，即在赤道海域试验用的金枪鱼延绳钓具方向与表层西行流相反，这说明表层是西行流，而它的下方却是让人意

T. 克伦威尔
(1922—1958)

外的东行流。1952年,他继续乘"史密斯"号到太平洋赤道海域进行鲔鱼科鱼类生活环境条件的研究时,利用海流板观测海流,终于发现了"赤道潜流",即位于赤道太平洋地区,宽度约400千米,流向是自西往东,位置在赤道海表面下方的一支强劲稳定的海流。这一发现被刊登在1954年的《科学》杂志上。之后在1958年,赤道潜流的存在由他的同事通过测量所证实。这是在过去的20世纪中,赤道海流系统中继已经查清的北赤道海流、赤道逆流、南赤道海流后的第四大海流。克伦威尔在热带太平洋东部进行调查研究达4年之久,取得了丰硕的成果。后来,这些成果由他的合作者伍斯特发表在斯克里普斯海洋研究所报告上(1958年)。克伦威尔还对海洋当中不连续面的结构与产生有很浓厚的兴趣,研究了海洋锋面与温跃层(1956年)等。

1958年6月2日,克伦威尔在去南极斯科特站探险途中,因飞机失事而意外身亡,当时年仅36岁。他去世以后,人们为了纪念他,将太平洋赤道潜流命名为"克伦威尔海流"。1961年,夏威夷水产研究所还将建成的一艘水产调查船,命名为"T.克伦威尔"号。

"T.克伦威尔"号调查船

68. 中国著名的物理海洋学家
——苏纪兰

苏纪兰是中国著名的物理海洋学家，现任国家海洋局第二海洋研究所名誉所长、国家海洋局海洋动力过程卫星海洋重点实验室主任、中国科学院地学部副主任、中国科协常委、国家海洋局学术委员会主任。

1935年12月31日，苏纪兰出生于湖南攸县，后随父亲去了中国台湾。1957年，他毕业于中国的台湾大学，1967年获得美国加州大学伯克利分校博士学位。毕业后，他留在美国任教，先后任过纽约州立大学布法罗分校工程科学系副教授、夏威夷地球物理研究所海啸中心研究员、佛罗里达大西洋大学海洋工程学终身副教授。

苏纪兰
（1935— ）

由于受中国鲁迅、茅盾、巴金等作家爱国文学作品的影响，当年，身在美国的苏纪兰对祖国总有一种责任感——要使中国昌盛富强。他一边进行海洋科学研究工作，一边关心祖国的建设，时刻想着回到祖国的怀抱。1971年，在夫人的支持下，他向使馆提出了申请回国事宜。1972年8月，他有幸随旅美华侨访华团回到中国，受到周恩来总理的亲切接见和问候，这使他终生难忘，也更坚定了回归祖国的决心。1979年，他终于如愿以偿。回国后，他立即承担起国家海洋局第二海洋研究所所长、研究员、《海洋学报》主编的重任，并展开了河口动力学及陆架动力海洋学的研究工作。

苏纪兰在出海调查途中

河口及港湾区是人口密集的地带,也是人类生产活动集中的地方。在这里,各种资源的开发之间存在着相互制约的矛盾,其关键问题可概括为泥沙输运、污染物迁移、水体更新三个方面,而对三者起主导作用的就是环境。因此,对河口动力海洋学研究是认识这些矛盾的基本科研工作。通过研究,苏纪兰首次发现了潮流不对称性对长江口最大混浊带形成的重要作用;提出了长江冲淡水次级锋面概念及其对杭州湾悬浮质运输的重要影响;提高了污染物、浮游生物的富集作用对杭州湾内泥沙运输规律的认识,为进行河口整治、综合开发、环境保护等提供了重要的科学依据。他率先提出的"潮致底质冲淤的有效模拟方法",系统地揭示了浙闽沿岸上升流与沿岸锋的关系。这对于由上海排污口入海的污染物质对杭州湾和舟山渔场及其生物资源的影响,以及应采取的措施与对策等均有重要的指导价值。

同时,苏纪兰还对黑潮进行了深入的研究。从1986年起,中国和日本两国海洋学家开始了为期7年的黑潮联合调查研究,他是这一大课题的中方首席科学家。黑潮是太平洋西边界上南北流向、高温高盐的一股强大的暖流。它起源于热带,流经中国台湾以东,穿过东海,经日本南部,流向东太平洋。这股强大的暖流对中国和日本的航海、气候、渔业生产以及海洋环境等均有密切的关系。通过研究,他论证了黄海暖流主要受风驱动、冬强夏弱的现象;分析了"黑潮南海分支"的来源及其动力成因以及南海暖流与台湾暖流的关系;揭开了黑潮对中国海洋环境的影响之谜。

苏纪兰在海洋论坛开幕式上发言

30余年里,苏纪兰以其旺盛的精力和忘我的工作,完成了一个又一个高水平的研究课题,发表了河口和陆架动力学方面的学术论文100余篇,得到国内外同行的高度评价并多次获奖。他曾获得1项国家科技进步二等奖,何梁何利基金科学与技术进步奖,并多次获得省、部级以上的科技进步奖。他在事业上的另外一大贡献,就是为国家培养出大批高水平的海洋科研人才。

由于苏纪兰在学术上所取得的显著成就,他当选为中国科学院院士、俄罗斯自然科学院外籍院士、第三世界科学院院士。他曾是联合国教科文组织政府间海洋学委员会西太平洋分委会主席,是中国第一位担任这一组织主席的科学家。

是他们——潜心研究海水中的物理、化学问题和地球物理、化学过程，引领海洋物理、化学科学的发展……

69. 对海洋科学有着特殊贡献的科学巨人
——I. 牛顿（Isaac Newton）

I. 牛顿
（1643—1727）

艾萨克·牛顿是英国的物理学家、数学家、天文学家和自然哲学家，同时是英国当时炼金术的热衷者。

1643年1月4日，牛顿出生于英格兰林肯郡小镇沃尔索浦的一个自耕农家庭里。因为是早产，牛顿出生时才1.36千克重，由于个头太小，亲人们还担心他是否能活下来。谁也料不到这个小家伙不但活到了84岁的高龄，而且还成为一名震古烁今的科学巨人。

牛顿的童年并不像其他的孩子一样无忧无虑，因为他在还未出生的时候，父亲就去世了。2岁的时候，母亲又改嫁给牧师纳巴斯·史密斯，于是他便由外婆抚养。他11岁的时候，母亲的后夫去世，母亲带着和后夫所生的1子2女回到牛顿身边。悲惨的家庭处境使牛顿从小养成了沉默寡言、倔强的性格。

少年时的牛顿也不是神童，他资质平常，但是喜欢读书并具有较强的动手能力，喜欢沉思还经常自己动手做科学小实验。他爱好制作机械模型一类的玩意儿，如风车、水车、日晷，等等。他精心制作了一只水钟，每天早晨，小水钟会自动滴水到他的脸上，催他起床。他还喜欢绘画、雕刻，尤其喜欢刻日晷，家里的墙角、窗台上到处都安放着他刻画的日晷，用以验看日影的移动。

12岁时，牛顿进了离家不远的格兰瑟姆中学。他的母亲希望他成为农民，但是牛顿却不想这样。幸运的是，格兰瑟姆中学的校长亨利·斯托克斯说服了他的母亲，他才得以完成学业。他在格兰瑟姆中学读书时，曾经寄宿在一位药剂师家里，并与药剂师的继女安妮·斯托勒订婚。之后，由于牛顿专注于他的研究而冷落了爱情，斯托勒因此嫁给了别人。据说，牛顿对这次的恋情一直保持着美好的回忆，此后他再也没有谈过恋爱，终生未娶。

牛顿的母校——剑桥大学

在剑桥大学学习期间，牛顿就开始涉猎哲学和数学。他研究欧几里得、伽利略和笛卡尔等人的理论，并展现出超人的数学天赋。在此后的 20 年中，牛顿分别在力学、数学、光学和天文学方面取得了巨大的成就。根据苹果落地的现象，牛顿发现了"万有引力"。他在 1687 年发表的《自然哲学的数学原理》中提出的"万有引力定律"以及"牛顿运动定律"已成为经典力学的基石。

牛顿在伽利略、笛卡尔等人工作的基础上进行了深入研究，总结出物体运动的三个基本定律，即"牛顿三定律"。这三个非常简单的物体运动定律，为力学奠定了坚实的基础，并对其他学科的发展产生了巨大的影响。第一定律的内容，伽利略曾提出过，后来，笛卡尔做过形式上的改进。第二定律的内容，伽利略也曾经非正式地提到过。第三定律的内容则是由牛顿在总结雷恩、沃利斯和惠更斯等人的成果之后得出的。

1679 年，牛顿在"开普勒行星运动定律"及他人的研究成果基础上，用数学方法导出了"万有引力定律"。牛顿把地球上物体的力学和天体力学统一到一个基本的力学体系中，创立了经典力学理论体系，正确地反映了宏观物体低速运动

牛顿在进行科学试验

的宏观运动规律，实现了自然科学的第一次大统一，这也是人类对自然界认识的一次飞跃。

这位科学巨匠对海洋科学方面的重要贡献集中在对"引潮力"的研究上。1687年，牛顿根据"万有引力定律"并用数学方法证明了潮汐现象是由地球、月球和太阳的相对运动及其引力的变化所造成的，并提出了引潮力的概念。引潮力是月球、太阳等天体对地球上单位质量物体的引力和对地心处单位质量物体的引力之差。月球、太阳以及其他天球的引潮力总称"天体引潮力"。由天体引潮力引起的潮汐现象称为"天文潮"，海洋潮汐是天文潮在海洋中的体现。月球和太阳的引潮力是产生潮汐运动的原动力，它是天体引力的组成部分。除了海洋潮汐之外，地球上还有大气潮汐和固体地球潮汐。

牛顿在前人工作的基础上，提出"流数法"，建立了二项式定理。他和莱布尼兹同时创立了微积分学，得出了导数、积分的概念和运算法则，阐明了求导数和求积分是互逆的两种运算，为数学的发展开辟了一个新纪元。微积分的出现，成了数学发展中除几何与代数以外的另一个重要分支——数学分析（牛顿称之为"借助于无限多项方程的分析"），并进一步发展为微分几何、微分方程、变分法，等等，这些反过来又促进了理论物理学的发展。他关于微积分的研究，在他1669年发表的《运用无限多项方程》、1671年发表的《流数术与无穷级数》、1676年发表的《曲线求积术》三篇论文和《自然哲学的数学原理》以及1666年撰写的手稿《论流数》中都有详细论述。

牛顿还致力于光的本性研究。1666年，他用三棱镜研究日光，发现白光是由不同颜色（即不同波长）的光混合而成的，不同波长的光有不同的折射率。在可见光中红光波长最长，折射率最小；紫光波长最短，折射率最大。他的这一重要发现成为光谱分析的基础。他还曾把一个磨得很精、曲率半径较大的凸透镜的凸面压在一个十分光洁的平面玻璃上，在白光照射下可看到中心的接触点是一个暗点，周围则是明暗相间的同心圆圈。后人把这一现象称为"牛顿环"。他创立了光的"微粒说"，从一个侧面反映了光的运动性质。但是，他对光的"波动说"并不持反对态度。1704 年，他出版了《光学》一书，系统地阐述了他在光学方面的研究成果。

1672 年，牛顿创制了反射式望远镜。他用质点间的万有引力证明：密度呈球对称的球体对外的引力，可以用同质量的质点放在中心的位置来代替。他还用万有引力原理阐述潮汐的各种现象，

牛顿 1672 年使用的
反射式望远镜的复制品

指出潮汐的大小不但同月球的位相有关，而且还同太阳的方位有关。他还预言地球不是正球体。

牛顿的哲学思想基本属于自发的唯物主义，他承认时间、空间的客观存在。如同历史上一切伟大的人物一样，虽然他对人类作出了巨大的贡献，但他也不能摆脱时代的限制。例如，他把时间、空间看做是同运动着的物质相脱离的东西，提出了所谓绝对时间和绝对空间的概念；他对那些暂时无法解释的自然现象归结为上帝的安排，提出了一切行星都是在某种外来的"第一推动力"作用下才开始运动的说法。

晚年的牛顿，由于科学声誉的提高，他的政治地位也有了提升。1689 年，他当选为国会中的大学代表。此时，他渐渐地远离科学，把大量的时间花费在和同时代的著名科学家如胡克、莱布尼兹等进行科学优先权的争论上。1705 年，他被安妮女王封为贵族。他担任英国皇家学会会长长达 24 年之久。

尽管，晚年的牛顿远离了科学，致力于神学的研究，否定哲学的指导作用，虔诚地相信起了上帝，埋头于写以神学为题材的著作，当他遇到难以解释的天体运动时，竟提出了"神的第一推动力"的谬论；但是，不可否认的是，他仍然是那个时代最伟大的科学家之一。为了纪念他在经典力学方面所取得的杰出成就，"牛顿"后来成为衡量"力"大小的物理单位。

1727 年 3 月 31 日，牛顿去世，他被埋葬在威斯敏斯特教堂内。

70. 为海洋科学作出重要贡献的数学物理方程奠基人
——D. 伯努利（Daniel Bernoulli）

D. 伯努利
（1700—1782）

1700年2月8号，丹尼尔·伯努利出生于荷兰的格罗宁根。他不仅是瑞士著名的物理学家、数学家、医学家，还是数学家约翰·伯努利（以下称老伯努利）的第二个儿子。在18世纪的世界科学史上，伯努利家族可谓是星光熠熠。他们在数学、力学、天文学、海洋学乃至生理学上都进行了基础性研究，在整个世界科学史上起到了承前启后、开辟科学新时代的作用。作为伯努利家族博学广识的代表，伯努利在代数、概率论、微积分学、级数理论、微分方程以及海洋科学研究等方面都作出了重要的贡献。

虽然，出身于数学世家的伯努利过早地表现出了对数学的浓厚兴趣，但是，他的父亲还是决定让他从商，并尝试让他做学徒。他对此表示强烈反对，就像父亲当年反对从商一样。最终，老伯努利做出了让步，但还是不同意伯努利学习数学，因为他认为学数学不挣钱。于是，老伯努利便把儿子送到巴塞尔大学学习医学。学医期间，伯努利把从父亲那里学到的有关能量守恒定律和数理物理学应用到了医学研究上。1721年，他获得巴塞尔大学医学博士学位后，就想从事学术研究。因此，他在巴塞尔申请了解剖学和植物学两个教授的职位。那时候的职位申请是由抽签决定，遗憾的是他没有中签，以失败而告终。于是，他决定去威尼斯学

D. 伯努利

习应用医学，但是由于得了一场重病，他不得不放弃了前往帕多瓦进行医学深造的打算。最后，他决定留在威尼斯，致力于数学研究方面的工作。

巴塞尔大学

伯努利的第一本数学著作《数学练习》于1724年出版，并引起了学术界的高度关注。他用变量分离法解决了微分方程中的"里卡蒂"方程的求解问题。在威尼斯时，他把已经掌握的知识应用到航海上，提出了在海上确定时间的方法，并设计了一个应用于海上确定时间的沙漏。有了这个沙漏，船舶即使是在波涛汹涌的海洋中航行，沙涓的流动也不会受到影响。

1725年底，只有25岁的伯努利便受聘为圣彼得堡科学院数学系教授，并被选为该院的名誉院士。与他一同前往的还有他的哥哥尼古拉斯·伯努利，他同样也被邀请担任圣彼得堡科学院数学系的教授。可是，他们在圣彼得堡任职才8个月，他的哥哥便死于发热。伯努利备受打击，一直沉浸在失去哥哥的痛苦中，圣彼得堡严寒的气候也让他感到厌烦，他想回巴塞尔。于是写信给他的父亲，告诉父亲他在圣彼得堡过得不开心。他父亲收到信后，便派最优秀的学生之一——欧拉去圣彼得堡与他共事。从1728年起，他和欧拉共同研究柔韧而有弹性的链和梁的力学问题，包括这些物体的平衡曲线。他还研究了弦和空气柱的振动。在弦振动的研究中，他第一次把三角级数（傅立叶）用于解偏微分方程。在圣彼得堡与欧拉共事的那段时间里，他取得的成绩最多，也成为家族中在数学研究上最有建树的人。尽管如此，他仍然过得不愉快。1734年，他回到了巴塞尔，并向巴黎研究院递交了大奖的申请，表述了自己在天文学上的观点。巧合的是，他的父亲也申请了这个奖，结果他们父子共同获得了这个大奖。这个有趣的结果给他带来了非常糟糕的后果，那就是他的父亲强烈地感觉到儿子已经成为自己的对手，从而直接导致了两人关系的破裂。当他再回到巴塞尔时，父亲甚至不允许他进入他的房子。从此以后，他对于数学研究的兴趣也再没有以前那么浓厚了。

放弃数学研究后，伯努利开始把精力投入到物理和海洋方面的研究中。他开

伯努利画像

始致力于撰写《流体力学》一书，其中一章还论述了如何运用流体力学的知识提高船舶的推进力。1737年，因为研究了船舶铁锚的最佳形状，他获得了巴黎研究会颁发的关于航海主题的奖项。《流体力学》一书于1738年出版，该书是后来研究气体动力学和液体动力学的重要文献。他研究得出的"理想流体常态运动方程"，即流体动力学基本方程，被人们誉为"伯努利方程"。他建立的流体力学中的"伯努利定律"，是流体动力学中第一个重要的定律。他也被誉之为数学物理方程的开拓者和奠基人。但是随后不久，他的父亲也出版了流体力学的相关书籍。此书很大程度上是基于他儿子的成果，然而老伯努利却设法使它看起来好像伯努利出版的《流体力学》是在他所出版的书的基础上发表的，而且老伯努利还将出版日期改成了1732年（其实际日期很可能是1739年）。父子间的矛盾由此越积越深。但伯努利从不因为父子间的矛盾而责备父亲，反而为改善关系做出了很大努力，比如，他曾在《流体力学》的标题页这样描述他自己——"丹尼尔·伯努利，约翰·伯努利之子"。

1750年，伯努利受聘为物理教授，并从此在巴塞尔任教达26年之久。在此期间，他进行了其他海洋方面的研究，提出了平衡潮理论，并撰写了有关洋流方面的论文。1753年，他研究了船舶受力的效应，并于1757年提出了减少船舶在深海航行晃动方法的建议，以保证船体航行的稳定。

伯努利一生贡献非常突出，得到过很多荣誉。他曾10次获得巴黎科学院颁发的奖金，能与他相媲美的只有大数学家欧拉。他还于1747年当选为柏林科学院院士，1748年当选为巴黎科学院院士，1750年当选为英国皇家学会会员。他还被选为那个时代的大多数科学协会的会长，包括在博洛尼亚、圣彼得堡、柏林、巴黎、伯尔尼、都灵、苏黎世和曼海姆的一些协会。

伯努利晚年一直待在巴塞尔，1782年3月17日，他安然逝世，享年82岁。

71. 为海水研究方法作出巨大贡献的海洋学家
——M.H.C. 克努曾（Martin Hans Christian Knudson）

马丁·汉斯·克里斯蒂·克努曾是丹麦的海洋学家。1871年2月15日，他出生于丹麦的一个农民家庭。1949年5月27日，他于哥本哈根逝世。1896年从哥本哈根的丹麦科技大学物理系毕业后，他留校任助教，后来又担任讲师、教授、校长、学士院会员。

在24岁时，克努曾就作为水文学家参加了丹麦"因戈尔夫"号的探险活动(1895~1896年)，并研究出"海水氯度滴定法"。为迅速而准确地测定一定容量的海水，他设计制作了"克努曾吸管和滴定管"。他还改进了颠倒温度计的构造，设计并制造了分析海水溶解气体量用的仪器。

M.H.C. 克努曾
（1871—1949）

1899年，在斯德哥尔摩国际会议上，克努曾向国际海洋学界建议使用硝酸银溶液配制的"标准海水"。对这种标准海水稍加改良后，至今仍被世界各国海洋研究单位广泛应用。

1900年前后，在克努曾的领导下，确定了海水氯度和海水盐度的定义，建立了两者之间的关系以及与海水密度的关系，提出了著名的"克努曾定律"，发现了波罗的海与北海之间的海水交换规律以及根据盐度测定值求出海水流速的公式。1901年，他发表了《水文表》。该表在根据海水盐度、氯度和密度的关系式进行互相换算方面起了积极的作用，成为海洋研究者的宝典，在国际上使用了将近70年。

1902年，国际海洋考察理事会成立后，克努曾进入它下设的中央研究所，负责国际标准海水的配制工作（1908～1945年）。1938年他用纯银作为标准海水的永久标准，并提出了氯度的新定义，此定义一直沿用至今。

克努曾主要还是因为在分子运动论和气体中低压现象方面的研究工作而闻名，他的名字总是与"克努曾流"、"克努曾数"、"克努曾层"和"克努曾气体"等名词紧密相连。同时，一提起他的名字，人们就想起了"克努曾方程式"、"克努曾绝对气压计"和"克努曾压力计"、"克努曾泵"等。1934年，他出版了《气体分子运动论》一书，其中包含了他的主要研究成果。

克努曾还从事过《水文要报》的编辑工作，在大学工厂里试制了大量新式的海洋仪器，编写了物理学教科书；担任过国际物理海洋学协会会长（1930～1936年）和国际海洋考察理事会副会长（1933～1947年）等职，是20世纪前50年世界海洋研究活动的核心人物之一。他为国际海洋科学发展作出了伟大的贡献，曾经获得"亚历山大·阿加西斯奖"、丹麦一级勋章等。

克努曾（第二排左二）参加1927年索尔维会议

72. 研究海洋动植物与海水化学成分变化的领军人物

—— H. W. 哈维（Hildebrand Wolfe Harvey）

希尔德布兰德·乌尔夫·哈维是一位英国海洋生物学家。1887年12月31日，哈维出生在英国伦敦。一个连续3个世纪都享有盛誉的家族，父亲——亨利·哈维是油漆制造商，母亲——莱堤西亚是彼得·金斯利·沃尔夫亚伯拉罕平原战役英雄后裔的女儿。他是家里的长子。

哈维在结束了霍尔特的格雷欣学院四年的学习后，1906年10月进入剑桥大学的唐宁学院学习，攻读自然科学。

H.W. 哈维
（1887—1970）

大学时代，他是一个很有学者风度又非常害羞的大学生。1909年和1910年，他分别通过了剑桥荣誉学位考试的第一和第二部分，但他没有继续攻读学位。哈维的硕士学位和博士学位分别于1924年和1937年获得。第一次世界大战中，他参加了英国皇家海军志愿者储备军，在扫雷艇和巡逻舰上做驾驶员。

从剑桥大学毕业后，哈维加入了英国普利茅斯海洋生物研究所。1921年，他开始乘调查船去英吉利海峡进行海洋物理、海洋化学和生产力的调查研究。同一时间里，他亲自设计并制造出一只专用的小型调查船"钩虾"号，一直使用了46年。他十分关心河川、河口水域的污染问题，为建立英国水污染研究厅打下了基础。第二次世界大战后，他重新回到化学方法论的研究上，并将研究重点放在了植物生长需要的重要元素的分析上。他的《海水的化学和生产力》一书，对海洋化学和生产力的研究作出了很大贡献，并被翻译成多种文字。哈维从事科学研究时，

剑桥大学的唐宁学院

能够将两种截然不同的方法巧妙地结合起来，一种方法是直觉，一种方法是试验。他的习惯是从庞杂的问题中识别、分离出一个个简单的问题，再从另一个很小的侧面去试验，证明他最初的假想。他的直觉使他多次试验成功，同样是直觉，帮助他避免了多次危险的发生。

哈维是一名多产科学家，他的主要著作包括：1909年出版的《毒素对衣滴虫及其他蔬菜细胞的毒性作用》；1911年出版的《浅议活性细胞的表面电荷》、《海水和淡水中的锰》；1928年出版的经典名著《海洋生物学的化学和物理》；1929～1932年出版的《英吉利海峡口的水文地理》；1933年发表的著名研究论文《硅藻生长速度》；1935年出版的与别人合著的《浮游生物生产及其管理》一书；1937年出版的《海水中胶状氢氧化铁研究》和《利用水蚤的选择性喂养》；1945年出版的《海洋化学和海洋生物学的研究进展》；1950年出版的《普利茅斯沿海活性物质的生产活动》等。看起来哈维是幸运的，但将他的成功归功于机会并不公平。他不仅学历高，有天分，而且做事逻辑性很强，思维缜密。可以说，他所做的试验大多是成功的。

由于哈维对科学的重要贡献，1942年被选为英国皇家学会会员；1952年获美国科学院授予的"亚历山大·阿加西斯奖"；获奖评语是这样评价的：多年来，哈维一直是由动物、植物代谢引起的海水化学成分变化研究的领军人物，也是营养化学如何决定海洋富产研究的带头人。1958年，哈维被授予大英帝国勋章。

哈维有一个习惯，就是开车极慢。一次，一位步行的同事搭乘他的车，下车时他对哈维说："不好意思，我赶时间。"哈维还是一位出色的木刻家、家具制造者、机械工程师和艺术家。

1923年，他与埃尔斯·玛格丽特·桑德斯结婚，但不久就离婚了。1933年，他又与马乔里·琼·萨吉恩结婚，他们生有一子。1970年11月26日，哈维在普利茅斯去世。

73. 美国海洋化学的开拓者
—— T. G. 汤普森（Thomas Gordon Thompson）

托马斯·戈登·汤普森是一位美国化学家和海洋学家，是华盛顿大学的一名教授，是美国海洋化学的开拓者。

1888年11月28日，汤普森出生在美国纽约州的布鲁克林。他的父亲约翰·汤普森在他9岁时便过世了。他的母亲玛丽·伊丽莎白于1934年去世。他还有一个哥哥，名字叫约翰·海顿·汤普森。

汤普森的少年时代是在布鲁克林度过的，他就读于布鲁克林商业高等学校。1906年，从商业高等学校毕业后，他到黄铜公司实验所当过助手。在那里，他迈出了分析化学研究的第一步。1914年，

T.G. 汤普森
(1888—1961)

他在马萨诸塞州伍斯特的克拉克大学获得学士学位，毕业后，他考入华盛顿大学研究生院，并从英国钢铁协会获得了奖学金，开始在华盛顿大学攻读硕士学位。1918年，他在化学研究方面作出了成绩，获得了英国钢铁协会的博士学位。

第一次世界大战中，汤普森在美国军队服役，从事军械和化学战方面工作，军衔升至上尉。1919年，他回到大学教学，1923年提升为副教授，1929年升为教授。1930~1958年，他在探索海水中微量元素方面立下了不可磨灭的功劳。他仔细观测了海水中各种元素的离子浓度，并求出了离子浓度与氯度的比值。第二次世界大战期间，他又服役于美国军队，最后升至上校军衔。

汤普森是美国第一个将主要精力投入到海水化学分析中的化学家。1930年，

"汤普森"海洋研究船

他在华盛顿大学建立了海洋研究所，并担任第一任所长。研究所的成员由华盛顿大学中各个专业的专家组成，包括物理学、化学、细菌学、植物学和动物学。两年后，在他的指导下，华盛顿大学将一艘小型研究艇制成下水，开始了进行太平洋西北地区近岸海洋的研究工作。在接下来的几年中，他专心研究了测定海水中微量元素数量的方法和技术，像铝、硼、铜、铁、锰、镍、锶、硅、溴、碘、磷酸盐、硝酸盐等，虽然这些元素都在海水中存在，但数量较少。汤普森的兴趣就是研究海水的物理化学性质及其物理与化学之间的关系，即海水的相对密度、折射率、电导率等。

1951年，当华盛顿大学成立海洋学系时，汤普森在海洋学领域的成绩受到了嘉奖。他被认为是世界上先锋海洋学家之一和国际海洋化学研究的先驱。他还积极地参加国际上地理学和海洋学的探险活动，成为各种委员会的成员或主席。

1958年，汤普森出版了《海洋学论文集》。1959年，他出席了在纽约召开的国际海洋大会。以名誉教授的身份退休后不久，他的身体每况愈下，最终于1961年8月10日，在华盛顿西雅图病逝。人们为了纪念他，将美国两艘海洋研究船以他的名字命名。

74. 中国水声物理学的奠基人
——汪德昭

汪德昭是一位中国著名的物理学家，是中国水声事业的奠基人。他所从事的大气中大小离子平衡态的研究成果，被国际物理学界称为"郎之万－汪德昭－布里加理论"。他开拓了中国国防水声学事业，制定了中国水声学的研究发展战略；为中国培养了一大批水声学研究人才；领导实施了水下预警体系，完成了多种国防和民用水声先进设备的研制，为中国海军建设和声呐现代化作出了重要贡献。

1905年12月20日，汪德昭出生于江苏省灌云县板浦镇。他的父亲汪寿序曾任北洋政府农林部主事，1912年携家眷来到北京。

汪德昭
（1905—1998）

1913年，汪德昭进入北京师范大学附属小学就读，1919年升入北京师范大学附属中学，1923年考入北京师范大学预科。他勤奋好学，成绩优异，于毕业前一年（1928年）被校长破格聘为物理系助教，直到1933年出国。1919年中国的五四运动爆发，受此运动的影响，他明白了国家科技落后导致贫穷和受人欺凌的道理，萌生了献身科学事业、使国家富强起来的强烈愿望。

1933年10月，汪德昭前往欧洲求学，先是在比利时布鲁塞尔大学学习了一年法语；第二年10月，他进入法国巴黎大学郎之万（法国物理学家）实验室攻读研究生学位。郎之万交给他的第一个研究课题是"低空大气层中大小离子平衡态的研究"。经过几个月的时间进行文献调查研究和分析,汪德昭发现由于测定是在自然条件下进行的,各地条件不一,没有控制悬浮质点的体积、密度、电离强度等等,再加上没有一套较完整的理论来描述大离子的合成机理,因此各地区所测数据有差异,所以他建议在试验室里用人工的方法创造一个可以控制的环境,从实验和理论两个方面来系统地研究大、小离子的平衡态。这个建议得到了郎之万的同意和鼓励,经过不断的测量、研究和计算,最后他在实验室实际测量出的各项参数和理论计算值很符合,而且是国际上发生争论的两大派所得数值(一派偏高,一派偏低)的平均值。他和郎之万一起推导出"大离子的合成系数理论",并应用于低空大气层中,解决了国际上争论多年的问题。1940年,他根据这项研究成果通过了巴黎大学国家科学博士学位的答辩。鉴于这项成果开创了精确研究大、小离子平衡态的方法,并建立了大、小离子平衡态的新理论,1945年,法国科学院向他颁发了"虞格"奖金。1955年4月,在爱尔兰都柏林召开的"国际凝聚核学术讨论会"上,这一平衡态理论被定为"郎之万-汪德昭-布里加理论"。现在,这个理论已经成为大气电学中的经典理论。

汪德昭在做大离子实验

在郎之万的指导下,汪德昭对当时近代物理学诸多分支学科的前沿课题开展了广泛的科学研究,取得了一些创造性的成果。1939年,郎之万又推荐他到法国国家研究中心第四研究组参加战时科学研究。在那里,他开始接触了水声技术,为法国加大海军声呐的发射功率作出了贡献。

1939~1956年,汪德昭在法国国家科学研究中心担任副研究员、专任研究员等职,后来担任研究指导主任。他除了对大气电学进行研究外,还从事过负光致效应、利用β射线控制造纸的厚度、液体对超声波的吸收、郎之万离子发生器、X射线对超声振动状态压电晶体的衍射、RAD转换电子的绝对强度、关于放射钢的弱能量γ射线等方面的研究，并设计制造了超灵敏度静电计和微量天平等，而且都取得了很好的成绩，得到法国科学技术界的赞扬。

汪德昭虽然已经侨居法国20多年，但是他魂系中华，情怀祖国。在中华人民共和国成立前后，他就曾经接触过进步力量，做过很多工作。1950年，在他的组织领导下在法国升起了第一面中华人民共和国国旗。当得知祖国缺乏科学人才时，他毅然放弃了在巴黎优越的科研条件和优厚的生活待遇，偕同夫人和孩子，于1956年12月回到了阔别23年的北京。

回国之后，汪德昭担任了中国科学院原子能研究所研究员兼室主任，并兼任中国科学院器材局局长。后来，聂荣臻元帅推荐他出任中国科学院电子学研究所研究员兼副所长，开始筹建中国国防水声学的研究工作。1964年7月1日，以水声学为重点，包含声学各分支学科的综合性声学研究所——中国科学院声学研究所正式成立，他担任第一任所长。

在回国后的30多年里，汪德昭最突出的贡献是从无到有地开拓了中华人民共和国的国防水声事业，把中国科学院声学研究所建设成为了享有国际声誉的研究所。他还根据中国海域的实际情况，制订了中国水声学"由近及远，由浅入深"的研究发展战略，培养了一大批水声学研究人才，其中有多人还被外国专家称为"世界级专家"。1981年，他与他的学生尚尔昌合作，将他们30多年的研究心得写成了中国水声学的第一部专著——《水声学》。

汪德昭在国内外科学界享有极高的盛誉，1957年，他当选为中国科学院学部委员，并担任多种学术职务。他是

汪德昭在声学实验室工作

汪德昭在书房工作

中国科学技术协会的荣誉委员,担任过中国声学学会理事长,中国仪器仪表学会理事长,中国物理学会副理事长,中国海洋学会副理事长,中国海洋湖沼学会副理事长,中国国防科工委水声学领导小组组长、顾问,中国国家科委海洋专业组成员。他还是法国物理学会和法国声学学会的国外会员和英国《低频与振动》学报编委。

1984年,79岁的汪德昭虽然从声学研究所所长的职位上退下来,但是他仍心系水声,继续关心着声学研究所的发展。1992年年底,他在医院体检时,被诊断患结肠癌。得到消息后,他果断地选择了保守治疗方案,继续坚持科研工作。即使在生命的最后时刻,躺在医院的病床上,他仍念念不忘他的实验。1998年12月28日,汪德昭做着"实验"离开了人世!他是中国一位杰出的科学家,他对中国科学技术的发展,特别是对中国国防水声科学研究的贡献,将永远镌刻在中国科学技术发展的历史上。

汪德昭一生中在国外获得过许多荣誉。1945年,他获得了法国科学院颁发的"虞格"奖金;1981年,他获得了法国声学学会(前身是法语区声学家协会)的最高荣誉奖章——"银质奖章";1983年,他获得了巴黎市政府的荣誉奖章;1991年8月30日,他又获得了法国政府颁发的"荣誉军团军官"勋章。

75. 南大洋环流研究的开拓者
—— G.E.R. 迪肯（*George Edward Raven Deacon*）

乔治·爱德华·雷文·迪肯是英国海洋学家和化学家，1944 年被选为英国皇家学会会员，1977 年被封为爵士，是南大洋研究的开拓者。

1906 年 3 月 21 日，迪肯出生于英格兰的莱斯特，1984 年 11 月 16 日去世。他早年在英国皇家学院攻读化学，1926 年被授予化学优秀荣誉学位，1927 年获得了教育学文凭。

1927~1939 年，迪肯参加了"发现"号南大洋调查，是较早而全面研究南大洋海水温度和盐度结构的海洋学家之一。1933 年和 1937 年，他出版了其研究成果《"发现"号调查报告》，该报告成为研究南大洋水文

G.E.R. 迪肯
（1906—1984）

学的经典著作。1939 年以后，他在英国海军工作，主要从事并领导了波浪和水声的研究。他与同事合作第一次分析了海浪谱，并证实了波谱概念的价值。

1947 年，在迪肯的倡导下，英国成立了国立海洋研究所。1949~1971 年的 20 多年间，他一直担任该所所长，使国立海洋研究所成为世界上著名的海洋研究所之一。1973 年，国家海洋研究所、沿海海洋学与潮汐研究所和近岸海洋沉积研究站合并。1987 年，为纪念该所的创始人迪肯先生，更名为迪肯海洋科学研究所。在迪肯指导下，该研究所已经建成为英国海洋基础研究和战略研究中心，主要从事深海物理学、海洋地球物理学、海洋生物学和海洋化学方面的研究。该研究所

设有深海海洋物理室、海洋化学室、海洋地质与地球物理生物海洋学室、仪器与工程室。另外，还设有海洋信息与咨询服务部和海洋科学图书馆。

迪肯一生发表了约200篇论文，内容主要围绕南大洋的海洋环流研究。他主编或撰写有《南极冰及水团学术讨论会论文集》(1971年)、《南极海洋学》(1984年)等著作。他还曾经担任国际海洋物理科学协会的主席，以及其他一些海洋学国际组织、委员会等的主席或成员。

英国皇家学院图书馆主楼

由于他在海洋科学研究中所作出的突出贡献，1942年获得了"极地勋章"，1962年获得了"亚历山大·阿加西斯金质奖"，1969年获得了"英国女王勋章"，1971年获得了"奠基者勋章"，1972年获得了"苏格兰地理勋章"。

76. 中国海洋化学主要奠基人之一
——李法西

李法西，又名李曦，是中国著名的海洋化学家。他曾担任厦门大学海洋系副主任、厦门大学亚热带海洋研究所所长、中国海洋学会秘书长、中国海洋化学学会理事长、国家科委海洋专业组成员、《海洋学报》副主编等。他是中国海洋化学学科的主要奠基人之一。

李法西于 1916 年 8 月 24 日出生于菲律宾马尼拉一个爱国华侨知识分子家庭，祖籍福建省泉州市。他的父亲李秉传早年加入同盟会，并在海外积极筹款支持民主革命，后来因为不满革命党内的腐败与派系恶斗，于是归隐泉州，专心于家乡的教育事业。少年时的李法西曾就读于泉州的浮桥新华小学、泉州中学。初中毕业后，他来到菲律宾半工半读，并成为马尼拉华侨中学抗日救国会的积极分子。1936 年回国后，他曾在厦门省立中学和福建安溪的集美中学就读。1938 年，他考入中央大学，1943 年从该校化学系毕业，获得理学学士学位，并先后在中央大学、厦门大学任教。

在厦门大学的时候，李法西找到了他一生的伴侣——陈碧玉女士。结婚后，他获得俄勒冈大学研究助理津贴，于 1948 年到美国留学。他的妻子则回到了泉州，并出任一所学校的校长，为了支付学校的开支，还变卖了自己的订婚戒指。在那艰难的岁月里，妻子参加了中国共产党地下党，并在给他的书信中，用很巧妙的

李法西
(1916—1985)

李法西的夫人陈碧玉女士

语言描绘新中国的曙光,从而为他回来报效祖国坚定了信心。1949年,李法西获得美国俄勒冈大学化学硕士学位后,经厦门大学卢嘉锡教授的推荐,转入加州理工学院攻读博士学位兼研究助理,后因朝鲜战争中断学业。新中国的诞生,让他无比兴奋,并积极响应周恩来总理的号召,克服种种阻力,于1950年回到了祖国。回国后,他在厦门大学化学系任教,从事胶体化学和表面化学的教学和研究工作,是国内颇有影响的胶体化学专家。1954年,他光荣地加入了中国共产党,曾任两届厦门大学党委委员。

1957年,作为国家科委海洋组成员的李法西参加了新中国海洋科学的草创工作。他在厦门大学主持创建了国内首个海洋化学专业,同时参与了福建海洋研究所的创建(1965年更名为国家海洋局第三海洋研究所)。1963年,他担任国家科委海洋组海洋化学分组组长,并和其他科学家向国务院、党中央写信,建议成立统一管理海洋事务的国家海洋局。

根据开发海洋的需要,李法西将工作重心转向海洋化学的教学和研究工作,成为了中国海洋化学研究的开拓者和学术带头人。他根据海洋化学研究的新动向和中国海域的特点,确定了研究目标,带领研究运用物理化学与胶体化学的理论与实验方法,对河口地球化学过程进行定量研究。1964年,他发表的首篇海洋化学论文《河口硅酸盐物理化学过程研究Ⅰ》被誉为中国河口化学领域开创性的研究工作。

1970年,厦门大学复办海洋学系,李法西积极投入教学工作,运用图相等理论,确立盐卤化工工艺,为盐卤化工的生产闯出了一条路子。他悉心指导《海洋调查规范 海水化学要素观测》的编撰;同时,他还组织国外海洋化学专著的翻译工作，为后来中国海洋化学学科的发展打下了良好的基础。

1978年，李法西参加了中国第一个海洋科学代表团赴美国考察，回国后就中国海洋化学学科的发展方向提出了重要意见。他认为海洋化学的研究重心应在海洋中的各种化学过程，大力倡导"化学海洋学"的研究方向。他提出海洋化学工作者应该既有扎实的化学基础，又有相当的海洋学基础；呼吁海洋化学工作者一定要"下海"，积累足够的海上经验；并且要与其他海洋学分支相互渗透、互相配合，以解决海洋环境灾害、海洋气候演变，以及海洋与国防建设等综合性的海洋科学问题。在他主编的《中国大百科全书》的海洋化学分支学科条文中，系统地表达了他的这些主张。后来的实践证明李法西的这些看法和建议是很有预见性的。他领导的研究团队在物理化学和河口化学方面的研究，受到国际同行的瞩目。他们所发表的一系列河口化学理论的论文，曾多次在澳大利亚、美国、加拿大、德国召开的国际海洋学术会议上交流。李法西提出的完整的河口硅酸盐逆风化过程理论，被国际同行多方引用。由于在河口化学变化过程上的独到研究，他被美国麻省理工学院著名海洋化学家J.M.埃蒙德誉为国际河口化学的开拓者。

李法西不但重视学术研究和交流，还非常重视中国海洋化学人才的培养。他和同事们一起在厦门大学海洋系建立了海洋化学博士点，先后培养了洪华生、郭劳动、罗尚德等几批海洋化学专业的研究生，还为他们推荐世界一流的海洋科学导师。他们学成回国后，在中国科学院、国家海洋局和教育部等系统发挥了骨干的作用，成为了中国海洋化学学科的中坚力量。

夜以继日的辛勤工作终使李法西积劳成疾，1980年他被发现肺部肿块；同年10月出现眼底出血、视力急剧下降；1984年8月突发脑溢血。1985年8月3日，他在厦门不幸逝世。

李法西以孜孜不倦的追求和辛勤的劳动，为中国海洋事业和海洋化学的发展贡献了毕生精力。临终前他还谆谆教导他的学生们："一个人活着是为了贡献于人民，而不是为了攫取。"这也正是他一生的写照。

是他们——探究万米深海、寻觅海洋宝藏、铸就跨海通道、拓展海洋航运、联通世界你我……

77. 七大世界奇观之一"亚历山大灯塔"的设计者
——索斯特拉特（*Sostratus*）

公元前 3 世纪，索斯特拉特出生于小亚细亚（土耳其的安纳托利亚）卡里亚的尼达斯，是古希腊著名的建筑师、工程师。位于埃及亚历山大港的第七大世界奇观——亚历山大灯塔就是他设计的。

尼达斯景色

公元前 280 年的秋天，那是一个月黑风高的夜晚，一艘埃及的皇家喜船，在驶入埃及的亚历山大港时，不幸触礁。海水慢慢地灌入船中，整艘船很快下沉，最终沉没，船上所有的皇亲国戚包括刚刚从欧洲娶来的新娘，全部葬身海底。这一悲剧发生后，埃及朝野上下极为震惊，当时的国王托勒密二世（公元前 282～前 246 年在位）立即下令，由建筑师索斯特拉特与亚历山大图书馆合作，在埃及最大港口亚历山大港的入口处修建导航灯塔。

修建工作历时整整 12 年，一座雄伟壮观的灯塔矗立在亚历山大城外法罗斯岛的东端，距离岛岸 7 米处的石礁上，人们称它为"亚历山大灯塔"或"法罗斯岛灯塔"。该灯塔高 122 米，加上塔基整个高度约 135 米，相当于一幢 30 层高的现代建筑物！据文献记载，塔楼由三层组成，并均匀向里倾斜：第一层是正方形结构，高 60 米，里面有 300 多个大小不一的房间和洞孔，燃料库、储物库、机房和工作人员的寝室都在这一层上；第二层是八角形结构，高 15 米；第三层呈圆形结构，上面有 8 米高的 8 根石柱围绕着圆顶灯楼。灯楼上面矗立着海神波塞冬的青铜雕像，高 7 米。整个灯塔的面积约 930 平方米，由花岗岩、石灰岩、白大理岩和青铜铸成，气势巍峨。灯塔内部是螺旋状的阶梯，燃油经过这个阶梯运往灯体的安置地塔顶。塔顶上的灯，有人说是一个大型的金属镜，可在白天反射日光，夜晚反射月光；有人说是一个巨大的长明火盆，另有被磨光的花岗岩所制的反光镜来反射火光。燃料是橄榄油、木材、树脂等。聪明的索斯特拉特在那个年代就开始利用光反射的原理，用镜子把光反射到远处的海面上。工作过程是：工作人员在塔顶，利用镜子日夜不息地反射光线。晚上，他们往火盆中增添燃料，

工作着的亚历山大灯塔

使之燃烧产生明亮的火光，再利用大型的金属镜收集这些光线并反射出去，照耀大海；月明之时，工人们还会利用反光镜反射月光，月光夹杂着火光，反射到遥远的海面上；白天则依靠金属镜反射阳光。总之，这座无与伦比的灯塔，夜夜灯火通明，兢兢业业地为出入港口的船只指引方向。据说，灯塔的光可以照射到 56

亚历山大灯塔实景图

千米外的海面上，它不仅给舵手带来了归属感，还具有防卫和侦察敌人的功能。在一个未经证实的传说中提到，亚历山大灯塔的光可以将敌人的船只在未到达港口之前就烧着。这虽然只是个传说，但是也反映出该灯塔给人们带来的安全感。

亚历山大灯塔建成后，以它122米的高度当之无愧地成为当时世界上最高的建筑物。从建成至其消亡的1500年间，该灯塔一直照耀着整个亚历山大港，在黑暗的夜晚为水手们指引进出港的路线，保护着海上的船只。它是海洋建筑史上的一个杰作，不带有任何宗教色彩，纯粹是为了人们的实际生活而建。

不幸的是，在公元15世纪，亚历山大城发生了一场罕见的大地震，摇晃的大地以巨大的力量摧毁了这座古代世界的建筑奇迹，该灯塔于1480年完全沉入海底。这座亚历山大城的忠诚卫士、亚历山大城的王冠就这样消失了。它步其他已被摧毁的五个世界遗迹的后尘，成为除了现存的古埃及金字塔外，最后一个消失的世界奇观。

传说，在修建亚历山大灯塔时，古埃及国王托勒密二世禁止索斯特拉特将他自己的名字刻在这个作品上。尽管如此，索斯特拉特还是将以下铭文留在灯塔的基座上："索斯特拉特，尼达斯，戴克斯芬之子，为海上的守护神修建了这座灯塔"。这些铭文藏于一个石膏涂层的下方，而在石膏涂层的上面是一段赞扬灯塔的建立者国王托勒密的铭文。许多世纪之后，石膏被腐蚀掉了，国王托勒密的名字也不见了，却露出了索斯特拉特留下的铭文。

亚历山大灯塔不但是古代灯塔的典范，而且还是在此之后建设众多灯塔的设计蓝本，许多埃及的早期伊斯兰清真寺的尖塔都模仿了这个灯塔的三层式设计形式，这足以显示亚历山大灯塔在建筑学上的广泛影响。

为了纪念索斯特拉特，加拿大一个建筑工程公司以索斯特拉特的名字命名，以此来提升该公司的知名度。

78. 被称为"潜艇之父"的发明家
——C.J. 德雷布尔（Cornelius Jacobszoon Drebbel）

1620年，世界上第一艘羊皮潜水船潜到了3米深的水下，这就是现代潜艇的雏形。它的研制者是荷兰裔英国人克尼利厄斯·雅布斯纵·德雷布尔，他是一位的物理学家、发明家，被后人称为"潜艇之父"。

1572年，德雷布尔出生于荷兰的阿尔克马尔。他只接受了初等教育，没有进过大学。少年时，他曾经拜哈勒姆的著名画家、雕刻师亨德里克·霍尔齐厄斯为师，学习雕刻和艺术。亨德里克还将炼金术介绍给他。

1595年，23岁的德雷布尔与他恩师的妹妹索菲娅结婚，生育了4个孩子。他们定居于阿尔克马尔，在那里他致力于雕刻、出版地图和图画。在工作中，他逐渐地对发明创造越来越感兴趣，艺术和科学的融合当然是技术，这直接促进了他后来的发明创造。

C.J. 德雷布尔
(1572—1633)

德雷布尔的发明多种多样，他发明了小鸡孵化器和可以自动使水银保持恒定温度的水银恒温器，这是最早的、有记录的反馈控制式设备之一。他还试图建立了一个空气调节系统，获得过泵和时钟烟囱的专利，还发明了温度计。

德雷布尔在为温度计制造有色液体时，发现了氯化亚锡能使深红色变得更鲜亮、更持久，这就是他发现的一种新的深红、明亮的染料。虽然，发明者本人并未从他的发现中赚得很多钱，但他的女儿安娜、凯瑟琳娜和他的女婿亚伯拉罕、约翰尼斯·库夫勒由此成立了一个非常成功的染坊。该染料的配方被当做一个家族秘密来保守，它那鲜红的颜色在欧洲风靡一时。

德雷布尔名气的不断上升引起了英国的新国王詹姆斯一世的注意。詹姆斯一世非常愿意召集探险家、神学家、经济学家和炼金术师来宫廷，因此，德雷布尔在1604年被邀请去了英国。同年，詹姆士一世在宫廷里接见了他，并成为他的经济资助人。

在宫廷生活期间，德雷布尔获得了展示他发明的机会。1609年他获准在艾尔特姆宫殿里展示他的发明，这些发明也在威斯敏斯特大厅公开展示过。他因为发明了可以显示时间、日期和季节的永动机而出名。当然，这台永动机不是真正地永动！它实际上是被放置于有支柱的球形体中由大气压力变化所驱动的时钟，不必用人力去驱动它。这个发明非常出名，罗马帝国的国王鲁道夫二世于1610年和1619年两次邀请他去布拉格。然而，当时骚动的帝国政治活动又使得他两次被捕，结果都是在英格兰王室的干预下才被担保释放。

大约就在那段时间里，德雷布尔开始了潜艇的研制工作。最初，他研制的潜艇是以划艇为基础设计的。这种划艇表面覆盖着脂皮革，中间带有水密舱口、一个舵和四个桨。在舵手的座位底下有一个大的猪皮革囊，通过一根小管通向外边，用粗绳来加固空皮囊。在下潜时，粗绳会松开将皮囊装满水；当上浮时，船员们会将皮囊压平，将水挤出来。

1620年，德雷布尔在英国皇家海军工作时，建造了世界上第一艘可用12支桨在水中划动的潜艇。这艘潜艇是依据威廉·伯恩1578年的设计建造的。这艘潜艇可装载12名水手，船体用木框做成，外面蒙着涂了油的牛皮，能下潜到水下4.6米左右。船体内装有作为压缩水舱的羊皮囊，下潜时往羊皮囊中注水，上浮时则将水从羊皮囊中挤出。在1620~1624年间，他成功地制造并测试了三艘潜艇，并且一艘比一艘更大。最后一艘有6个叶桨，能够承载16名乘客。国王詹姆士一世还亲自见证了最后一艘潜艇的试航，几千名伦敦观众也亲眼目睹了试航盛况。这艘潜艇在水下待了3个小时，能在威斯敏斯特和格林威治水下4～5米之间往返航行。在泰晤士河水下的一次潜艇测试中，德雷布尔邀请了詹姆士一世同行，

"德雷布尔I"号潜艇母舰

詹姆士一世成为世界上第一位在水下旅行的君王。后来,德雷布尔这艘潜艇曾多次在泰晤士河下进行过测试。但是,它并没有引起英国海军部的足够重视,也始终没有被用于军事战争。

在詹姆斯死后,查尔斯一世当上了国王,德雷布尔又被聘到军械部工作,专门为国王研究制造秘密武器,其中就包括一种没有成功的浮动式炸弹。1633年11月7日,德雷布尔辞世于英国伦敦。人们为了纪念他,将一座小型月球环形山命名为德雷布尔山。

虽然德雷布尔的时代已经离我们很久远了,但是他那远远超前于时代、与生俱来的思想和发明创造精神为后人所敬仰。

79. 世界上第一艘军用潜艇的制造者
——D. 布什内尔（*David Bushnell*）

D. 布什内尔
(1742—1824)

大卫·布什内尔是美国革命战争时期康涅狄格州的一位爱国者、发明家，他被认为是第一艘军用作战潜艇的制造者。

1742年，布什内尔在美国康涅狄格州的一个农场出生，他是英国人弗朗西斯·布什内尔的后裔。他家位于镇上一个极其隐蔽的地方，在那里长大的布什内尔，除了帮助父亲料理农场之外，闲暇时光都用来阅读，几乎没有与外界接触的机会。27岁时，他的父亲去世了，他的母亲多年前已经过世，农场留给了他和几个兄弟。他立即出售了他的遗产，然后搬到了镇上，开始准备上大学。他以家庭教师、牧师为生计，认真准备了两年后，进入耶鲁大学，并在1775年完成大学学业。

布什内尔在耶鲁大学的时候，在一次和全体教员的讨论中，证明了黑色火药可以在水下爆炸的事实。他还进行了第一次水下爆炸试验，进而发明了水雷，发明了第一枚定时炸弹。

长期以来，布什内尔一直从事水下旅行的研究。从耶鲁大学毕业后不久，也许是由于英帝国主义的暴行激发了他的爱国热情，在华盛顿的支持下，他成功地制造出世界上第一艘人力推进的作战潜艇。这艘潜艇高约2米、外壳由橡木制成、可以容纳一人，因其外形酷似海龟，所以被命名为"海龟"号。它有一个木制的弹药库，里面装有黑色的火药和用于点燃炸药的定时钟表机械装置。

"海龟"号潜艇内的空气可以供驾驶员呼吸半小时，在潜艇的上部装有2根通气管，上浮时打开，下潜时关闭，用来补充新鲜空气。为了控制潜艇的上浮和下沉，艇内设有压载水舱，并用手泵来控制水舱内的水位。为了应对紧急情况，艇内还装有一块 90 千克重的铁块，只要抛掉铁块，潜艇就可以迅速上浮。"海龟"号潜艇的运动，是通过水平和垂直方向上的两个人力驱动螺旋桨来控制，重约 68 千克的炸药包就挂在艇体的外面。当潜艇潜至敌舰底部时，驾驶员将钻头钻入敌舰，然后解开水雷与潜艇的连接，待潜艇远离敌舰后，定时器可以自动控制炸毁敌舰。潜艇内还有一个罗经，以保持潜艇运动航向的正确。就是以现在的眼光来看，这也是一艘设计得很完备的水下兵器。

1776 年 9 月 7 日，历史上第一次潜艇攻击战开始了，这次攻击战是由上士埃兹拉·李来执行的。他驾驶着"海龟"号成功地潜到了英国战舰"鹰"号的尾部，然后开始用钻头在敌舰上穿孔以便固定炸药包。然而，他打钻的地方正好是一块金属板，半个小时之后他仍然没有钻透敌舰，当浮出水面换气时被英国巡逻艇发现并全速追逐。不得已，他只好操纵定时器引爆了已经放出的水雷，其爆炸声吓得封锁纽约的英国军舰纷纷起锚离开。

虽然，此次"海龟"号出击并没有取得战果，但是，它揭开了潜艇实战的序幕，从此使人类的战场从陆地、水面发展到了水下。"海龟"号也以其与现代潜艇相同的设计原理赢得了世界上"第一艘军用潜艇"的美名，在世界潜艇发展史上占据了重要一席。

1776 年以后，布什内尔放弃了"海龟"号的试验，重新回到了研制军用水雷的工作上。他研制的水雷中就包括一种一触即爆的漂浮水雷，这种水雷在整个革命战争中起到了极大的作用。

1781 年 6 月 8 日，布什内尔被提拔为上尉。1783 年 6 月 4 日，他被派驻在美国西点军校的工程兵团，同年的 11 月份，他以高薪退役。1795 年，他以布什博士的名字作为一名中学教师出现在乔治亚州哥伦比亚县。他和他的一个战友——亚伯拉罕·鲍德温住在一起。在那里，鲍德温是唯一知道他真实身份的人，也是通过

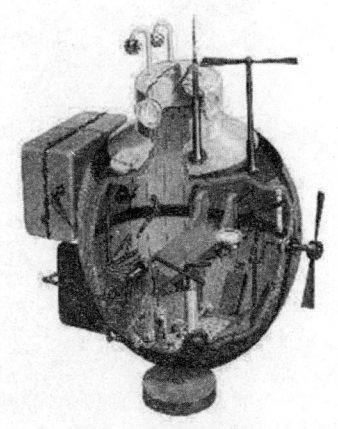

"海龟"号潜艇内部设计

他引荐，布什内尔成为一所私立学校的主管。几年后，他去了乔治亚州的沃伦顿，又开始了医学实践，直到1824年去世，享年82岁。布什内尔终生未娶。临去世前，他被授予了由乔治·华盛顿颁发的奖牌。

"海龟"号潜艇的复制品，被陈列在康涅狄格州美国海军潜艇部队博物馆和图书馆里，以供后人观赏。

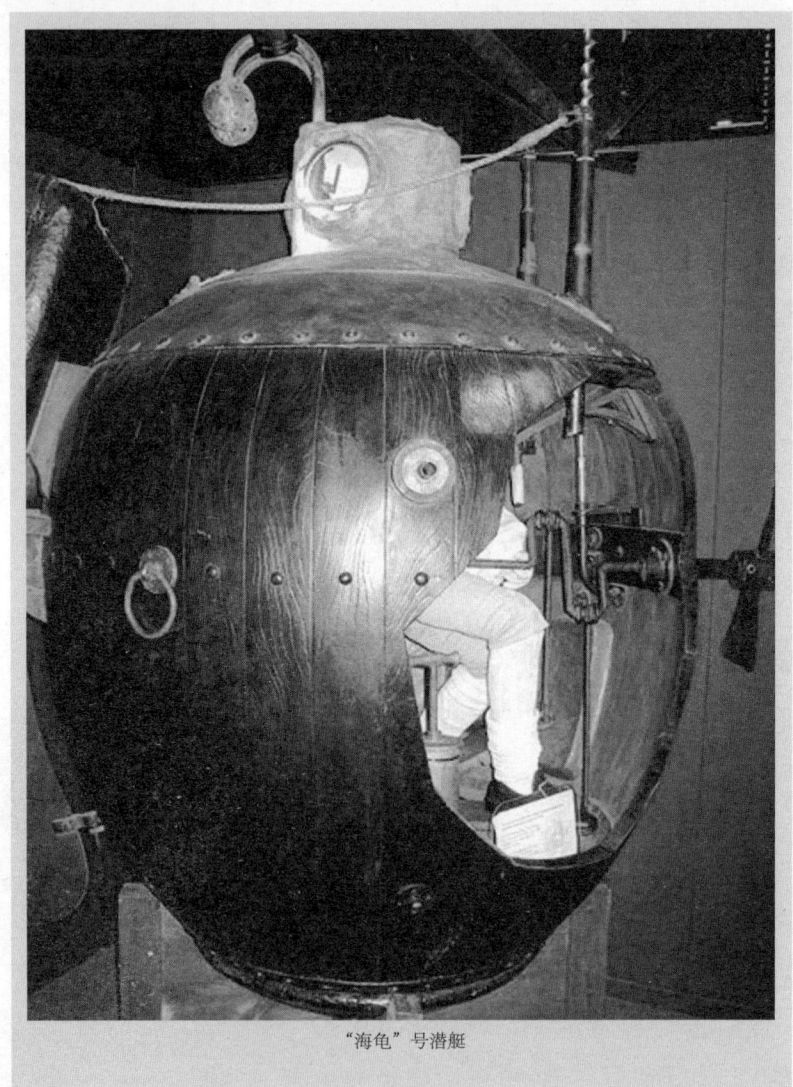

"海龟"号潜艇

80. 改写世界航运史的美国工程师
——R. 富尔顿（Robert Fulton）

罗伯特·富尔顿是美国著名的工程师、发明家。他建造了世界上第一艘实用潜艇"鹦鹉螺"号，发明了世界上第一艘蒸汽机轮船"克莱蒙脱"号，设计了世界上第一艘新型蒸汽军舰。

1765年11月14日，富尔顿出生于美国宾夕法尼亚州卡斯特的一个农场里。由于家境不济，富尔顿从小就到机器铺做工，12岁时便着迷于汽船研究，并自己设计出发动机。

1782年，年仅17岁的富尔顿独自到费城谋生。他在一家机器厂任制图工人，学习了绘画，也学会了制造机器、绘制机

R. 富尔顿
(1765—1815)

械图。1787年，他到了英国伦敦。在那里，他结识了英国著名发明家瓦特等人，并于1794年开始研究蒸汽机。在此期间，他自学了法文、德文、高等数学、化学、物理学及透视学等基础知识，为以后献身造船事业奠定了基础。富尔顿多才多艺，曾经先后发明了亚麻纺织机、锯大理石的机械等，也获得了捕捞船、小渡船、通讯快船以及用于运河上的商用船、水陆两栖船的专利。

1796年，富尔顿移居法国，开始研制潜艇。同年，他将"海龟"号潜艇进行了改进，并成功地设计出了一艘新的潜艇模型。1797年，他向法国政府提交了试制新式武器——潜艇的计划，但未能获得支持，于是他决心自筹经费建造潜艇。他在一个建筑物室内天花板上画了莫斯科大火的巨幅全景画，吸引了许多观众前

来参观，丰厚的入场券收入，使得他试制潜艇的计划能够付诸实施。经过3年的努力，也就是在1800年，他终于建成了"诺提拉斯"号潜艇，并在塞纳河进行了第一次试航。法国大臣福尔菲尔及一些科学家观看了这次试航。试航开始后，载着3个人的"诺提拉斯"号顺利潜入水中，经过了45分钟的水下航行，才徐徐升出水面。初次试航的成功，使得法国新任首席执政官拿破仑·波拿巴对他刮目相看。随后，拿破仑给了他一笔建造潜艇的经费，于第二年正式开始建造潜艇，并于同年5月完成，这就是世界上第一艘实用潜艇"鹦鹉螺"号。

"鹦鹉螺"号潜艇酷似一支雪茄，艇长6.89米，艇体最大直径3米，以铁作框架，

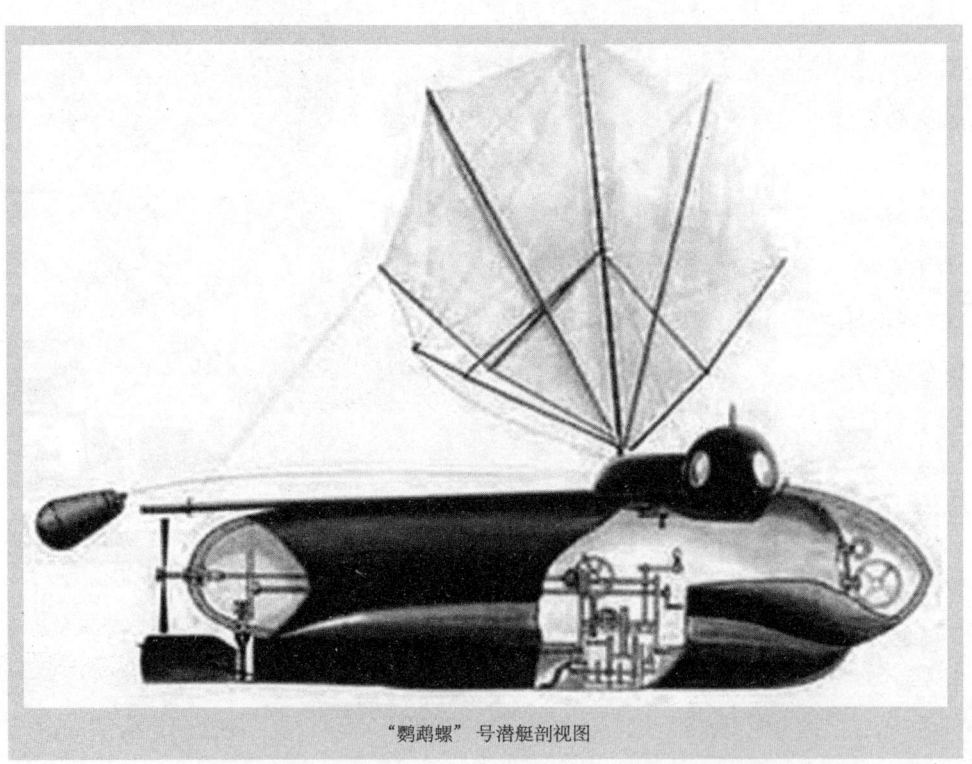

"鹦鹉螺"号潜艇剖视图

用铜作壳板。潜艇的动力装置为人力转动的螺旋桨，还有一个可以收放的小风帆，使潜艇在水面航行时可以借助风力前进。只要将海水注入压载水柜，潜艇就会下潜。在下潜过程中，利用一个水平舵使潜艇稳稳地保持在所希望的深度上。为了便于观察，富尔顿还在艇体的中央建造了一个突起的指挥塔。为了解决艇员的水

下呼吸问题，艇上带有压缩空气，可以供 4 个人和 2 支照明蜡烛在水下使用 3 个小时。"鹦鹉螺"号潜艇航速每小时 3.2 千米，能够潜至水下 8～9 米的深度，主要武器是水雷，攻击方式与"海龟"号完全一致。

"鹦鹉螺"号潜艇在一次试验中，曾经将一艘停泊在法国布勒斯特的旧帆缆军舰炸得粉碎。于是，富尔顿又用它去攻击封锁法国海岸的英国军舰。但是，由于航速太慢，"鹦鹉螺"号潜艇根本无法靠近英国军舰，更没有一艘军舰被其炸沉。由于没能取得像样的战果，拿破仑对他的潜艇失去了兴趣，拒绝了他再建造 8 人大型潜艇的计划，并咒骂他是"一个油嘴滑舌、诈骗钱财的骗子"。于是，法国海军部长把他赶走了。

之后，富尔顿越过海峡，来到了英国。在英国首相威廉·皮特的支持下，他再次获得了试验"鹦鹉螺"号潜艇的机会。但是，英国海军大臣圣文森特伯爵在皮特逝世后，极力反对建造潜艇，并说皮特是有史以来最愚蠢的人。就这样，富尔顿的潜艇试验又被英国人拒绝了。

虽说"鹦鹉螺"号命运多舛，但它不失为潜艇发展史上的一件杰作，在很多方面已经接近了现代潜艇。尤其是，它首次在潜艇上使用了水平舵，能够操纵潜艇保持或改变在水中的深度，大大提高了潜艇的

富尔顿在向波拿巴介绍汽船（1803 年）

"克莱蒙特"号蒸汽船

可操纵性。

尽管富尔顿研制潜艇没能取得最终胜利，但却为发明蒸汽轮船积累了丰富的经验。1803年，美国驻法国大使利文斯顿来到巴黎，当他得知富尔顿的经历后，马上就找来富尔顿试制蒸汽轮船。当时，美国政府就宣布，蒸汽轮船的发明者可以得到20年的专利特许权。1806年，利文斯顿招富尔顿为女婿，这为他解除了经济上的后顾之忧。

实际上，1802年在法国时，富尔顿已经开始了试制轮船模型的试验。他设计制造的第一艘以蒸汽机作动力的轮船，虽然结构简单，航行速度与步行差不多，但却是他在前进道路上迈出的坚实一步。1803年，此船在法国的塞纳河上试航获得了成功。然而，令人沮丧的是，一场暴风雨把他历尽千辛万苦建造起来的轮船毁于一旦。此后，失败总是伴随着他，然而富尔顿并不气馁。他凭着坚强的毅力，进行了无数次的实验，解决了一系列的技术难题，为通向胜利的彼岸架起了桥梁。

1805年3月，富尔顿制造出了适合轮船用的蒸汽机。不久，他回到了美国。两年后，他建造了轮船"克莱蒙脱"号，并为它装配上自己制造的蒸汽机。但是，在当时"克莱蒙脱"号也遭到了非议和诽谤，很多人都把它谑称为"富尔顿的蠢物"。

1807年8月18日，是人类航海史上一个具有重大历史意义的日子，"克莱蒙脱"号轮船在哈得逊河上进行了世界上第一次远洋航行。富尔顿驾驶着他亲自设计和制造的"克莱蒙脱"号轮船，从纽约出发，向阿尔巴尼城驶去。轮船机房里机声大作，烟囱冒出了滚滚浓烟，哈得逊河浪花飞溅，轮船劈波斩浪，全速前进，场面极为壮观。第二天傍晚，"克莱蒙脱"号顺利抵达阿尔巴尼城，胜利完成了世界上首次远洋航行。在此之前，旅客们乘坐布帆船即使顺风也得花48个小时，"克莱蒙脱"号只用了32小时，这在当时是一个飞跃！首次试航成功后，"克莱蒙脱"号成为首创定期航线的轮船，航行在阿尔巴尼与纽约之间。

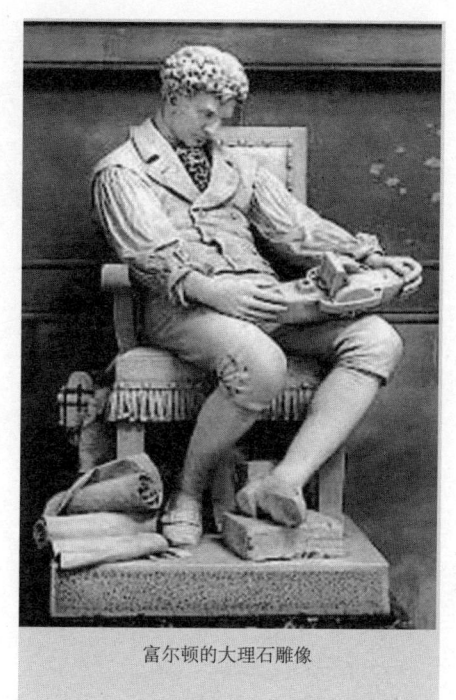

富尔顿的大理石雕像

1808年，富尔顿又建造了轮船"海神之车"号和"典型"号。一年后，他组建公司，建成了舫式渡轮"约克和杰赛"号与"纳索"号。此后，富尔顿又建造了"新奥尔良"号等轮船。他一生共造船17艘，1812年在抗击英国封锁时，还制造了世界上第一艘蒸汽机军舰，被称为"水上炮台"。

晚年，富尔顿仍致力于"鹦鹉螺"号的改进工作。他制定了一个雄心勃勃的计划——建造一艘能够装载100人的潜艇，并使用他自己设计的蒸汽机作为动力。不幸的是，就在这艘潜艇制造成功、正在试航时，富尔顿病世了。这艘潜艇被人们命名为"沉默者"号。

富尔顿凭借坚定的信念、顽强的毅力和坚忍不拔的精神获得了"蒸汽轮船发明者"的光荣称号，并以自己的聪明才智和光辉业绩改写了世界航运史。为了纪念他，美国国会大厦的雕像馆里陈列着由霍华德·罗伯茨为其修建的大理石雕像。

81. "潜水之父"
——A. 西贝（Augustus Siebe）

A. 西贝
(1788—1872)

奥古斯特·西贝是德国出生的英籍工程师，是一位被称为"潜水之父"的发明家。它的主要贡献是研制了潜水设备。

1788年，西贝出生于德国的萨克森，在柏林接受的教育，毕业后学会了金属加工技术。他曾经在普鲁士军队服役，参加了与拿破仑军队的战争，在滑铁卢战役中他是普鲁士军队的一名炮兵军官。战后，他移居伦敦并定居，在那里他开始了潜水的研究，并成为一名工程师。1830年，他搬到伦敦的丹麦街五号，结了婚，生了9个孩子。

西贝是发明制造天才，虽然他并没意识到自己是科学领域的领军者，但是他对科学的贡献并没有因此被埋没，他不断地将理论问题变为实际的发明。1828年，他获得了旋转水泵的专利，并第一次取得了经济上的成功。19世纪30年代，他的第一个著名的研究成果就是改进了迪恩兄弟（潜水铜盔帽设计者）的烟雾头盔。这种头盔没有阀门，而且是被铆接在皮质的短上衣上，上面有两个管道，一个提供新鲜的空气，另一个则系在佩戴者的踝上用来排出使用过的空气。此后，他又设计了一种更加轻便的金属头盔，即"西贝开放式潜水服"的一部分，安装在长度到达佩戴者胸部的防水短上衣上，开放式潜水服要求潜水者保持直立或弯曲的姿势。

A. 西贝

西贝开放式的潜水服

迪恩曾经用这种头盔成功地进行了多次水下作业，其他潜水员也使用过，其中较有影响的是一位年轻有为的工程师——乔治·爱德华兹。他在使用设备一年多后，就潜水服的安全性提出了改进建议：潜水服应该是全身的，至少应该有20个螺栓用以夹紧胸甲，这样，即使潜水员倒立，头盔也永远不会进水。

尽管开放式潜水服取得了实实在在的成功，但是西贝对这个潜水设备并不满意，于是他打算继续改进它。在乔治改进设计的基础上，西贝于1840年制造了第一个封闭式潜水头盔，这是一个巨大的成功。这种封闭式头盔接在改进的开放式潜水服的上衣上，使二者完全连成一体，无论潜水者怎么运动，水都不会渗到潜水服里面，因此安全系数更高。

当时的英国政府对西贝设计的潜水服进行了验证，并很快在海军和有关公司中推广使用。西贝的成功促成了西贝·戈漫公司和一家专业学校的成立，这家以西贝命名的英国公司，至今仍然存在。

1840~1843年，西贝参加了打捞1782年沉没的英国乔治国王的"添马"舰的工作，并在工作中完善了他的新式潜水服。有了此次打捞工作的实际经验，他的公司被标榜为"潜艇工程师"——一个可以进行所有水下作业的公司，包括检查水下工程进度、清洗船底、打捞沉没财宝、船难善后、岩石爆破和清除、沉船打捞等等。

西贝设计的潜水服使潜水员下潜深度更深、安全系数更高，它成为引领潜水装备大革命的标准设备，使水下作业者成为水中营救和水中土木工程建设的一个基本组成部分。许多维多利亚时代的、甚至到今天仍在沿用的伟大建设项目——桥梁、隧道和灯塔，当时，如果离开了水下作业者都不可能建成。西贝的设计非常成功，它被英国皇家海军一直使用多年。

除了潜水方面的贡献，西贝在以下方面也有所建树：他发明了造纸机、电子秤、制冰机；他因发明一个重量平衡机而获得专利；他获得了改善水压机性能方面的

西贝生活照　　　　　　　　　潜水头盔

专利。他在 1851 年的世界博览会和 1855 年的巴黎博览会上获得了许多大奖，并在 1856 年当选为英国土木工程师学会会员。

1872 年 4 月 15 日，西贝因为慢性支气管炎死于伦敦丹麦街 5 号的家中。他的故居——丹麦街五号，也被英国遗产保护委员会挂上了名人故居保护标识的蓝色牌匾。

82. 主持修建苏伊士运河和巴拿马运河的工程师

—— F.M.V.de 雷赛布 (Ferdinand Marie Vicomte de Lesseps)

费迪南·玛利·维孔特·德·雷赛布是法国外交官、实业家，也是著名的运河设计者。虽然，他的名字并不如雷贯耳，但他却是许多大事件的主导者：他主持修建了苏伊士运河，代表美法联盟给美国送去自由女神像，首次主持开凿了巴拿马运河。

1805年11月9日，雷赛布生于法国马赛。他的青少年时期是在意大利度过，毕业于法国巴黎的亨利四世学院。18~20岁，他就职于军队的物资供应部门。从1825年起，年轻的雷赛布进入外交部门工作。1828年，他任突尼斯的副领事。1832年，他成为

F.M.V.de 雷赛布
(1805—1894)

驻亚历山大港的副领事，由此他与埃及结缘。1833年，雷赛布来到开罗任职。此后他又先后在鹿特丹、马拉加、巴塞罗那任过职。1846~1849年，他任驻马德里大使。不久后，他辞去了外交官的职务。在开罗任职期间，他担任过穆罕默德·阿里之子、后来的埃及总督赛义德·巴夏的家庭教师。总督巴夏深受他的影响，而他开凿苏伊士运河的想法也是在这一期间萌发。

苏伊士运河是一条连接红海和地中海的160多千米长的狭窄水道，是19世纪最伟大的成就之一，也是一条具有重要战略意义的国际海运航道。这条水道的开凿经过了长期的讨论，曾经一度被认为是不可能被开凿的。1854年，雷赛布应

埃及总督巴夏的邀请再次来到埃及，并筹资开设了一家私人公司，即苏伊士运河公司。该公司准确测出了红海和地中海的水位差，并详细研究了拿破仑远征埃及期间法国工程师勒佩尔对苏伊士地峡的考察报告，制定了在地中海和红海之间开辟直接通道的施工方案，并最终说服了埃及当局，获得开凿苏伊士运河的特许权。1859年4月25日，苏伊士运河破土动工，雷赛布在塞得港为运河开工挖了第一锹土。由于准备充分、资金到位，运河的工程进展顺利，1869年11月17日，苏伊士运河正式通航了。苏伊士运河永远不会忘记雷赛布，他也因苏伊士运河而被永载史册。

苏伊士运河是雷赛布的亲手杰作。它的成功修建，使雷赛布的声誉达到顶峰，他成为法兰西学院院士、法国科学院院士，获得了荣誉军团大十字勋章和印度星形勋章，英国皇室授予他伦敦荣誉市民的称号。雷赛布的故居，至今仍被完好地保留着。尽管他是法国人，但是阿拉伯民族并没有忘记他。

雷赛布不但设计开挖了苏伊士运河，而且也是最早主持开凿巴拿马运河的人。1876年，由法国控制的洋际运河工程国际公民协会在巴黎成立，着手对巴拿马运

埃及塞得港码头的雷赛布雕像

河的开凿进行相关论证。1879年5月,协会邀请雷赛布任主席,召开了审议巴拿马运河问题的国际会议,英、美、德等国的代表也分别与会。会议不顾美国代表的强烈反对,通过了开凿巴拿马运河的决定。同年的7月5日,法国洋际运河工程总公司正式成立,并得到开凿运河的租让权,年过古稀的雷赛布被任命为公司总经理。

雷赛布领导法国洋际运河工程总公司数年,制定了8套开凿巴拿马运河的施工方案,最后定于1883年2月正式动工开凿。由于有在埃及、突尼斯长期工作的经历,雷赛布在阿拉伯世界中享有相当高的威信,整个工程由他本人亲自主持,欧洲的投资者们都对其满怀信心。但是,往昔的成功已经令雷赛布过分陶醉,他机械地照搬了修建苏伊士运河时的成功经验,而对巴拿马运河工程的特殊地形估计不足,结果酿成了一场灾难,铸成了"巴拿马丑闻"。

雷赛布原以为可以利用巴拿马地峡众多的湖泊修建一条海平式运河,结果施工4年之后,才发现了一个致命的错误:巴拿马地峡两端的大洋海面没有处在同一平面上,两端相差5~6米,根本无法修建海平式运河,这个过迟的发现给法国洋际运河工程总公司以致命的打击。加上炎热的气候和恶劣的环境以及美国人的拆台,使工程举步维艰。再加上以他为首的高管层大肆侵吞公司公开发行的运河股票资金,并动用大笔金钱贿赂官员,到1889年,法国洋际运河工程总公司已经山穷水尽,不得不宣告破产,他本人也不得不走上法庭。轰轰烈烈、历时10年的巴拿马运河工程就这样黯然落幕了,雷赛布的一世英名也因此被遮蔽得暗淡无光。

1837年,雷赛布从开罗回到法国完婚,他与第一任妻子生有5个儿子。1869年,也就是在他64岁时,他与一个20岁的女子结婚,又生了12个儿女。

1894年12月7日,雷赛布去世。他被葬在巴黎的拉雪兹神父公墓(世界最著名的公墓之一)。

雷赛布和他的家人

83. 使海上航运发生革命性变化的伟大工程师
——I.K.布鲁内尔（Isambard Kingdom Brunel）

I.K.布鲁内尔雕像·
（1806—1859）

伊桑巴德·金德姆·布鲁内尔是一名英国工程师，也是英国皇家学会会员。在短暂的人生中，他创造了许多世界工程上的"第一"：他修建了第一条河底隧道；他建造了第一艘螺旋桨铁质汽船"大英"号，是当时世界上最大的船；他建造的"大东方"号汽船，在1865年铺设第一条横跨大西洋海底电缆时扮演了非常重要的角色；他主持修建了大西方铁路、系列蒸汽轮船和众多的重要桥梁；他的设计使公共交通工具和现代工程发生了革命性的变化。在2002年英国广播公司举办的"最伟大的100名英国人"评选中，他排名仅次于前英国首相温斯顿·丘吉尔，名列第二。

布鲁内尔是著名工程师马克·伊桑巴德·布鲁内尔和索菲娅的儿子。1806年4月9日，他在英国汉普郡的朴茨茅斯出生，他有两个姐姐。在他两岁的时候，他们全家因为父亲工作的原因迁往伦敦。尽管他家一直面临经济压力，但是他却有一个快乐的童年。

布鲁内尔的启蒙老师是他的父亲，从4岁开始，他就开始跟着父亲学习绘画和观察。8岁时，他已经可以说流利的法语，并开始学习欧几里得几何，学习基本的工程学原理。他的父亲认为布鲁内尔应该像他一样接受高质量的教育，于是

I. K. 布鲁内尔

在8岁那年,他被送到莫雷尔博士的寄宿学校学习古典文学。14岁时,他被送到诺曼底卡昂学院学习,然后到法国巴黎的中、高等教育学校亨利四世中学学习。亨利四世中学毕业后,他师从著名的钟表制造师亚伯拉罕·路易斯·布雷盖。1822年底,他完成学业,回到了英国。

泰晤士河隧道(2005年)

泰晤士河隧道目前是伦敦地铁系统的一部分。它是由布鲁内尔和他的父亲设计而建成。那时,这条双入口、381米长的河底隧道被认为是一项杰出工程。1843年隧道开通时,只能步行通过。1869年,东伦敦铁道公司买下了这条隧道,用来运作穿过泰晤士河底的火车。从那时起,这条隧道一直作为地铁使用。在修建泰晤士河河底隧道工程中,两次意外的、严重的河床陷落事故使隧道开凿工作停工了很长一段时间,布鲁内尔也受了重伤。在1828年的又一次事故中,他甚至险些丧命,花了足足6个月的时间才恢复身体。

布鲁内尔因为修建克利夫顿吊桥而闻名。这个吊桥在英国的埃文河上飞跃210米的距离,是当时世界上跨越距离最大的桥。该吊桥现在依然矗立完好,每年都有400万车辆通行。

布鲁内尔年轻时就热衷于铁路工程建设,包括铁路桥梁工程。1833年,在泰晤士河隧道工程完成后,他被指派为大西方铁路的首席工程师,并亲自勘察了从伦敦到布里斯托尔的整个铁路路线。为了完成大西方铁路建设项目工程,布鲁内尔设计建造了很多桥梁,包括皇家艾伯特桥、温莎铁路桥梁、梅登黑德铁路桥等。

1835年,在大西方铁路开通之前,布鲁内尔建议用轮船来扩大从布里斯托尔横跨大西洋到达纽约的运输网络,为此,成立了大西方汽船公司。当时,建造用蒸汽做动力进行远程航行轮船的可行性受到很多人的质疑。但是,他通过计算得出结论:轮船的载重量是随着它体积的增加而增长的,而轮船在前进中受到水的阻力只随着它尺寸的增长而增加。为了验证自己理论的可靠性,他为大西方汽船

克利夫顿吊桥　　　　　　　　　皇家艾伯特桥

梅登黑德铁路桥　　　　　　　　温莎铁路桥梁

公司义务工作,并开始建造"大西方"号轮船。

"大西方"号轮船建成时,是当时世界上最长的轮船,长64.8米,宽10.8米。轮船主体由木质材料构成,并用螺栓和钢筋加固龙骨,除了以蒸汽为动力的浆轮外,还建有4个船桅。1838年4月8日,"大西方"号成功地进行了首航,从英国的布里斯托尔到美国的纽约,船上载有610 000千克的煤、货物和7名乘客。

"大西方"号的建成和首航成功证明了利用汽船开通横跨大西洋商业航运的可行性。大西方汽船公司利用"大西方"号在布里斯托尔和纽约之间运载货物和旅客,此项常规服务从1938年一直持续到1946年。"大西方"号共跨越大西洋航行64次,成为通过这条蓝色纽带的第一艘汽船。"大西方"号成功后,布鲁内尔又设计出一条它的姐妹船"大英"号,并于1843年建成。"大英"号被认为是第一艘现代轮船,船体用金属建成,用发动机获取动力,并用螺旋桨取代了浆轮,船长98米。它是横跨大西洋的第一艘铁质船身、由螺旋桨推进的轮船。

1843年"大英"号下水

1838年"大西方"号首航

1852年，布鲁内尔开始设计第三艘海船——"大东方"号，目标是驶向印度和澳大利亚。"大东方"号的设计在那个年代是一项尖端科技，它有210米长，可以容纳4 000名乘客，它可以实现从伦敦到悉尼的不间断往返航行。1860年6月17日，"大东方"号进行了从南安普顿到纽约的首航。虽然与最初的设想不同，但是它却在横跨大西洋海底电缆铺设工作中扮演了重要的角色。直到19世纪末，它都是世界上最大的轮船。

1836年7月5日，布鲁内尔和玛丽·伊丽莎白·霍斯利结婚。她来自一个音乐和艺术世家，是家里的大女儿。他们在伦敦威斯敏斯特公爵大街落户。1843年，在逗孩子玩时，布鲁内尔无意间吸入了一枚硬币，卡在气管里，几经周折才取出。在廷茅斯康复身体时，他喜欢上了那里，并在那里买了一片土地，准备建造布鲁内尔庄园。遗憾的是，他没有看到它的建成。1859年，布鲁内尔得了中风，10

下水前的"大东方"号

布鲁内尔雕像

天后便去世了,年仅 53 岁。同他的父亲一样,他被葬在肯瑟尔绿色公墓。他的儿子亨利·马克·布鲁内尔像他一样,也是一名成功的工程师。

直到今天,布鲁内尔仍然受到人们的纪念和尊敬。在伦敦、布鲁内尔大学、布里斯托尔、史云顿、米尔福德钢港口、尼兰、帕丁顿火车站等,都建有他的雕像。"大东方"号轮船上的中桅,被用作安菲尔德——利物浦足球俱乐部操场入口的旗杆。很多地方都用布鲁内尔命名,如学校、购物中心、马路、停车场、酒吧等等。位于罗瑟希德的布鲁内尔博物馆里,展示了他和他父亲工作和生活的点点滴滴及其伟大的贡献。他的许多原始设计和论文,被收藏保存在布里斯托尔大学里。

2006 年,为了纪念布鲁内尔 200 周年诞辰,英国皇家铸币厂发行了两款面值 2 英镑的硬币,第一款上的图案描绘了他和皇家艾伯特大桥的一部分,第二款展现了帕丁顿火车站的屋顶。在皇家艾伯特大桥建成 100 周年时,英国邮局发行了一套纪念邮票,"I.K.布鲁内尔工程师 1959"的字样被刻在了邮票上的桥头,以纪念他给人类留下的不朽遗产。

84. 第一条大西洋海底电缆的铺设者
—— W. 汤姆孙 (*William Thomson*)

威廉·汤姆孙是一个伟大的数学家、物理学家兼电学家,他是19世纪最伟大的科技人物之一。这与他的努力付出是分不开的,这些努力不仅使他拥有了名望和财富,而且还赢得了广泛的声誉。

汤姆孙于1824年6月26日出生于英国的贝尔法斯特,他的父亲是英国皇家学院的数学教授,勤奋治学。他的母亲是富家女儿,是一位典型的贤妻良母。虽然,他的兄弟姊妹比较多,但是由于他长得最漂亮,又很聪明,所以在兄弟中最受父亲的宠爱。生活在这样一个和睦而热闹的大家庭

W. 汤姆孙
(1824—1907)

里的汤姆孙,无忧无虑地成长,直到6岁那年,他的母亲不幸去世。于是,他的父亲挑起了照顾全家的重担。这位农民出身的数学教授虽然疼爱他的子女们,但是对他们的教育却十分严格。在他和哥哥杰姆·汤姆孙都还很小的时候,他的父亲就开始向他们系统地教授数学了。

1832年,格拉斯哥大学聘请汤姆孙的父亲去教书,只有8岁大的汤姆孙便和10岁的哥哥杰姆跟随父亲到教室旁听。同学们都以为这两个小家伙是来玩的,当看到他们在认真地记笔记时,才大吃一惊,因为这两个大学旁听生的年龄实在太小了。

汤姆孙的生活照

实际上，汤姆孙从接受启蒙教育到中学教育，都是他父亲自编教材，在家里教的。在读大学以前，他从来没有进过学校。10岁的时候，他就正式进入格拉斯哥大学的预科学习。他在数学、物理学和天文学方面很有天分：15岁那年，他获得了学校的物理学奖；16岁时，他获得了天文学奖，同时还因为写了一篇出色的论文——《地球的图形》，而得到大学的金质奖章。

在以后的几年里，汤姆孙发表了一连串的科学论文，内容涉及数学、热力学和电学。他不仅给物理学家雷尼奥当研究生，还有剑桥大学的数学家霍普金斯担任他的指导教授，这让他获益匪浅。

1852年9月，他与青梅竹马的恋人玛格丽特结婚了。不幸的是，在他们度蜜月时，玛格丽特就病倒了。接下来的17年，汤姆孙都生活在痛苦当中。1870年6月17日，玛格丽特去世了。他决定要改变自己的生活。不久，他迷上了航海，并买了一艘帆船用于消遣娱乐。之所以说他是个与大海有着不解之缘的人，是因为在这里成就了他的另一段佳话。1873年6月，在他乘船驶往里斯本的途中，因故在马德拉额外停留了16天。在这里，他结识了他的第二任妻子芬妮。

汤姆孙对于海洋研究的贡献，是他领导铺设了第一条大西洋海底电缆。实际上，世界上最早的海底电缆是于1850年在英法之间的多佛尔海峡铺设的。但是，虽然这一段海底电缆的距离较短，却存在着严重的信号延迟问题。而汤姆孙认为，这是铺设长距离海底电缆成败的最关键问题。因为电缆越长，信号延迟时间越长，衰减和失真也就越厉害，甚至不能正常传递电报，他怀着极大的兴趣开始了研究工作。经过整整一年的系统研究，他提出了关于"海底电缆信号传递衰减的理论"，系统地分析了海底电缆信号的衰减原因。他指出：由于海水是导体，包着绝缘层

W. 汤 姆 孙

汤姆孙潮汐预测器

的海底电缆同海水组成了一个电容器，这就使信号传递有个充放电的过渡过程；如果通过增大铜线截面面积来减小电阻，通过加厚绝缘层来减小分布电容，并且使用小电流，就能够将信号的延滞降低到最小限度。这个理论成为后来设计海底电缆通信工程的重要理论根据。

1858年，汤姆孙在领导铺设第一条横跨大西洋海底电缆时发现，电缆终端的信号太弱，现有的电极终端无法接收信号。为了研制出灵敏度高的电报机，他进行了多次试验，但是一个也没有成功。一天，汤姆孙邀请德国著名物理学家和生理学家赫尔曼·冯·赫尔姆霍茨等几位好友去海滨度假。可是，在大家正准备出海的时候，却发现他不见了。赫尔姆霍茨在甲板上四处寻找，突然发现他在船舱下面，正在小本上画着什么。于是，赫尔姆霍茨跟他开了一个小玩笑。赫尔姆霍茨掏出随身携带的小镜子，把阳光反射到他的脸上，不时地晃动。他的眼睛受到了强光的刺激，中断了思路，一抬头看见赫尔姆霍茨，意识到自己冷落了朋友，正要赔礼，却突然呆住了。他呆呆地盯住赫尔姆霍茨手中的镜子，兴奋地喊道："成功啦，成功啦，我的赫尔姆霍茨！"说完，他便大步向实验室跑去。朋友们也跟随他到了实验室，汤姆孙高兴地说："赫尔姆霍茨今天帮了我的大忙了。"汤姆孙解释说："我一直在为弱电信号如何放大的事情发愁，是你使我找到了解决难题的方法。"他拿出镜子,对着阳光晃动,镜子只转动一点儿,而反射出的阳光却能移动很长一段距离。由此汤姆孙发明了镜式电流计电报机,从而使长途电缆通信得以实现,并成功地应用于大西洋海底电缆的铺设上。

此外,汤姆孙还导出了深海海水的绝热温度梯度公式(1857年),设计了潮汐分析和预报的机械装置(1872～1879年),并于1876年发明了适用于铁船的特殊罗盘,从而纠正了由于造船用铁的增加而引起的指南针显示错误的问题。这一发明后来被英国海军所采用,而且一直用到了被现代回转罗盘所代替为止。

汤姆孙研究范围广泛,在电磁学、热学、流体力学、光学、地球物理、数学、工程应用等方面都作出了重要贡献。他发明了电像法,深入研究了莱顿瓶的放电振荡特性,为电磁振荡理论研究作出了开拓性的贡献。他成功地完成了电力、磁力和电流的"力的活动影像法",这已经是电磁场理论的雏形了(如果再前进一步,就会深入到电磁波问题)。他把自己的全部研究成果,毫无保留地介绍给了詹姆斯·克拉克·麦克斯韦(英国物理学家),并鼓励麦克斯韦建立电磁现象的统一理论,这为麦克斯韦最后完成电磁场理论研究奠定了基础。

汤姆孙和他发明的特殊罗盘

汤姆孙还是热力学研究的主要奠基人之一。他提出了绝对热力学温标(现代科学上的标准温标)和热力学第二定律,发现了"焦耳-汤姆孙效应"和"汤姆孙效应"。

汤姆孙建立了电磁量的精确单位标准,设计了各种精密的测量仪器,发明了镜式电流计(大大提高了测量灵敏度)、双臂电桥、虹吸记录器(可自动记录电报信号)等,大大地促进了电测量仪器的发展。根据他的建议,1861年,英国科学协会设立了一个电学标准委员会,为近代电学量的单位标准奠定了基础。

汤姆孙一生谦虚勤奋,共发表了

汤姆孙故居

600多篇文章，取得70种发明专利，在英国上议院和许多科学学（协）会中担任过领导职务，也获得了许多称号和奖章：1866年他被授予贵族称号；1892年，他又被提封为拉格斯的开尔文勋爵；1890~1895年，他出任英国皇家学会会长；1877年，他当选为法国科学院院士；1896年，他被授予维多利亚十字勋章；1904年，他出任格拉斯哥大学校长；1905年，他成为第一个"约翰·弗里兹奖章"的国际获奖者。

为了纪念汤姆孙在科学上的功绩，国际计量大会把热力学温标称为开尔文（开氏）温标，热力学温度以开尔文为单位，是现在国际单位制中七个基本单位之一。汤姆孙的一生是非常成功的，他可以算作"世界上最伟大的科学家之一"。在1907年12月17日去世时，他得到了几乎整个英国和全世界科学家的哀悼。他的遗体被安葬在威斯敏斯特教堂内牛顿墓的旁边。

85. 被称为"现代潜艇之父"的科学巨匠
—— J.P. 霍兰（*John Philip Holland*）

J.P. 霍兰
（1841—1914）

19世纪末，现代潜艇已经登上了历史舞台，它的研制者就是被后人尊称为"现代潜艇之父"的爱尔兰人约翰·菲利普·霍兰。他将自己的一生都奉献给了潜艇事业，共制造了6艘潜艇。

1841年2月24日，霍兰出生在爱尔兰的利斯凯纳镇。因为父亲是英国海岸警卫队员，他从小就对海洋及战舰充满了好奇。由于家境贫寒，再加上父亲的不幸早逝，他中学还没有毕业，就开始到一所学校担任理科教师。在从事教学工作的过程中，他对潜艇产生了浓厚的兴趣，于是一边工作，一边设计潜艇。虽然那时早期的潜艇已经出现，但几乎所有的设计都是奇形怪状，并都以失败而告终。在当时，潜艇设计者不仅要解决技术上的难题，还要接受道德观念的压力，因为在水中潜行的想法被认为是不光明正大的、鬼鬼祟祟的行为，海底战争被认为是不道德的，应该受到谴责的。他面对这样的压力，却表现得很从容。1873年，为了实现自己的理想，他辞去了教师的工作，带着他设计的一些潜艇图纸去了美国。1875年，霍兰将他的计划送给了美国海军部，建议其用以抗击英军。但是，美国海军部对三年前发生的由小型手操潜艇"智慧之鲸"所带来的灾难记忆犹新，因此断然拒绝了他的计划。有人甚至说："谁也不会坐这玩意儿到海底去送死。"

在挫折面前，霍兰并没有退却。随后，他得到在美国的一个爱尔兰社团——"芬尼亚社"的资助，并开始研制潜艇。这些爱尔兰革命者希望用霍兰制造的潜艇骚扰和打击英国人。经过3年的努力，他终于在1878年将研制的第一艘潜艇送下了水。这艘潜艇被命名为"霍兰-1"号，它是一艘单人驾驶的潜艇。由于在水下航行时汽油发动机所需空气的问题没有得到解决，所以潜艇一潜入水下，发动机就停止了工作。虽然这是一艘不成功的潜艇，但是，他却积累了丰富的试验经验，为下一步建造新的潜艇打下了基础。

"霍兰-1"号潜艇模型

1881年，霍兰的第二艘潜艇建造成功，即"霍兰-2"号，也就是"芬尼亚撞角"号。该艇长10米，装有一台功率为11千瓦的内燃机，排水量19吨。在解决所有潜艇先辈们感到最为棘手的潜艇纵向稳定性的问题上，霍兰表现出超人的才能，他在潜艇上首次安装了保持纵向稳定的升降舵。同时，他还在这艘潜艇上安装了一门气动发射炮，使潜艇可以在水下发射一枚1.83米长的鱼雷。但遗憾的是，这艘潜艇从来没有和英国军舰交过手。

19世纪80年代末，潜艇的发展引起了更多国家的兴趣，但是霍兰不幸被迫中止了潜艇的研制试验工作。"芬尼亚社"的一些人见他整天对潜艇进行试验，却丝毫没有用于作战的想法，便对他失去了耐心，并在一天晚上将他的第三艘潜艇偷偷地运走了。没有了"芬尼亚社"的资助，他只得中止对潜艇的试验，到一家气枪公司工作。后来，在朋友们的支持下，他与炮兵上尉扎林斯基一起创办了一家潜艇公司，合作研制了他的第四艘潜艇，并命名为"扎林斯基"号，即"霍兰-4"

号。这艘潜艇在1886年首次进行下水试验时，由于滑道崩塌，全艇被毁。

1893年，法国建成了"古斯塔夫·齐德"号潜艇。这艘当时最先进潜艇的诞生，促使美国海军部举行了一次潜艇设计大赛，从而使霍兰有了翻身的机会。他不仅在大赛中夺魁，而且还于1895年接到了制造一艘潜艇的订货单，并从美国海军那里得到了一笔15万美元的经费。

霍兰几经修改设计后，定型了"潜水者"号，即"霍兰–5"号潜艇。该艇拥有双推进装置，即在水面航行时使用蒸汽机动力装置，在水下潜航时使用电动机动力推进装置。可以说，这是双推进系统潜艇的"鼻祖"。不过，美国海军要求"潜水者"号能够用于水面作战。但是他认为，按照这种要求，是不能制造出满意的潜艇的，于是他放弃了"潜水者"号潜艇的建造工作，归还了美国海军的经费，开始自己筹资建造一艘新的潜艇。

1897年5月17日，时年56岁的霍兰终于成功地制造出了一艘长约15米，装有33千瓦内燃机的传奇式潜艇。该潜艇采用双推进系统，在水面航行时，以汽油发动机为动力，航速可达每小时7海里，续航力达到了1 000海里；在水下

建设中的"霍兰"号潜艇

潜航时，则以电动机为动力，航速可达每小时5海里，续航力为50海里。该艇共有5名艇员，武器为一具艇艏鱼雷发射管（有3枚鱼雷）和两门火炮，一门炮口向前，一门炮口向后，火炮的瞄准要靠操纵潜艇自身去对准目标。该艇能在水下发射鱼雷，能在水上平稳航行，且下潜迅速，机动灵活。这就是"霍兰-6"号，也是他一生中设计建造的最后一艘潜艇。"霍兰-6"号在潜艇发展史上获得了前所未有的成功，被公认为"现代潜艇的鼻祖"。

霍兰和他的"霍兰"号潜艇

1899年12月，霍兰在华盛顿的一条河中举行了潜艇展览，他的潜艇在水下航行了805千米，超过了当时任何一艘潜艇的航程，在当时引起了轰动。

为了纪念霍兰这位伟大的先驱者，人们又将"霍兰-6"号称为"霍兰"号。但是"霍兰"号潜艇的成功并没有给他本人带来任何好处。由于美国海军部一些官员的偏见和挑剔，这艘潜艇不仅没有被美国海军采用，反而使他受到了恶毒的嘲讽。在一片讽刺声中，他愤然辞职，放弃了其心爱的事业，并最终于73岁时积劳成疾，于1914年8月2日，因肺炎病逝。

霍兰艰辛的创业路程让我们强烈地感受到一位科学巨匠对人类未知领域勇于突破的创新精神和对科学不屈不挠的追求精神。虽然他的有生之年没有得到应得的荣誉，但是却被后人所敬仰。

86. 首创跨海通讯和回声探测设备的发明家
——R. A. 费森登（Reginald Aubrey Fessenden）

R.A. 费森登
（1866—1932）

雷金纳德·奥布雷·费森登是加拿大裔美国籍电子和无线电技术专家，世界无线电广播的发明人。1866年10月6日，他出生于加拿大魁北克，14岁时就被魁北克列治文教会学院授予数学硕士学位。

1886年，费森登移居美国纽约，他希望受雇于著名的发明家托马斯·爱迪生。但是在第一次提出申请时，他被断然拒绝了。费森登说："虽然我是个不懂电力的人，但是我可以学得相当快"，而爱迪生却回答说："不懂电力的人已经够多了"。然而，他坚持不懈，并在年底作为一个半熟练的工人被聘用，为爱迪生机械厂做助理测试员，这个工厂为纽约市铺设地下电源。他很快证明了自己的价值并被爱迪生所赏识。1886年年末，他开始在新泽西州西奥兰治的新实验室直接为爱迪生工作。然而，由于财政问题，爱迪生于1890年被迫解雇了包括费森登在内的大多数实验室雇员。1893年，费森登受邀担任宾夕法尼亚大学的电机工程技术部主席一职。

1900年，为了进行利用沿海广播网络传送气象信息的研究以减少对现有电报线路的依赖，费森登去了美国气象局工作。他首先在音频接收方面进行了深入研究，并在接收器设计方面取得了重大进展。他成功地开发了镇流电阻探测器，该装置

R. A. 费森登

旋转放电器发射机

提高了无线电接收的灵敏度。1900年12月23日，他在位于波托马克河下游马里兰州的柯布岛屿，成功地用高频火花发射机把演讲发送到距离约1.6千米以外的地方，这也是人类历史上第一次使用音频无线传播。虽然，当时声音扭曲得很厉害，但这个试验却表明，随着进一步的技术改进，利用无线电传输音频信号将成为可能。为了让这一技术尽快地成熟起来，他在沿大西洋海岸的北卡罗莱纳州和弗吉尼亚州建立了多个实验站。1902年，在与国家气象局后续的合作中，由于在专利的使用和转让问题上出现了分歧，他中止了与国家气象局的合作，来到由私人资助的国家电信公司继续进行他的无线电研究工作。此后，他开发了一个进行远距离无线电服务高功率旋转火花发射机和一个用于电报和音频传输低功率连续波发电式发射机，并在马萨诸塞州投入使用。

1906年1月，费森登开始尝试建立跨大西洋的无线电服务，即通过使用他的旋转放电器发射机，利用莫尔斯电码使美国马萨诸塞州布兰特岩的信息站和英国苏格兰利汉尼信息站之间能够进行信息交换。这是人类第一次横跨大西洋实现信息双向传输。之后，他不断通过多个途径改进了发射机技术上的缺陷。1906年12月21日，他在布兰特洛克做了一个新型发射机的宣传活动，演示了它在点对点通信以及网络通信的作用。1906年12月24日，也就是平安夜的晚上，他首次用调制无线电波发送音乐和讲话，完成了人类最早的无线电广播实验。从技术角度上说，此举首开了人类实现无线电广播的先河。据史料记载，当天晚上8点钟左右，在美国新英格兰海岸外航行的船上，一些听惯了莫尔斯电码的报务员们，忽然从耳机里听到了朗读圣经的声音和悠扬的乐曲声，最后还听到了"圣诞快乐"

的祝福。他们听到的正是费森登在广播试验中播放的一段亨德尔的音乐和自己演唱的一首平安夜歌曲。12月31日，即新年前夜，他又用这一方式在马萨诸塞州海岸成功地进行了语言和音乐的无线电广播实验。1907年他又将通信距离延长到320千米，送到了纽约。这两次传输的主要听众是在大西洋沿岸的一些无线电运营商。尽管现在这一举动被视为里程碑，但在当时，这两个节目却几乎没有被发现，并很快就被遗忘了。唯一的第一手陈述，似乎是他在1932年1月29日写给他以前的合作伙伴凯特的信中。目前没有已知的任何船舶电台日志，即使在当代文学作品中也没有发现其他相关信息。显然，他在技术上取得了显著的进步，但是却没有获得相应的经济上的回报。由于在公司发展上与两位创始人分歧较大，1911年1月，他离开了国家电信公司，并与公司进行了长达10多年的官司。

虽然，费森登在他1911年离开国家电信公司之后停止了无线电通讯研究，但是，他还继续在其他领域进行研究。1915年，他发明了声波探测仪，这是一种利用水下的物体发送声波确定水深的声呐设备，因此，他获得了1929年美国科学金奖。

在第一次世界大战爆发之际，费森登自告奋勇来到了英国伦敦，他在那里开发了一种检测敌军大炮和定位敌军炮火的装置。虽然，同爱迪生或19世纪的其他许多发明家相比，他几乎不为人知，但是实际上他获得的专利，无论在数目上还是在种类上，都仅次于爱迪生而位居第二，他一生获得的专利达500项之多。

1932年7月22日，费森登在百慕大去世，并被埋葬在岛上的圣马可教堂内。

费森登出生地附近的纪念碑

87. 照亮陆地、海洋、天空的诺贝尔奖获得者
—— N. G. 达伦（Nils Gustaf Dalen）

尼尔斯·古斯塔夫·达伦是一位瑞典物理学家与发明家，他的研究领域重点是机械工程应用。他因发明自动灯塔而获得诺贝尔物理学奖。

1869年11月30日，达伦出生于瑞典的斯滕斯托普，是一个农民的儿子。达伦经营并拓展了他的家庭农场，包括商品菜园、种子园和牛奶场。

1892年，达伦被哥德堡的查尔摩斯工学院录取，主修机械工程专业。在那里，他取得了硕士学位，并在1896年获得博士学位，作为一名工程师毕业。之后，他在瑞士待了一年，跟随斯托多拉教授学习。回到瑞典以

N.G. 达伦
(1869—1937)

后，他在哥德堡进行了一些研究，成为一名工程师顾问。1901年，他成为瑞典硬质合金、乙炔有限责任公司的首席技术顾问。不久，他加入了煤气蓄电池公司，并在1906年成为首席工程师。1909年，该公司重组，更名为瑞典工业气体有限公司，他晋升为公司总经理。

达伦的发明天分最早在他父亲的农场就已经得到了展现。在那里，他发明了一个以古老的纺纱轮为动力的打谷机、检测牛奶乳脂含量和质量的装置、额巴氏杀菌仪器和挤奶机；后来还进行了热气涡轮机的建造研究。

1901年，瑞典工业气体有限公司购买了法国发明——溶解乙炔的专利权。在

此项发明的基础上,达伦开始着手研究自动闪烁的灯塔。不久,他发明了可以控制灯塔燃烧器开关的太阳阀,使灯塔能自动实现日出而熄,日落而燃。这项革命性的发明创造,将灯塔管理的自动化与太阳能的利用完美地结合起来,也彻底结束了之前灯塔看守者的枯燥生活,甚至可以实现全年无人看管。

1906年,达伦主持设计了世界上第一座气体闪光灯塔,并在瑞典加斯菲斯腾岛落成。除此之外,他还发明了一个搅拌器和自动更换煤气灯罩的装置,可以连续不断地为煤气灯罩提供气体和空气,并使内外保持绝对的平衡。

1912年,达伦因为发明了气体闪光灯塔和太阳阀而荣获了诺贝尔物理学奖。也是在同一年,他在室外做乙炔气瓶安全装置实验的时候,突然发生了爆炸,他由于受了重伤而失明。也是由于爆炸受伤,他没能出席诺贝尔奖颁奖典礼,只能由他的哥哥阿尔宾代理出席。在本次颁奖典礼上他赢得了高度的赞许,大家都被他献身科学的精神所感动,甚至把他比作了诺贝尔本人。

此次事故并没有使达伦科学研究的脚步停止,他克服了各种困难,继续从事研究工作。他还取得了点亮巴拿马运河的合同。随后,他又转向热工艺领域的研究,发明了火炉。这种火炉只用3.6千克的煤就可以持续供热24小时,现在仍被广泛使用。

达伦灯

失明之后的达伦大部分时间是在家里进行科学研究，这使他有机会发现妻子为一日三餐而劳累得筋疲力尽。于是，他决心为妻子研制一个简单实用的、适用于任何烹饪方法的锅。他采用了热储存原理，将一个热源、两个大底座、两个烤箱合为一体，于1929年发明出了著名的"AGA锅"，即"AGA cooker"。这种锅在1929年被英国引进，并且非常流行。

达伦于1901年娶了埃尔玛·佩尔松为妻，他们有两个女儿和两个儿子。他们的大儿子贡纳尔，是杰出的工程师，他继承了爸爸瑞典工业气体有限公司（AGA）总经理的职务；小儿子安德斯，是一位医学博士。1937年12月9日，达伦在自己的公馆去世。

虽然，达伦的著作并不多，但是他却为陆地、海洋、天空中的旅客带来了光明，保证了他们的安全，海、陆、空都留有他科学研究的足迹。由于他的杰出贡献，1913年，他成为瑞典皇家科学院的成员；1919年，成为科学与工程学会会员。1918年，他取得了隆德大学名誉博士学位，获得国际乙炔联盟会的"莫尔黑德奖章"。他一生中共获得了100多项专利。

AGA锅

88. 世界"海水温差发电第一人"
——G. 克劳德（Georges Claude）

G. 克劳德
（1870—1960）

乔治·克劳德是法国工程师、化学家、发明家，他的主要贡献是发明了霓虹灯和海水温差发电。

1870年9月24日，克劳德出生在法国巴黎，在巴黎高等物理化工学院接受教育。1886年毕业后，他被一家电力公司录用。作为一名工程师，他曾经在多家工厂工作。1893年，克劳德结婚，随后有了3个孩子。

正是在电力公司工作期间，克劳德开始了他发明创造的漫长职业生涯。在一次高压电线引起的意外事故中他差点丧生，这使他更加重视作业操作中的安全措施。在这种安全意识的引导下，1897年，他发现了安全运送乙炔气体的方法，即将乙炔溶解在丙酮中运输。由于乙炔是一种应用在工业金属切割、金属焊接等项目中的非常重要的气体，所以，他的发现极大地增加了乙炔在工业上的应用。

1902年，克劳德发明了一种制作液化空气的方法，这种方法普遍被其他科学家用来鉴别惰性气体。在分离混合气体的基础上，他还发明了一种从液化气体中分离氖气和氧气的方法。随后，他又研究出大规模生产这些气体的方法。1902年，他和商人保罗·德洛姆一起建立了一家液化气公司。这家公司的总部设在法国巴黎，现在已经发展成为大型的跨国公司。

G. 克劳德

克劳德对惰性气体的研究促成了霓虹灯的发明。他在研究中发现,氖气对电流很敏感,若以足够大的电压通过氖气会使其变得炙热而发光。根据这个发现,他做了一系列氖管的实验,并最终发明了霓虹灯。这种发光的灯管作为一种普遍的光源并不是十分有用,但它美丽耀眼的光芒和能够穿透雨、雾的能力,使它成为天然的广告用光源。1915年,他申请了发明专利并组建了克劳德霓虹灯公司。1923年,他将两个写有 "Packard" 字样的霓虹灯标牌卖给了洛杉矶的一个汽车经销商,总价款为 1 250 美元。从这以后,霓虹灯被引进了美国,很快成为美国户外广告的流行趋势。人们总是会驻足在这第一代的霓虹灯广告牌下仔细观看,赞不绝口,称它为"液态火焰"。

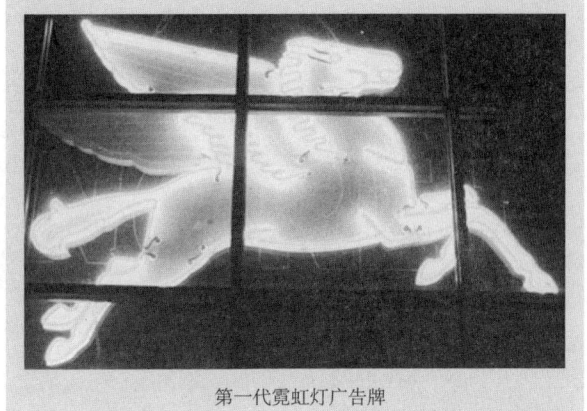

第一代霓虹灯广告牌

1926年,在霓虹灯事业盈利后,克劳德的研究领域转向了发展新能源上。早在1881年,克劳德的老师德尔松瓦就提出了海洋的温差是可以用来发电的。然而,科学的征途总是那么曲折坎坷,这个大胆的设想因为当时技术条件所限而没能实现。45年后,他的学生克劳德继承了他未完成的事业。克劳德对海水的温度差异非常感兴趣,他觉得海水温差是一种天然的能源,应该可以加以利用。他确信可以利用较高温度海水的蒸发和较低温度海水的冷凝来制造一个涡轮式系统,蒸汽在冷、热之间传递所产生的气流能够轻易地启动一个涡轮机。为此,他制作了一个小的模型进行试验。虽然,他的试验获得了成功,但是,很多杰出的科学家都对他的理论提出了质疑,甚至是持反对意见。为了证明自己的理论是正确的,克劳德自己投资在比利时建立了一个工厂。在这个工厂里,涡轮机的确被海水的温差驱动了,从而证实了海水温差发电的可行性。这不仅实现了他老师的夙愿,也为全世界找到了一把开启利用海洋热能的钥匙。他因此被称为"海水温差发电第一人"。

克劳德在实验室

在比利时的工厂成功后,克劳德得到了财政上的支持。1930年,他来到古巴海滨,按照他实验的方法建造了世界上第一座海水温差发电站,并获得了10千瓦的输出功率,为以后大规模利用温差发电奠定了基础。然而,遗憾的是这座电站没多久就垮了,它带着当时人们无法解决的一系列问题永远地沉入了大海。

克劳德不仅是一位出色的科学家,一位精明的商人,而且也是一位绘制了大量水粉画的艺术家。他还是一个古怪的人,有很强烈的右翼政治观点,这直接导致了他晚节不保。第二次世界大战结束后,他因勾结纳粹分子而名誉扫地,并于1945年6月被判终身监禁。74岁高龄的他被捕入狱,也因此失去了法国科学院成员的资格。在狱中,他仍在进行他的实验。这次他试图发明一种用于捕鱼的深水管,这种深水管可以直接将鱼吸入船中,被捕获的鱼会立刻被液态空气冷冻,以保证其新鲜。4年半后,在朋友的帮助下,他出狱了。

1960年5月24日,89岁的克劳德,带着"霓虹灯发明者、海水温差发电第一人"的荣誉离开了人世。

89. 成功设计深海潜水器的航空业先驱
——A. 皮卡德（Auguste Piccard）

奥古斯特·皮卡德是瑞士物理学家、发明家、探险家。1884年1月28日，皮卡德和他的双胞胎哥哥简·菲利克斯·皮卡德在瑞士的巴塞尔出生。皮卡德家族来自于座落在日内瓦湖畔的瑞士小城瓦特，在当地很有声望。他的祖父曾是巴塞尔地区的专员，父亲朱尔斯是巴塞尔大学化学系主任，他的叔父在日内瓦拥有一家生产涡轮的工厂。

皮卡德与哥哥一起进入苏黎世联邦技术学院学习，他主修机械工程，哥哥主修化学工程。1907年，他们一起取得了博士学位。1906年前后，在攻读博士学位期间，他就开始思考去深海探险。

A. 皮卡德
（1884—1962）

他先是绘制出一幅探险家乘坐球体在水下漫游的图景，这个球体拥有足以承受深海水压的厚实坚固的球壁。这个球体与20年后巴顿设计的潜水球惊人的相似，不同的是，皮卡德认为可以在水下的铁球上系一个像气球一样的漂浮物，里面充满比水还轻的物质，利用这个漂浮物和一些砝码来升降铁球。

然而，皮卡德在获得博士学位后，却将注意力从海洋转向了天空。与他的哥哥一样，他也着迷于从太空进入地球高层大气的各种宇宙射线和高能亚原子微粒。为了研究宇宙射线，1913年，皮卡德兄弟从苏黎世出发，开始进行热气球飞行。1914年，第一次世界大战爆发，兄弟两人应招入伍，加入了瑞士军队气球军团，他们的任务就是从空中监视敌军的行动。1915年，兄弟二人均结束服役。

在苏黎世教授物理学期间，皮卡德帮助同事阿尔贝特·爱因斯坦（理论物理学家、思想家及哲学家，也是相对论的创立者）设计仪器，测量宇宙射线的辐射,并因此获得了发明家的声誉。1922年,他移居比利时的布鲁塞尔,在那里任教,并继续思考飞船航行问题。他认为,如果气球可以载人进入高层大气层的话,会观测到更多的东西。但是,从来没有人涉足过大气的平流层,因为那里的空气中氧气含量太少,人是无法生存的。这时,他想起了自己绘制过的深海探测器,为什么不能将它应用于人类同样无法生存的太空呢?于是,他为高空气球设计了一个封闭舱,舱内的空气足以满足驾驶者的呼吸所需。他的这个设计得到了比利时国家科研基金(FNRS)的资助,为了向这个组织表示敬意,他将这个设计称为"FNRS-1"。"FNRS-1"于1930年制造完成,它是一个装有压力舱的飞行器,压力舱也成为现在飞机的标志性特征。1931年5月27日,皮卡德与德国科学家保罗·基普弗一起驾驶氢气球从德国奥格斯堡附近的一个牧场起飞,创纪录地到达了15 785米的高空,他成为人类历史上到达平流层并安全返回的第一人。1932年8月18日,在从苏黎世起飞的一次飞行中,他和另一位副驾驶员马克思·考斯引斯创造了更高的纪录——16 200米。他唯一的孩子,当时9岁的雅克·皮卡德和许多人一起观看了气球升空的情景。到1937年为止,他一直进行气球飞行,共计飞行了27次。

1937年,皮卡德将注意力从大气高度转向了海洋深度,这也是他对海洋的"初恋"。这次,他把设计"FNRS-1"的经验运用到这个最初的计划中,并设计了他称之为"深海潜水器"(简称深潜器)的航行器。他在深潜器上加了一个压力舱,以避免在水深2 000米以下受到难以承受的水压。深潜器分为钢制的潜水球和像船一样的漂浮物两部分。漂浮物内充满比海水相对密度小得多的轻汽油,为潜水器提供浮力;同时又在潜水球内放进铁砂等压舱物,以帮助它下沉。这个潜水器完全可以抛掉系缆绳,在海洋里自由沉浮和航行。由于在制造的前期再次得到了比利时国家科研基金的支持,因此,他把他的第一个深海潜水器称为"FNRS-2"。"FNRS-2"

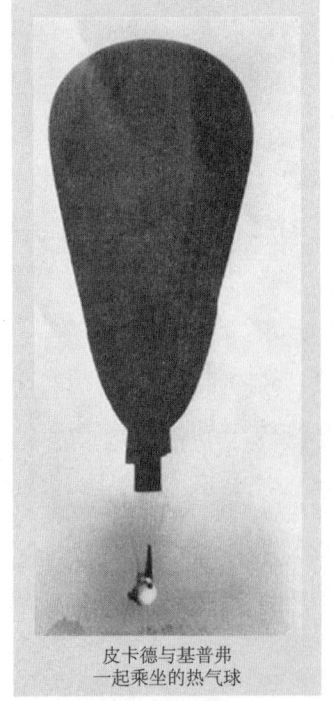

皮卡德与基普弗
一起乘坐的热气球

A. 皮卡德

在第一次无人深海潜水时，只到达了 1 394 米的深度，这与他预期的深度相差甚远，巨浪使漂浮物的薄壁受到了严重的损坏。尽管如此，他的试验，使人类向深海探索的历程跨入一个崭新的纪元。

1950 年，法国从比利时购入了"FNRS-2"，并对它进行了改装，制造出新的深海潜水器。皮卡德在法国海军部担任了一年的顾问，由于与海军部官员相处得不愉快，于是他辞去了顾问的职务，由其他科学家继续完成"FNRS-3"的改造工作，这个设备也创造了多项潜水纪录。而在此期间，皮卡德在一个重要的帮手——他的儿子雅克的支持下，继续进行深海潜水器的研究工作。为了纪念向他们提供部分资金支持的意大利海滨城市，他们把新研制的深海潜水器命名为"的里雅斯特"。

1953 年 9 月 30 日，在意大利蓬扎海岸的地中海上，皮卡德和他的儿子雅克驾驶"的里雅斯特"进行了第一次水下航行，到达了 3 151 米的深度。这次创纪录的潜水也是 69 岁的皮卡德的最后一次潜水。1954 年，他辞去了教职，从比利时回到瑞士。

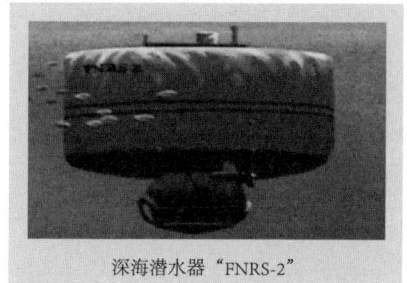

深海潜水器"FNRS-2"

1960 年 1 月 24 日，皮卡德在其有生之年看到了自己的儿子雅克潜入了世界上最深的地方——10 916 米的马里亚纳海沟。皮卡德终生都是一名"教授"，一位安静的学者。1962 年 3 月 25 日，他在瑞士西南部城市洛桑去世。

皮卡德是爱因斯坦和居里夫人（世界著名物理学家、化学家，两次获得诺贝尔奖）的好友。他因发明密封压力舱和同温室气球，也被誉为现代航空业的先驱。法国漫画家埃尔热畅销全球的《丁丁历险记》里的卡尔库鲁斯教授，就是以他为原型塑造的。

90. 深海潜水球的设计制造者
—— F. O. 巴顿（Frederick Otis Barton）

F.O. 巴顿
(1899—1992)

弗雷德里克·奥蒂斯·巴顿是一位美国深海潜水家、发明家和探险家，因为与查尔斯·威廉·毕比共同乘深海潜水球开展深海潜水探险而出名。

1899年6月5日，巴顿出生于美国纽约。他的祖父是一位商人，父亲是哈佛大学的毕业生。他的父亲作为纺织机商人生意做得比较好。巴顿是家里的大儿子，他还有两个妹妹和一个弟弟。1905年，他6岁时父亲因心脏病突发而去世。他的母亲玛丽·洛威尔·柯立芝是位艺术家，她是美利坚合众国第三任总统、美国独立宣言主要起草人——托马斯·杰斐逊的曾孙女。巴顿曾在哈佛大学学习工程设计，研究生阶段在哥伦比亚大学学习自然史。

1926年，巴顿得知年长他22岁的博物学家、海底探险家毕比有建造深海装备的计划时，他正在参加哥伦比亚大学的工程学硕士的学习。他原本就打算自己设计潜水器来探测海洋，还曾经探测过马萨诸塞州海岸的浅层海域，并一直在为设计一种类似的潜水装置而努力。尽管他拥有从祖父那里继承来的大笔财产，但是他仍旧没有能力独自承担一次深海探险的费用。于是，他希望能够借助毕比的声望以及在科学界的影响，获得海底探险方面的经费资助。

1928年年底，在一位记者朋友的介绍下，巴顿见到了毕比。毕比一看到巴顿设计的海水装置图纸，就被其设计所展示的简单风格所吸引。他深信，巴顿的设计发明在深海中一定可以运行。1929年，毕比同意与巴顿合作，并为巴顿的设计起名为：深海潜水球。巴顿向毕比承诺自费制造潜水球，而毕比则负责说服纽约

F. O. 巴顿

动物学协会和国家地理学协会为他们将来的深海探险提供资助。

巴顿建造的第一个潜水球重达4 500千克，他们在百慕大租的驳船根本无法利用绞盘将其提升上去。于是，他下令将它熔化，并重新设计了一个重量只有一半的潜水球。新设计的潜水球上有3个圆柱体的窗台，像小型炮一样从球面上凸出来。圆形的窗户每个有7.6厘米厚，直径20厘

巴顿和潜水球

米，它们是由熔凝石英，即熔化的沙子制成的，这种材料承受压力的能力更强，容许光线透过的色彩范围更广。潜水球的门是圆形的，直径36厘米，勉强够一个成年人通过，由10颗螺丝固定。这个潜水球球体内部备有很多氯化钙，用来减少湿气，同时备有苏打石灰，用来吸收二氧化碳，还有氧气筒为潜水者提供氧气。为了使潜水球内空气流通，巴顿还安装了一个棕榈叶风扇。电线和联络线缠绕在一起，并通过一个3.8厘米粗的电缆连接到球体顶部，电线为潜水员水下聚光灯提供电源，联络线用于潜水员和船上人员之间的联系。球体底部有4个支架，都安装有木质刹车。在水下，这种潜水球用它3.8厘米厚的球壁成功地承受住了预期的水压。

1930年，巴顿的深海潜水球进行了第一次试潜。他是利用驳船将这个空的球体运到位于极品岛附近的海域，然后利用一根1 060米长、2.29厘米粗的铁锁将它放入水下。在同年的6月6日他又进行了第二次测试，这个深海潜水球成功地下潜到460米的水下。1930～1934年，巴顿和毕比一起共进行了16次深海潜水。1932年9月22日，通过国际广播公司和英国广播公司的无线电实况转播，巴顿和毕比与美国和英国的广大听众分享了他们的潜水探险，并向世界传达了他们的兴奋之情。

1934年8月15日，巴顿和毕比乘坐深海潜水球潜入了百慕大水域清澈的海水中，创造了当时最深的潜水记录——923米。在那个深度，深海潜水球每平方厘米的表面都要承受大于240千克的水压。在最深的地方，巴顿他们只待了5分

钟。国家地理学协会联合纽约动物学协会一起为深海潜水器的潜水考察活动提供了赞助。

1934年9月11日,巴顿和毕比乘坐这个深海潜水球进行了最后一次潜水,潜入到至少425米的深度。之后,纽约动物学协会收藏了这个具有历史价值的球体,至今它仍然被陈列在纽约水族馆里。潜水活动一终止,巴顿和毕比的友谊也随之结束。后来,从巴顿的言论和文章中可以看出,他觉得合作中毕比没有完全信任他。巴顿接着拍摄了一部电影——《深海巨人》,并在剧中扮演角色,多次在巴哈马群岛潜水拍摄,此片在20世纪30年代末发行。电影海报称,此电影是关于深海潜水的一部纪录片。但毕比写信给《纽约时代周刊》和《科学》杂志,强调"无论是我,还是我团队中的成员,都与这部电影没有关系"。结果,这部电影以失败而告终。

潜水球

20世纪40年代后期,巴顿又设计了一个水下航行器,并将之称为"球形海底探测器",这个探测器比原来的深海潜水球更加坚固。1949年8月,他乘坐这个探测器抵达了水下1 370米的深度,从而打破了1934年由他和毕比创造的潜水记录。1953年,巴顿出版了自传——《水下的世界》,书中详细描述了深海潜水球的探险经历。

与毕比一样,巴顿也热衷于探索热带雨林,并且将大量时间花在像加蓬之类的地方。1978年,他成功地实验了专门为野生动物电影拍摄设计的"丛林飞船"。

巴顿与毕比的潜水探险具有不可估量的价值,因为他们不仅创造了历史纪录,而且还发现了一些新物种,并为海洋学提供了更好的水下研究工具。在他1930年发明深海球形潜水装置之前,事实上无人了解深海。直至今天,人们对地球上的深海世界仍然知之甚少。现在的许多先进的潜水调查器都大量利用了巴顿最初的设计原理。巴顿于1992年4月15日逝世。

91."核动力海军之父"
——H. G. 里科弗（*Hyman George Rickover*）

海曼·乔治·里科弗，人称"核动力海军之父"，是美国海军的四星上将。他曾经参加过第二次世界大战、"冷战"，获得了美国国会金质奖章、总统自由勋章、"费米奖"。

1900年1月27日，里科弗出生在波兰的一个犹太家庭，当时的波兰受俄罗斯的统治。里科弗这个姓源自距华沙一小时路程的一个村落，当时，整个地区的犹太人都被统治者杀害了。在逃离了被杀害的命运后，里科弗和他的父母于第一次世界大战前移居美国。

H.G. 里科弗
（1900—1986）

9岁时，里科弗便开始工作赚钱。他的第一份工作非常简单，就是在一个运转的机器前举灯，每小时的酬劳是三美分。高中时，他的工作是为西方联盟发送电报。高中毕业后，他申请就读美国海军军官学校，当时的录取比例是3∶1。通过艰辛的努力，他幸运地通过入学考试，进入了美国海军军官学校学习。

1922年6月2日，里科弗从美国海军军官学校毕业，并被委任为海军少尉，在"拉瓦利特(DD-315)"号驱逐舰上工作。他的勤奋、努力和高效给指挥官留下了深刻的印象，1923年6月21日，他被提升为工程军官，成为团队中最年轻的一位。1929~1933年，他一直在潜艇上工作。1933年，他翻译出版了赫尔曼·鲍尔的《潜艇》，成为美国潜艇工作的教科书。1939年，他到了华盛顿担任工程局电气部门总助理的职务，1942年，他飞往珍珠港，组织美军军舰"加利福尼亚"号电力系统的修复工作。第二次世界大战期间，他担任船舶局电力部门的主管，这个职位使他有了指挥大型项目的经验，也为他后来取得许多功绩打下了坚实的基础。

在获得美国海军军官学校机电工程专业的理学硕士学位前，里科弗曾经在哥伦比亚大学学习。在那里，他遇到了他未来的妻子鲁思，她是国际法学的研究生，1931年，在她博士毕业后，他们结了婚。

1946年，美国海军部决定成立原子能研究机构，并挑选一名上校军官来主持

"鹦鹉螺"号核潜艇下水仪式

工作。早就对原子动力情有独钟的里科弗主动提出了申请，并以其深厚的舰艇工程知识和娴熟的动手能力获得了批准，从此他便与核动力结下了不解之缘。在经过周密思考和反复研究后，他提出：美国海军核动力计划的第一步应该放在潜艇上。因为，核动力的最大优势首先体现在潜艇上，只有"航程无限"的核能与"隐蔽出击"的潜艇相结合，才能导致战略作用极为重大的威慑性武器的出现。最终，他的计划被采纳。

1948年5月1日，美国原子能委员会和美国海军联合宣布了建造核潜艇的

决定。1949 年，里科弗被任命为国防部研究发展委员会动力发展部海军处负责人，并兼任原子能委员会、海军船舶局两个核动力部门的主管和核潜艇工程总工程师。从此，他的名字便与核潜艇连在了一起。1952 年 6 月 14 日，世界上第一艘核动力潜艇"鹦鹉螺"号在美国格罗顿举行了铺设龙骨的仪式，杜鲁门总统亲自参加了这一仪式，国防部长及三军司令也都乘专车前来观瞻。

里科弗检查核潜艇

1954 年 1 月 21 日，世界上第一艘核潜艇"鹦鹉螺"号诞生，建造经费共计 5 500 万美元。"鹦鹉螺"号总重 2 800 吨，艇长 97.5 米，宽 8.4 米，吃水 6.7 米，水上排水量 3 700 吨，水下排水量则达到 4 040 吨；配备了 6 具鱼雷发射管，可携带 18 枚鱼雷；下潜深度 200 米；可在最大航速下连续航行 50 天、航程 3 0000 千米而不需要添加任何燃料。与当时的普通潜艇相比，"鹦鹉螺"号的航速大约快了一半；整个核动力装置占船身的一半左右，艇体外形与内部、动力仪器与作战装备都是最精密的科学产品，用流线型的外貌与简便的控制装配起来，艇体外壳显得更为厚实。在深海中行进时，凭其特装的声呐，可以自由地探路，无触礁撞石的危险。

从 1954 年 1 月 21 日下水到 1957 年 4 月第一次更换燃料棒时为止，"鹦鹉螺"号总航程达 62 526 海里，仅消耗了几千克铀，而常规潜艇将会消耗大约 8 000 千克燃油。"鹦鹉螺"号还以首次水下航行抵达北极点而闻名于世。"鹦鹉螺"号所展现的核潜艇的巨大魅力还不仅于此。据美国披露，自从"鹦鹉螺"号服役后，美国用它进行了多次潜－舰对抗以及反潜演习。1955 年 7~8 月，在"鹦鹉螺"号首次进行的作战演习中，它轻而易举地战胜了包括一艘反潜航母在内的反潜编

水面上行进的"鹦鹉螺"号

队,共"击沉"了7艘"敌舰"。随后,在一次的演习中,受到"鹦鹉螺"号攻击的水面舰艇数量达到16艘,其中包括航母2艘、重巡洋舰1艘,以及驱逐舰9艘,其余的4艘为油轮与货轮。

据美国统计,"鹦鹉螺"号在历次演习中共遭受了5 000余次攻击。如果是常规动力潜艇,它将被击沉300次,而"鹦鹉螺"号仅为3次,"鹦鹉螺"号展示出核潜艇确实具有无坚不摧的作战能力。

"鹦鹉螺"号首开应用核动力的先河,由此,也推动潜艇的建造进入了又一个新纪元。"鹦鹉螺"号的成功,立即引起了前苏联海军的不安和奋起直追。1959年,苏联海军建成自行研制的首艘核动力潜艇,一时间掀起了一个核动力潜艇的发展浪潮。

1982年1月31日,在美国海军服役了63年、为13届总统鞠躬尽瘁的里科弗不得不退役,时年82岁。1986年7月8日,他在美国弗吉尼亚州的阿灵顿县去世。

鉴于里科弗对美国海军发展所做出的贡献,他曾经两次获得美国国会金质奖章;1980年,他荣获国家最高的非军事荣誉——总统自由勋章。他还荣获过61个平民奖和15个荣誉学位,以他名字命名的有潜艇、社团、建筑等。

92. 现代水下呼吸器的发明者
——J-Y. 库斯托（*Jacques-Yves Cousteau*）

雅克－伊夫·库斯托是一位法国海军军官、海洋探险家、生态学家；同时，他又是电影制片人、摄影家和作家、法兰西学院院士。他发明了水下呼吸器，使业余潜水者能够亲身体验神奇的水下世界；改进了水下摄像技术，不仅将海洋深处不可名状的美丽景象带入了普通家庭的客厅，而且还鼓舞了后来的科学家去开发被他称之为"没有太阳的世界"；他开启了海洋探险的新时代。

J-Y. 库斯托
（1910—1997）

1910年6月11日，库斯托出生于法国波尔多地区附近的沿海小镇——库兹克圣安德烈。他的父亲丹尼尔是一位律师，为一个美国富商做私人秘书。库斯托虽然在4岁时就学会了游泳，但是由于患有慢性肠炎，经常被禁止进行剧烈运动。后来，他父亲的老板建议他通过多做运动来强健体魄，尤其是游泳。这使原本就喜欢游泳的库斯托很快就成为一个非常强壮的游泳健将。

库斯托从小就热爱海洋，并且在少年时期就对机械和电影制作产生了兴趣。但是，对于学校生活，他感到很无趣，并且有意在学校制造各种麻烦，最后被学校开除了。于是，他的父母只好将他送到了一所近乎军事化管理的寄宿学校，从而使他的行为得到了约束和纠正。19岁那年，他光荣毕业。

1930年，库斯托通过激烈的竞争，考入了布雷斯特的法国海军学院，并以全班第二的好成绩毕业，获得工程学学士学位。之后，他加入了法国海军，1933～1935年任职于远东的一艘远洋舰上。那时，他的志向是在天上，并决定

库斯托（左）和艾米尔（右）

去飞翔。于是，他参加了一项为期一年的海军飞行课程。但是事与愿违，1936年，在他去参加朋友的婚礼的途中发生了车祸，受了重伤，险些被截去右臂，这改变了他的人生。经过漫长而痛苦的恢复后，他的右臂还是有轻微的弯曲，这成了他终身的遗憾，他因此无法实现自己的飞行梦想。海军部将他安排在地中海沿岸的图伦基地，让他做了一名炮兵指导员。

库斯托虽然右臂有些残疾，但是，在水中他可以比大多数人潜得更深，同时，他还一直在思考如何使人类在水下的时间可以超过一次深呼吸的时间。他开始用一个防毒面具、内置软管和一个氧气瓶进行试验。经过两次试验失败后，他确信浓缩空气应该是更好的选择，此外，他还需要一个可以自行调节的阀门。

1942年，在做煤气销售公司经理的岳父的安排下，库斯托与工程师埃米尔·加涅昂会面。他们成功地试制了一个可以自动调节的阀门，然后，在巴黎郊外的马恩河上用一罐浓缩空气进行了试验。经过反复试验，几周后他们成功地调整好了他们的仪器，并将它命名为"水下呼吸器"，即"水肺"，并为此申请了一个专利。尽管"水肺"重达约23千克，但在水下却并不显得很重，它可以让潜水员在水下自由移动。库斯托用它进行了数百次的潜水试验，每次都因看到了美丽异常的水下景色而欣喜若狂。此后，他不断改进设备，希望能够下潜得更深。

第二次世界大战期间，库斯托不但利用自己的语言优势帮助法国军队加入了协约国，还组织了一个突击队反对意大利在法国的间谍活动，因此获得了多个勋章。他还曾经被授予法国最高级的军事荣誉——荣誉勋位。战争结束后，法国军队给他安排了一个文职的工作。为了能够回到水中，库斯托说服政府建立了一个正式的水下研究小组，他的朋友菲利普·泰勒任指挥，弗雷德里克·大仲马以民间专家的身份加入。这个水下小组成立后,他们不但将图伦港口的战争残骸清理干净,而且还寻找和排除了德军遗留的水雷。他们曾经对阿维尼翁附近的沃克吕兹泉进行研究开发,也

"卡里普索"号

承担了位于突尼斯马赫迪耶的罗马残骸的勘察工作。对罗马残骸的勘察工作是第一次使用自主式潜水装置的水下考古活动,开创了科学水下考古的先河。与此同时,他们这个小组还制作了一些潜水电影短片,并向大众展示了从潜水艇中发射水雷的全过程。

1950年,库斯托成立了法国海洋运动组织。与此同时,瑞士物理学家奥古斯特·皮卡德深海潜水器的初次试航,使库斯托非常渴望拥有自己的航海工具。因此,他说服英国一个富有的慈善家提供经济支持,购买了一艘扫雷艇,并将其改造成海洋研究开发用船——"卡里普索"号,作为潜水和电影制作的基地。"卡里普索"号上装有观测甲板和水下观测室,船腹中设有一个横贯其间的浅水井。就是在这艘船上,他横越了这个星球上最富魅力的海洋以及大大小小的江河,他还在地中海进行了水下考古和发掘工作。"卡里普索"号发现了海底的火山盆地,鉴别了多种珍稀的海洋动植物,搜集了许多物种的标本,绘制了5 030米的深海海图,创造了许多新的纪录。

1957年,库斯托从海军退役。受到摩纳哥国王邀请,退役后的库斯托开始领导摩纳哥海洋中心,这使他可以继续在"卡里普索"号上进行他的事业。1959年,他设计了双人潜水碟,能够潜到350米深,并待6个小时。成功的试验很快得到了重复,1965年,两架水下交通工具下潜到水下500米的深度。这些都保证了他可以有更长的时间观察研究水下各个深度层中的海洋生物。

为了研究人类能否在海底长时间生存,1962年,库斯托和他的团队修建了第一个人类水下居住舱,他称之为"大陆架"。这个居住舱被安置在马赛附近地中

整装待发的库斯托

海水下大约12米深的地方,他使用无线电缆和视频电缆使地面人员与位于"大陆架"的2名潜水员保持联系。1963年,他又将"大陆架"二号放入了苏丹港东北部的红海中。"大陆架"中二号包括2个房间:位于10米深的海星房和位于30米深的深度舱。研究的结果是:5名轻装潜水员在海星房中生活了4周的时间,2名潜水员在深度舱中度过了一周。1965年9月,"大陆架"三号被建在地中海108米的深处,有6个人在这个球形的空间里生活了28天。最后,由于费用昂贵,水下"大陆架"实验告终。

库斯托利用他的声望不断呼吁人们要关注和保护海洋世界。1974年,他成立了"库斯托协会"来保护海洋生物。这是个非盈利性组织,现在已在全世界拥有超过30万名成员。1992年,他应邀到巴西里约热内卢参加联合国国际环境发展研讨会,并成为联合国和世界银行的常任顾问。

少年时的库斯托就对电影制作非常感兴趣,为此他购买了一部摄影机,并随身携带着它。在以后的工作中,他发明了水下摄像技术,利用摄像机进行水下拍摄并制成电影、电视纪录片,获得了众多奖项。1942年,在他发明"水肺"进行深海潜水的同时,他还完成了他的第一部水下电影《18米之下》。这部电影在1943年戛纳电影节上好评如潮。

1953年,库斯托和大仲马一起出版了《无声的世界》一书,并拍成电影,在1956年的戛纳电影节上首次公映,摘取了此次电影节的最高荣誉。第二年,该片又获得奥斯卡最佳纪录片奖。此后,他继续拍摄了70部标准长度的电影和电视专刊,全程记录了他在"卡里普索"号上的探险经历,并因此获得了许多奖项。

1963年,库斯托将"大陆架"二号中的生活点滴拍成了电影《没有阳光的世界》,在1964年获得了奥斯卡最佳纪录片奖。此外,在工作之余,他还制作了许多电影系列和电视特辑,其中包括《雅克－伊夫·库斯托的水下世界》、《库斯托的冒险》和《库斯托亚马逊》。他的电影简单,但却非常迷人;他的纪录片获得了40多个艾美奖提名。他还创作了多部著作,其中最受欢迎的2部是《鲜活的海洋》和《海洋世界》。他还出版了百科全书《雅克－伊夫·库斯托的海洋世界》,共20卷。

库斯托与弗朗辛

回顾库斯托的一生,其家庭生活还算美满,但晚年生活并不如意。1937年,库斯托与西蒙·梅尔邱结婚。1938年和1940年,他们的2个儿子吉恩－麦克和菲利普分别出生,他们在离图伦基地不远的桑纳海岸买了一所房子。西蒙的父亲曾经在海军工作,这使她和库斯托一样对海洋有着浓厚的兴趣。她也是一位技术高超的潜水者,曾经陪同库斯托经历了几乎所有的探险。1979年6月28日,在"卡里普索"号去葡萄牙远征中,他的二儿子菲利普——他已选好的指定继承人,在里斯本附近的塔霍河上因飞机坠毁而身亡。他悲痛欲绝,并将他的大儿子、建筑师吉恩叫回身边,以后他们一起合作持续了14年之久。

1990年12月2日,陪伴库斯托50多年的妻子西蒙死于癌症。这位花在"卡里普索"号上的时间比她的丈夫还多的极具人格魅力的女人是他研究团队的"缪斯"。

1991年6月,库斯托在巴黎与弗朗辛·垂普莱特结婚。婚后,弗朗辛继承了库斯托基金和库斯托协会的领导工作。库斯托于1997年6月25日因心力衰竭在巴黎去世,享年87岁。

库斯托取得过多所大学的荣誉学位,他是法国科学学会的成员、美国科学院的外籍成员。1961年,他被授予美国地理学协会金牌,1977年获得了联合国国际环境奖,1985年获得美国总统自由奖章,2000年被加入美国名人堂。

93. 海洋温深仪的发明者
——A.F. 斯皮尔豪斯（*Athelstan Frederick Spilhaus*）

A.F. 斯皮尔豪斯
（1911—1998）

阿瑟尔斯坦·弗雷德里克·斯皮尔豪斯是一位美国地理学家、海洋学家和发明家。他作为"海洋补助金计划之父"和温深仪的发明者而闻名于世。

1911年11月25日，斯皮尔豪斯出生在南非的开普敦。小时候，他生活在纳塔耳附近的农场里，随后进入了英国的一所学校上学。15岁时，他回到了南非，就读于开普敦大学。1931年，他获得了开普敦大学的学士学位。

大学毕业后的那个暑假，斯皮尔豪斯做了两项工作：在印度洋上的一艘货轮上做工程师学徒，在德国的一个飞机制造厂做志愿者。暑假结束后，他移居美国，在马萨诸塞理工学院学习空气动力学，1933年获得了硕士学位。他相信，要想成为一名优秀的工程师，必须既会操作先进的机械设备，又懂得其研究方法，于是他又学习了两年的气象学。

1934年，当斯皮尔豪斯还是个学生的时候，他就和伍兹霍尔海洋研究所联系在了一起。当时，他就开始和研究所的工作人员，也是和他的老师们一起搞科学研究。1936年，他在伍兹霍尔海洋研究所担任助研。他也曾经任职大学助理教授、物理海洋学调查人员，1942年成为气象学教授。1946年，他正式成为美国公民。他1948年取得了开普敦大学博士学位，1949～1966年任明尼苏达大学工学院院长，1966年成为物理学教授，1967～1969年任富兰克林学院院长，

A. F. 斯皮尔豪斯

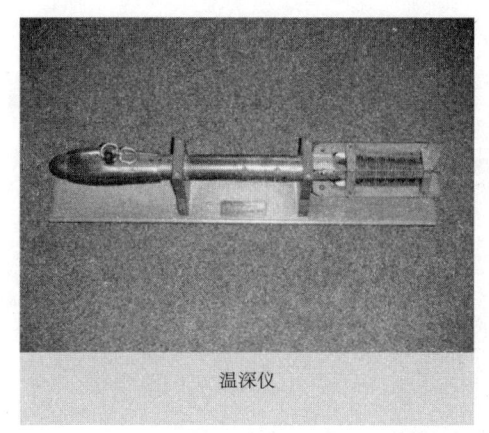

温深仪

1971～1974年担任伍德罗·威尔逊国际学术中心的研究员，1974年任国家海洋大气局局长的特别助理。他还曾经被美国多届总统重用过，例如，艾森豪威尔总统任命他为联合国教科文组织执行委员会的美国首席代表，肯尼迪总统任命他为西雅图世界和平专员，约翰逊总统任命他在国家科学委员会任职。

学生时代的斯皮尔豪斯就表现出了发明创造的天赋。在就读开普敦大学期间，他曾经用一辆破旧的汽车改装了一个沙滩艇，并到他家附近的一个浅滩上试航，这让他初次尝到了发明创造的滋味。

斯皮尔豪斯的研究涉及海洋学、气象学、天文学和空间计划等广泛领域。为了能更容易地获取海洋表层深度和温度的变化轨迹，他协助他的老师卡尔－古斯塔夫·奥维德·罗斯贝研究一种叫做海洋曲线表的仪器。但是，这个海洋曲线表设计得并不理想，为此，他在南非待了整整一年的时间去思考问题出在哪里，如何才能设计出一种更有效的仪器设备。之后，他回到马萨诸塞理工学院，将他的想法付诸实践。1936~1937年年初，他在亨利和哥伦布的帮助下，有机会到船上去试验和改进他的设计。1937年夏天，他终于成功地设计制作了温深仪。所谓的温深仪，即海水温度和深度自动记录仪，它是一种小的鱼雷型装置，内部装有温度探测器和可以探测出水压变化的元件。把温深仪从船上向海水里投放，它会在掉进海水的过程中记录下海水的压力变化和温度变化的数据。斯皮尔豪斯认为他的温深仪可以广泛应用于获知关于海洋的基本原理——例如，温度和深度对海洋生物的影响以及洋流的结构，尤其是大洋流两边的旋涡的结构。第二次世界大战时，在与德国潜艇的对抗中，这种温深仪发挥了重要作用。第二次世界大战期间，他也因为发明出利用遥感探测上层大气用的气象学仪器而受到嘉奖。除此之外，斯皮尔豪斯还设计发明了诸如钟、灯、"太阳三角"等实用设备。

1964年在华盛顿举行的一次讨论会上，斯皮尔豪斯首先提出仿照土地补助金学会计划，通过大学来支援海洋学研究的想法。现在已经取得成就的国家海洋补助金计划，就是出自他的那次建议，因此，他被称为"海洋补助金计划之父"。

矗立于纽约市的"太阳三角"

斯皮尔豪斯设计的"太阳三角"，是一个巨大的雕塑品，现矗立在纽约市一栋现代大楼前。在夏至（6月21日）的下午13时整，太阳的光线会与"太阳三角"最陡峭的一边平行；冬至（12月21日）正午的太阳光线会与"太阳三角"最平缓的一边平行；春分（3月21日）和秋分（9月21日），正午太阳的光线会与"太阳三角"的第三边平行。事实上，纽约市甚至是整个美国大陆，太阳光线即使是正午，也不会垂直于地面。"太阳三角"正好说明了这一点。

斯皮尔豪斯一生著有11本书，发表了300多篇研究论文。在去世的时候，他还担任着多种职务。他是美国国家海洋中心基金会的董事长，国家渔业中心和美国水族馆咨询委员会内地部主席，国家科学院海洋学研究委员会和极地研究委员会成员，美国报业出版联盟科学顾问委员会主席，年度海洋基金委员会的成员；也是南非皇家学会、美国气象学会、美国湖泊和海洋学学会、美国哲学学会的成员、英国皇家气象学会、美国地球物理学联盟、美国科学发展协会的会员等。

斯皮尔豪斯还有一个业余爱好——玩具收藏，他收藏了至少5 000个来自不同国家的玩具。在他弗吉尼亚的家里有好多个房间都被用来摆放这些玩具，俨然一个玩具博物馆。这些玩具都是通过机械运动、重力作用或调速轮来获得动力。他的特殊爱好还有设计七巧板，对他来说七巧板也是一种玩具，而且它更好地解释了板块构造论。他还发明了空间时钟，他的兴趣爱好似乎是无止境的。他说，在他的生活里，"没有办法将工作和玩具真正地划清界限"。

1998年3月30日，斯皮尔豪斯在弗吉尼亚的家中去世。他的离世令世界海洋学界感到无比的悲痛。

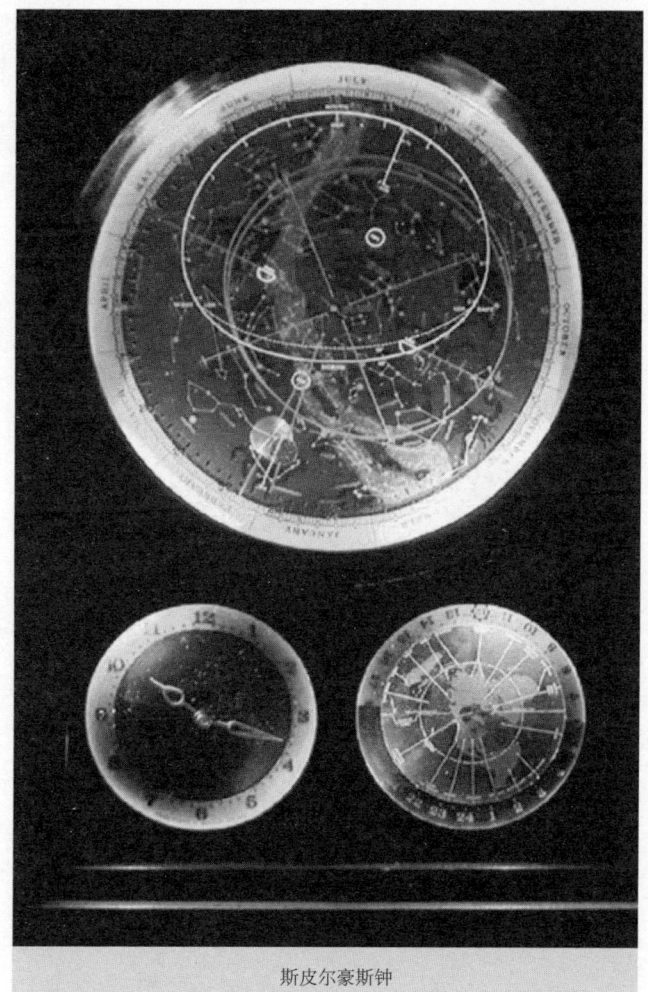

斯皮尔豪斯钟

94. 世界上最著名的载人深海潜艇之父
——阿林·文（Allyn Vine）

阿林·文
（1914—1994）

阿林·文是美国伍兹霍尔海洋研究所的一名传奇人物。他是一位海洋学家、地球物理学家、工程师。

1914年6月1日，阿林·文出生在美国俄亥俄州的加勒茨维尔市。他聪明过人，青少年时期就从家附近的电话工厂的废品堆中收集材料，开始进行发明创造。

1936年，阿林·文获得了海勒姆学院物理学学士学位。海勒姆学院是位于俄亥俄州海勒姆附近的一所小型学院，在那里，他与未来的妻子阿德莱德·荷顿相遇。1940年，他从位于宾夕法尼亚州伯利恒的利哈伊大学毕业，并获得了地质学硕士学位。

阿林·文在利哈伊大学的导师是威廉·莫瑞斯·尤因。20世纪30年代末，他陪同尤因一起乘坐伍兹霍尔海洋研究所的研究船——"亚特兰蒂斯"号进行了多次海上考察。1940年，他正式成为伍兹霍尔海洋研究所的成员。

阿林·文的第一个专业研究项目是利用回声仪来绘制海底地图。第二次世界大战期间，他利用这项技术帮助美国海军成功地破解了水下声音传送与海水温度之间的关系。他和尤因还改造了深海温度测量器。当潜艇来往于不同的海洋深度时，这种设备可以不间断地记录当时的海水温度变化，还可以精确地计算出在某个深度时潜艇所需要的压舱物的数量。同样，潜艇也可以利用它来确定海洋中温度的变化层——温跃层的位置。1972年，为了表彰阿林·文为深海温度测量器所作出的贡献，美国海军授予他海军部海洋学家奖。颁奖评语写道：阿林·文的发明创造在无形中挽救了无数的生命，为美国节省了数百万美元船只和设备的开支。

　　有过潜艇工作经历的阿林·文相信，潜艇或者类似的潜水器对海洋学研究非常重要。20世纪30年代，当他还是一名物理学研究生时，便提出了建造深海潜艇的设想。1957年，海军研究办公室在意大利对"的里雅斯特"号进行了试潜，阿林·文当时也参与了这项工作。他对这次试潜工作印象深刻，并极力建议海军研究办公室购买它。不过他也意识到"的里雅斯特"号的局限：视窗太小，几乎无法横向移动。随后，明尼苏达州通用食品公司的机械师弗罗林奇在与阿林·文及"的里雅斯特"号的科学家们商谈后，重新设计了潜水器"小海豹"。又是在阿林·文的强烈建议下，伍兹霍尔海洋研究所决定向海军研究办公室提供资助，共同援助修建了"小海豹"，并决定将这个未来的潜水器以阿林·文的姓名命名为"阿尔文"号。

　　1964年5月，"阿尔文"号潜水器竣工，长6.6米，宽2.4米。它的白色外壳由玻璃纤维制成，这种材料既坚固又轻便，球体顶部有一个名为瞭望塔的凸出

深海中的"阿尔文"号

"阿尔文"号潜水器在作业

部分,在球体后方是一个巨大的螺旋桨,两侧各有两个稍小一点的螺旋桨,其中一边还有一个不锈钢的机械臂,其末端带有一个钳子。乘务舱能够容纳5个人,并开有5扇窗户:朝前一扇,两侧各一扇,向下一扇,向上一扇,而上面一扇就是球体顶部的舱门。球体的下层用来存放电池组和压舱物。6月5日,阿林·文的妻子阿德莱德在伍兹霍尔"启动"了"阿尔文"号。8月,阿林·文亲自参加了"阿尔文"号的第二次载人潜水。

1973年,"阿尔文"号被换上了新的钛金属壳体,下潜深度加深到了3658米。1978年,它被换成钛合金舱架,又安装了一条机械臂,可下潜到4000米。1994年,它又到达了4500米的深度。"阿尔文"号既可以在高低不平的海底任意移动,又可以在水中自由漂浮,还可以停留在海底完成科学研究和工程任务,同时可以进行摄影与拍照。一般情况下,"阿尔文"号的下潜可持续8小时,4小时上下往返,4小时工作,必要时可持续工作72小时。

"阿尔文"号潜艇是世界上最著名的深海考察工具,被大多数人称作"历史上最成功的潜水器"。地质学家可用它来研究海底的组成；微生物学家可用它来获取深海细菌新品种；化学家则可用它来洞察地球的化学作用。"阿尔文"号的水下生涯，经历了海中寻找"失踪"的核弹、探索深海热液喷口处的奇特生命体、参与法美中层海洋水下研究项目、拍摄"泰坦尼克"号的残骸等。

阿林·文在伍兹霍尔度过了辉煌的40年职业生涯。起初，他是作为一名物理学家进入伍兹霍尔海洋研究所，1950年他被分在海洋学院，1963年成为资深科学家。他设计了许多海洋学研究工具和设备，例如，性能更好的回声测深仪、可以拍摄海底画面的摄像机等。20世纪70年代初，他发明了在恶劣的天气条件下搬运重型设备、潜艇和小船的新方法。

"亚特兰蒂斯"号研究船

1982年，阿林·文被选为美国国家工程院院士，并获得了多项荣誉，包括：为海洋学和工程学所设立的"洛克希德奖"，船舶设计师和海洋工程师协会设立的"布莱克里·史密斯奖章"。1979年，尽管他从伍兹霍尔海洋研究所退休，但是他仍然以荣誉科学家的身份继续在那里工作。

1994年1月4日，阿林·文因心脏衰竭，在伍兹霍尔小镇的家中去世。在他去世后，美国当代海军史专家加里·威尔这样评价阿林·文："他是当代科学的中枢，他的思想既天马行空又前后关联，这是其他人所无法比拟的。"

阿林·文去世后，"阿尔文"号又服役了10年，共计完成了4 000多次潜水。

95. 世界深海探险史上的伟大传奇人物
——J. 皮卡德（Jacques Piccard）

J. 皮卡德
(1922—2008)

雅克·皮卡德是一位瑞士著名的深海探险家和发明家。

皮卡德出生于声名显赫的皮卡德科学世家，他的父亲是奥古斯特·皮卡德。他同父亲、儿子三代人各自创造了一项世界纪录，他的父亲是第一个看到地球曲线的人；他本人在水里下潜的深度前无古人；他儿子是第一个驾驶气球不间断地成功环绕地球的人。

1922年7月22日，皮卡德出生在比利时首都布鲁塞尔，后来随父母定居瑞士。他从小就与大海结缘。那是在1925年的夏天，小皮卡德才3岁大，他和父亲一同乘船出海，突然暴风雨向轮船袭来，所有的乘客都被送下甲板，进入轮船的"肚子"里。这时，父亲对不安的皮卡德说，愤怒的海浪奈何不得我们，因为我们现在处于水下。父亲的话让小皮卡德有了安全感，他很快安静下来。有个甘愿为科学研究冒险的父亲，皮卡德的骨子里充满了探险的冲动。

1946年，皮卡德获得了日内瓦大学经济学博士学位。毕业后，他曾经在大学里教了两年书，但是他的兴趣逐渐向父亲的事业靠拢。后来，他干脆辞去了教师的职务，全部时间都与父亲一起，进行潜水球的设计和深海探险。著名的"的里雅斯特"号潜水器就是他和父亲一起设计发明的。

1953年9月，皮卡德父子驾驶着新设计出的改进型深海潜水器"的里雅斯特"

号潜入 3 150 米深的海中,又一次创下了人类深海潜水的新纪录。1958 年,"的里雅斯特"号以 25 万美元转卖给美国海军。美国海军部承诺,在执行"特殊疑难潜水"时,会让他驾驶这个深海潜水器,于是他以顾问的身份随着这个潜水器一起到了美国。在皮卡德父子的直接领导下,美国海军从德国购置了一种耐压强度更高的克虏伯球,用于建造新型的"的里雅斯特"号深潜器。

1958 年,新型的"的里雅斯特"号首次试潜就潜到 5 600 米的深度;第二年又潜到了 7 315 米深。那时,英国、法国、苏联都有潜入马里亚纳海沟的计划,为了让美国的威慑力大幅提高,美国海军部决定利用"的里雅斯特"号征服这个"挑战者深渊"。1959 年 10 月,"的里雅斯特"号被运送到了西太平洋上的美军基地——关岛。1960 年 1 月 24 日,皮卡德和美国海军军官唐·沃尔什乘坐"的里雅斯特"号,首次潜入了世界大洋中最深的海沟——马里亚纳海沟,最大潜水深度达到 10 916 米,创造了人类历史上最深的潜水记录。在那里,他们发现仍然有生物和海流的存在。

那次马里亚纳海沟的潜水经历让皮卡德终生难忘。一开始的情况就很糟糕,因为潜水器在运送途中被撞坏了。潜水器与岸上人员通话的设备被彻底损坏,测量垂直速度的两个计速器也不能用了。在这样的情况下,还要潜到 10 000 多米的深海里,是不是太疯狂了?皮卡德感到不安。不过,最后他还是决定这样做,因为要想修复或更换被损坏的部件要很长的时间,谁也不想推迟探险的时间。当潜到水下 9 875 米深处的时候,突然发生一次剧烈的爆炸!潜水器就像经历了地震一样颤抖,他和来自美国的同伴沃尔什不知道出了什么问题,"潜水器漏油了吗?"这是他最担心的,如果油箱漏油,

"的里雅斯特"号

他们就不能上浮，那他们就死定了。幸运的是，"的里雅斯特"号还在运动，那说明情况没那么糟。"我们继续下潜，就像刚才一样，没有多余的废话，我和同伴一致决定。"皮卡德回忆说。在到达10 916米深处的马里亚纳海沟底部时，他和同伴凭借潜水器上的探照灯找到了潜水器颤抖的原因——一扇舷窗出现了裂痕。不过，他很快断定，他们的生命不会受到威胁。于是，他开始端详这个人类未知的大洋最深处："这里就像沙漠一样，是由坚固的沉积物组成的一块平地。"皮卡德惊讶地发现一条30厘米长的比目鱼，就躺在附近的海底上。这条古怪的鱼在后脑勺长着两只圆眼睛，非常慢地从潜水器边上游过。"就在我看见它的同时，长在它后脑勺的两只圆眼睛也在看我们。"在10 000多米的深海能看见这样的高级生物，令他感到十分惊愕。他在《大洋深处的日志》中，丝毫不提自己当初面临的是怎样的危险——10 000米深处的海水压力能把他压成碎片。他只是写道：

马里亚纳海沟

"10 000米，一个美妙的数字。一切进展顺利。"他还说，他乘坐的潜水器设计下潜的最大深度可以超过20 000米。

"我百分之一百地信赖自己的计算。"

在这次里程碑式的潜水之后，美国艾森豪威尔总统授予皮卡德公共服务杰出贡献奖。此后，他继续从事深海探险工作，研究深海洋流和海洋生物。正是由于他们对深海水下生物的发现，国际社会才开始决定禁止向大洋深谷丢弃核废料。他仍然热衷于潜艇设计，他设计的三人潜艇"羊皮纸"号，在

J. 皮卡德

欧洲被广泛地应用于工业、科学和救援等各方面，一共进行了 700 多次湖泊潜水。

到 1966 年为止，皮卡德一直担任美国海军顾问。实际上，在马里亚纳海沟潜水后不久，他就回到了瑞士，继续与父亲合作，制造一种被他们称之为"浅水探海艇"，或叫"中船"的航行器。

皮卡德一家

它的预期下潜深度只有 606 米。也正是因为如此，它可以比深海潜水器更大、更舒适，里面有点像小型客机的机舱。他共设计建造了 4 艘浅水探海艇，其中包括用于游客在水下游览日内瓦湖的世界第一艘旅游潜艇。

皮卡德不仅将浅水探海艇看作吸引游客的砝码，而且他还向伍兹霍尔海洋研究所提议，使用"中船"对流经美国东部的湾流进行探测，以便研究深海湾流和其中的海洋生物。1968 年，"本·富兰克林"号航行器建成。1969 年 7 月 14 日~8 月 14 日，他带领 6 人利用"本·富兰克林"号，完成了从美国佛罗里达州到加拿大新斯科舍之间的湾流探险，并取得了丰硕的成果：数百小时长的"海底声波定位图"磁带、数百张海底图片以及描述浅水探海艇内日常生活的图片。

晚年的皮卡德积极投身环保事业，他提倡保护海洋及其生态，以避免由人类活动所造成的污染、过度捕捞和其他危害。20 世纪 70 年代，他成立了一个海湖研究保护基金会。

皮卡德是世界深海海域探险史上的一位传奇人物。1960 年，他获得了西奥多·罗斯福杰出贡献奖。1970 年和 1971 年，法国艺术、科学和文学协会、比利时皇家地理学协会分别授予他金质奖章。1972 年，比利时政府授予他利奥波德勋章。2008 年 11 月 1 日，86 岁的皮卡德去世。

有一位作家曾经这样总结皮卡德祖孙三代，"这三个人最疯狂的梦想是变成鱼或变成鸟。不过，最了不起的是：他们最终都梦想成真"。

96. 为深海探险研究作出显著贡献的海洋学家
—— D. 沃尔什 (Don Walsh)

D. 沃尔什
(1931—)

唐·沃尔什是一位美国海洋学家、探险家和海洋政策家。他曾经和雅克·皮卡德一起乘"的里雅斯特"号到达海洋的最深处——10 916米的马里亚纳海沟，并获得了美国总统艾森豪威尔授予的优质勋章。

沃尔什出生于1931年9月2日。他拥有美国海军学院的工程学学士学位、圣地亚哥州立大学的政治学硕士学位和美国德克萨斯农业与机械学院物理海洋学的硕士和博士学位。他被卡特总统和里根总统委任到美国国家海洋和大气咨询委员会工作，他还是美国国务院海洋法律咨询委员会成员。此外，1990~1993年，他是美国国家研究委员会海洋部的成员。

沃尔什将自己的一生投身于海洋科学、工程学和海洋政策。1954年，他从美国海军学院毕业之后，成为美国海军的军官。他有15年的时间是在潜艇上度过的。1959~1962年，他是海军深海潜水器——"的里雅斯特"号的首席指挥官，凭借自己海洋工程和海洋技术方面多年的知识积累和娴熟的技术操纵了"的里雅斯特"号。当时，经过系统培训的、可以承担海底作业的指挥人员长期短缺，针对这种情况，他提出：必须提高人们对海洋的重视程度，在海洋学人才引进和人才培养上下工夫，他的观点使他成为美国国家考察委员会的重要成员。

D. 沃尔什

沃尔什还从事为美国海军服务的有关海洋调查和研究的工作,他为海军服役24年。退役后,他就职于南加利福尼亚大学,成为该大学海洋项目的负责人和海洋工程学教授,承担并领导了该大学的海洋与海岸研究工作。1983年,他离开了大学,成立了自己的咨询公司——国际海洋公司,作为他的全职工作。国际海洋公司的经营范围包括培训潜艇驾驶员、为电影制作提供技术意见、建议政府在何处建立游船码头,等等。沃尔什认为,不管是为了科学研究,还是为了开发资源,总是要有人将科学理论转化成实践应用,海洋技术和海洋工程是连接海洋科学和海洋开发利用的关键。

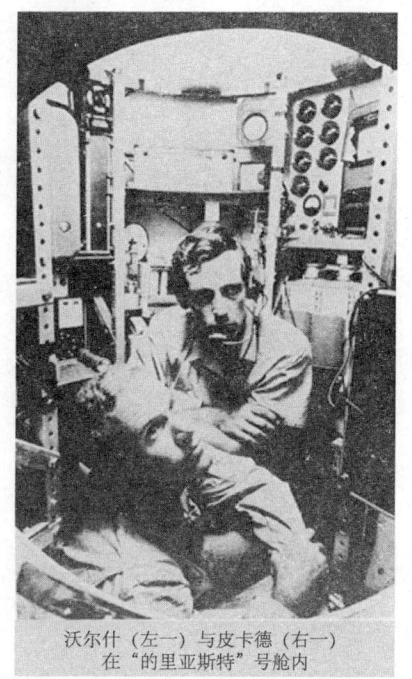

沃尔什(左一)与皮卡德(右一)在"的里亚斯特"号舱内

沃尔什先后发表论文200余篇,出版与海洋有关的图书5部。在过去的40年间,他进行了超过1 500场演讲、电视和电台节目的录制,他的演讲活动遍及世界60多个国家。

沃尔什被《生活杂志》称为世界上最伟大的探险家之一。他探究了"泰坦尼克"号、德国战舰"俾斯麦"号和大西洋中脊,他用了超过50年的时间环游世界,进行海洋研究。作为一名探险家,他不但潜入了深深的海底,也曾经在极度寒冷的极地工作过,他分别对南、北极进行了16次和10次探险。1973年,南极的一座山脊以他的名字命名,以表彰他对极地探险活动作出的贡献。2010年4月14日,《美国国家地理》华盛顿总部授予他最高荣誉——"哈伯特奖章"。美国海军部也授予他杰出公共服务奖。

沃尔什与妻子一起生活在俄勒冈州。自1996年以来,他管理着海洋咨询公司的事务,每年进行大约5次深海探险。2010年他还来到中国,参观了中国第一台自行设计、自主集成研制的载人深海潜艇"蛟龙"号,并与"蛟龙"号的制造者进行了亲切的业务交流。

97. 创造近代深海漫游奇迹的女性科学家
——S. 厄尔（Sylvia Earle）

S. 厄尔
（1935— ）

席薇亚·厄尔是一位美国海洋学家、探险家、著作家。她曾经被《纽约时报》和《纽约客》称许为"深海女王"。1998年，她被《时代杂志》评为第一个"星球英雄"；被美国国会图书馆赞许为"鲜活的传奇"；美国国家地理协会将她命名为"终身探险家"。1998~2002年，她担任美国"永续海洋探险计划"工程的负责人。

1935年8月30日，厄尔出生于美国新泽西州的吉布斯汤，在家中她排行老二。很小的时候，她就确立了要成为生物学家的梦想。3岁时，她就能直面海洋的危险。当时，她正在海边玩水，一个浪突然打来将她卷到海中，她不但没有哭泣，反而笑着用自己的双脚走回岸边，并做好了面对更多苦难的准备。正是秉持着这种勇敢的精神，她创造了深潜的纪录，并不断向普通大众宣传海洋知识，成为真正的海洋使者。

12岁那年，厄尔全家搬到了佛罗里达州的丹尼丁，她们房子的后院就是墨西哥湾，她很快爱上了这里，并尽全力地观察那里的一切。由于家里没有足够的钱供她上大学，她半工半读完成了学业。1955年，她获得了佛罗里达州立大学的学士学位。1956年，年仅20岁的她获得了杜克大学植物学硕士学位。同年，她同动物学家约翰·泰勒结婚，婚后他们就住在厄尔父母家的隔壁。1960年，他们的女儿伊丽莎白出生，两年后，他们又有了儿子约翰。

S. 厄尔

1964年,厄尔乘坐"安东·布鲁恩"号开始了印度洋之行。接下来的两年里,她随"安东·布鲁恩"号进行了4次探险。大学期间的厄尔主修的是植物学,她更关注海藻。她在墨西哥湾收集了20 000多种海藻,并成为对墨西哥湾海藻进行系统研究的第一人。对海藻在海洋食物链中地位的研究使她的名字几乎家喻户晓,并与著名的鱼类学家欧也尼·克拉克相识。1966年,她完成了她的博士论文《墨西哥湾东部的褐藻》,并获得杜克大学的博士学位,随后,她在雾角海洋实验室(后改为"摩特海洋实验室")担任临时负责人。1967年,她接受了两个职位,拉德克利夫研究所的研究学者和哈佛大学法娄腊叶的研究成员,研究海藻、真菌、苔藓类物种。她主要是通过潜水来研究海洋生态学、动植物之间的相互关系以及它们与环境之间的关系。1968年,她乘坐"深潜者"号潜艇潜入了水下30米。当时,她怀有4个月的身孕,即她与第二任丈夫、哈佛大学的鱼类学家吉莱斯·米德的女儿嘉乐。

为了测验饱和潜水的限度和实用性,研究海底栖息地以及人类在非正常的环境和拥挤的空间中如何在一起的,哈佛大学发布了一则招募人才的公告。厄尔的研究资历(此时她的潜水时间累计长达1 000小时)和她关于研究食草鱼对于海洋植物影响的提案,让美国海军忽略了她是女性的事实,最终决定聘用她。1970年,她带领一组女性海洋学者进行了"蒂克狄提"二号探险计划。她们在一个封闭的水下舱中生活了2个星期,潜水时她们不用气瓶,而尝试使用循环再呼吸器。这种呼吸器可以使潜水者在水下停留4个小时,而不再是1个小时,而且它更安静。这样潜水者不但能够听到鱼类的呼噜声,而且可以听到珊瑚的咀嚼声音。这次探险,她不仅确定了食草鱼会极大地影响海洋植物的数量,而且还了解了不同鱼种的睡眠习惯。同时,她还发现,每一种鱼都有自己

厄尔在潜艇上

的饮食偏爱。随着声誉的不断提升，她开始为《国家地理学》杂志撰写文章，并制作电影，大大激发了普通人对于海洋生物学的热情。她希望通过人们对海洋知识的增加来实现保护海洋的目标。

1976年，在与米德的婚姻结束后，厄尔搬到了加利福尼亚居住。也是在这一年，她成为加利福尼亚州科学院海藻馆馆长和生物学家，并加入了加州大学伯克利分校自然历史博物馆的植物学部。1977年冬天，她开始了对座头鲸的研究工作。在当时，对于鲸的研究大部分都采用尸体解剖的办法，但是她相信对原生态中鲸的研究将收获更丰。经过不断的跟踪，她通过观察鲸的脸部、鳍状肢、尾部和下腹的特征，就能将雄雌性鲸区分开。她还与座头鲸研究专家佩恩以及电影导演吉丁斯合作，拍摄了座头鲸的纪录片——《太平洋温柔的巨人》，其中描述了鲸在海洋生态系统中的重要作用。

厄尔被认为是"美国的库斯托"，她曾经穿着"鱼服"到海底探险。在此之前，"鱼服"主要用于修复水下机械和石油钻塔，还从未用于科学实验，她勇敢地接受了这个挑战。1979年10月19日，她穿着"鱼服"创造了自由潜水381米的记录。她不仅看到了海扇、水母、虎鲨、灯笼鱼、斧头鱼，而且还看到了竹珊瑚。两个半小时很快过去了，在离开海底之前，她在那里树了两面旗帜，一面是美国国旗，另一面是国家地理的旗帜，用来纪念这一历史性的时刻。

厄尔和鲸

然而，厄尔并不满足于381米的深度，她希望潜得更深。1982年，她与英裔工程师格雷厄姆·霍克斯合作成立了深海技术公司，旨在建造深海潜水器。1984年，他们成功地制造了"深海漫游者"，这个带有机械臂的球型潜艇只能容纳一个人，但是它创造了人类

厄尔穿"鱼服"到海底探险

到达水下的新纪录——914米。她和"深海漫游者"一起进行水下探险。1991年,她与日本科学家一起,乘坐"深海6 500"三人潜艇进行探险,到达了她的新深度——4 000米。1993年,日本政府请求她用她的专业技术建造一艘能够下潜到11 000米深的、可遥控的、载人潜水艇。

在与霍克斯的合作过程中,厄尔还收获了一份爱情,他们于1986年结婚。1990年,美国国家大气海洋局主席乔治任命她为首席科学家。她还对"爱克森瓦拉兹"号石油泄漏对阿拉斯加威廉王子湾生态系统的影响进行了调查研究。政府对于海底开发的冷淡态度以及对海底研究投资的不积极让她越来越不满,18个月后,她从美国国家大气海洋局辞职。1992年,厄尔与她的女儿伊丽莎白·泰勒一起建立了深海工程研究中心,其目的就是促进海洋开发和海洋保护。

厄尔用深海专家的声誉来促进海洋保护。1995年,她出版了《海的变化:海洋的一个信息》,书中展现了海洋生命的多变性和丰富性,字里行间不仅有她对海洋的热爱和赞美,也流露出她对海洋未来的担忧。1999年和2001年,她分别出版了《原始海洋》、《海洋地图集》。作为125部海洋学著作的作者,她有足够的资格代表海洋的权益发言,并向大众传授关于海洋和海洋生物的知识。

厄尔领导了多达60余次的海洋探测活动,水下的工作时间累计超过7 000小时。她获得了无数的荣誉和奖励,取得了多个研究机构的荣誉学位。她也是美国科学院协会、加利福尼亚科学院、海洋技术协会、世界艺术与科学研究院的成员。她还加入了许多研究机构的委员会,包括伍兹霍尔海洋研究所、摩特海洋实验室和世界野生动物基金会。被誉为海洋使者的她不断强调一个理念,即如果人们了解海洋生命,就应该更加关注如何保护它们。为了履行她的诺言,她出席了100多次电视采访和许多特别节目。谷歌地球的最新版本加入了海洋的部分也源于她的提议。2000年,她被列入美国女性名人堂。为了向她致敬,一些海胆和红藻还以她的名字命名。

98. 实现深海飞行的海洋工程学家
——G. 霍克斯 （Graham Hawkes）

G. 霍克斯
（1947— ）

格雷厄姆·霍克斯是一位国际知名的海洋工程学家、发明家、设计师、探险家和幻想家。他设计了世界上大部分用于研究和实业的人造水下交通工具，建造了有别于以往任何时期的潜艇——水下飞行工具。

1947年12月23日，霍克斯出生于英国伦敦。他在伦敦工艺学院学习机械工程，大学毕业后，他曾经在英国皇家海军小潜水艇上工作。在早期工作中，他为海洋石油工业设计了深海潜水服，他设计、建造了许多水下交通工具，还亲身测试了许多他自己所建造的水下交通工具，在试驾"深海漫游者"潜艇时，他创下了910米的单人下潜纪录（2007年）。

霍克斯成功地成立和管理了6家高科技公司，包括生产军用远程系统的远程精度公司，它的产品被《时代杂志》评为2004年最伟大的发明之一；设计建造了深海有翼飞行潜艇和其他深海探险艺术设备的霍克斯海洋科技公司；与席薇亚·厄尔合作成立的深海工程公司，生产了世界上大部分用于军用和民用的远程操纵航天器；1989年，他成立的"深海发现"公司，是一家定位了超过350艘沉船的商业海洋考古公司；20世纪70年代后期，在英国合作成立的近海工程系统公司，设计、生产了空气潜水系统。在此之前，霍克斯就完善了可以在610米深度作业的空气潜水系统的设计。更早之前，他是普莱西水下武器公司的工程师，曾经在原子能负责部门工作。

G. 霍克斯

霍克斯长期以来一直在建造水下交通工具。他的霍克斯海洋科技公司位于美国加利福尼亚州旧金山附近的瑞切蒙得角。在他的工作间里，他和他的三位员工利用计算机设计潜水艇。这种潜水艇采用世界上最先进的技术，完全改变了人们对水下交通工具的想象。他认识到，要想实现他的理想，必须做出巨大的改变，这种改变将与飞行家从热气球到有固定机翼的飞机的技术跳跃一样。事实上，他称这种发明的技术为"海底飞行"技术，以区别传统的潜水艇的设计理念。

经过10年的研究设计，霍克斯海洋科技公司开发出第一艘潜水艇——"深水飞行器 I"号，它于1995年下水。

而"超级猎鹰深水飞行器"则是霍克斯所设计的新款潜水艇，它于2008年下水。它看起来就像是一架战斗机，使用了与战斗机类似的设计原理。它可以容纳两个人，可通过两个很大的圆形窗户（或圆顶）观察外面的海洋。这艘潜水艇速度很快，完全有能力追逐海洋中的生物。

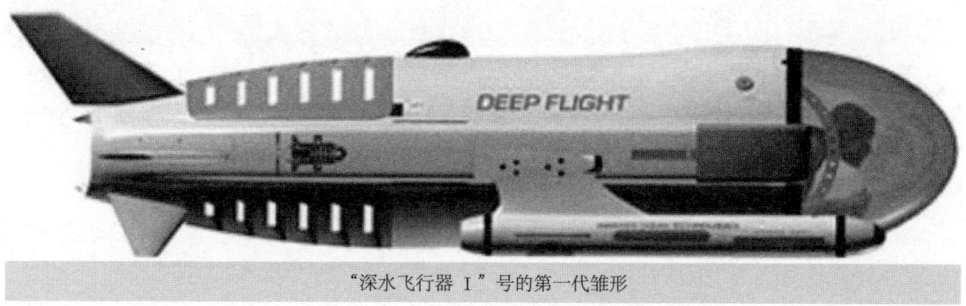

"深水飞行器 I"号的第一代雏形

"挑战者深水飞行器"是霍克斯海洋科技公司研发的另一个主要型号。它的外形与普通飞机的外形大同小异，前部高高隆起，机身两侧有短短的机翼，全机由高强度的轻型复合材料制成，采用高能量高密度的电池提供动力，时速可达22千米。

"挑战者深水飞行器"是为冒险家史蒂夫·福塞特建造的，他希望用这艘潜水艇挑战海洋最深的地方——马里亚纳海沟。然而，不幸的是，福塞特却没有机会试用它。2007年9月3日，他驾驶一架小型飞机飞越内华达州时失踪了，此时，距离首次试用专门为他设计的潜水艇大约只有4个周的时间。霍克斯独自拥有"挑

"挑战者深水飞行器"

战者深水飞行器"的建造技术,但福塞特却拥有它的所有权。

霍克斯潜心研究水下飞行技术很多年,曾经设计了多款水下飞机。最著名的有以下几种。

① "深海飞行员"。它是深海飞机的实验性雏形,已卖给另一家研究海底飞机的公司。

② "湿飞"。它是一架单人水下飞机,用于租给电影公司,作为拍摄电影的水下平台,1997年下水。

③ "螳螂"。它曾经出演过007系列电影《最高机密》,20世纪80年代初下水。

④ "深海漫游者"。它现在属于电影摄制者詹姆斯·卡梅隆所有,20世纪80年代末下水。

1986年,霍克斯与厄尔结婚,他们的婚姻只维系了6年。霍克斯被认为是他所在研究领域的先驱。1987年,他获得了劳力士事业奖;1996年和1997年,

"深海飞行员"　　　　　　　　　霍克斯驾驶"湿飞"

霍克斯、厄尔与"螳螂"模型　　　　"深海漫游者"

他被《设计新闻》杂志评为年度工程师；1998年，他获得了《设计新闻》杂志的特殊贡献奖；1998年，他是革新、发现奖的决赛选手；2000年，他获得了计算机界的史密森奖；2004年，他摘取了威廉·毕比俱乐部4年一次的海洋科学探险家奖。

是他们——让热爱海洋、关怀海洋的人们
汇集在一起,携手共创海洋世界的崭新未来……

99. 世界上第一所海军学院的创始人
——S. B. 卢斯 （Stephen Bleecker Luce）

S.B. 卢斯
（1827—1917）

1827年3月25日，斯蒂芬·布利克·卢斯出生在美国纽约。他是世界上第一所海军最高学府——美国海军学院的创办人和首任院长。

卢斯是一名在战略、航海技术、教育和专业培训等许多方面都很杰出的美国海军将领。1841年10月19日，他以学生身份进入海军军官学校服兵役，1862年，他在美国海军军官学校担任船舶驾驶部部长，1886年，他晋升为海军上将。卢斯致力于改进海军教育，他于1863年编写出版了第一本船舶驾驶技术的教材《航海技术》一书，成为海军军官学校标准的教科书。1875年，在卢斯倡导下，国会批准招募750名16～18岁的少年进入学院学习。这些学员先在港内接受预科训练，然后到练习舰上学习火炮、船艺和其他技能。卢斯设想并研究了"如何运用现代的科学方法，将海战从单纯的经验阶段上升到科学的高度"。经过他的长期游说，美国于1884年10月6日在罗德岛的纽波特成立了第一所海军军事学院，他担任首任院长，一直到1889年退休。

在1889年退休前，卢斯再次服军役。1901年，他又返回军事学院担任了10年的教员。他为学员设置了一门课程，一直沿用至今。在他的努力下，该学院先后成立了海军军事学院军事策略、战术、历史核心军事行动的研究小组，聘用美

USS Luce DLG-7/DDG-38 军舰

卢斯礼堂

卢斯上将

国著名的历史学家、海军理论家、"海权论"的创始人阿尔弗雷德·塞耶·马汉在学院教授海军历史，产生了深远的影响。如今，美国海军军事学院是世界上最著名的海军院校之一，他所倡导的海上力量理论在19世纪末和20世纪初，为全世界所公认。其后，日本、英国和德国相继建立了类似的海军最高学府。

1917年7月28日，卢斯在罗得岛纽波兰去世。为纪念卢斯上将，美国海军有三艘军舰以他的名字命名，即"USS Luce DM-4/DD-99"军舰（1918～1936年）、"USS Luce DD-522"军舰（1943～1945年）和"USS Luce DLG-7/DDG-38"军舰（1961～1995年）。美国海军军官学校和海军军事学院都建立了以卢斯名字命名的大礼堂。位于加利福尼亚州圣地亚哥的海军训练基地有一个卢斯会堂，纽约海事学院的图书馆也是以卢斯的名字命名的。

100. 意大利那不勒斯海洋生物研究所创始人
——F.A.多恩（Felix Anton Dohrn）

F.A.多恩
（1840—1909）

费利克斯·安东·多恩是一名动物学家，也是一位著名的德国进化论者。他在意大利建立了那不勒斯海洋生物研究所（原那不勒斯动物实验站），并担任第一任所长。

1840年9月29日，多恩出生在德国位于波美拉尼亚斯德丁的一个中产阶级家庭。他的祖父海因里希·多恩是一名做葡萄酒和香料生意的商人。由于家庭的富有使得他的父亲卡尔·奥古斯特·多恩有机会投身于自己的各种爱好：旅游、民间音乐和昆虫研究等。多恩是家里最小的儿子，先后在柯尼斯堡、波恩、耶拿和柏林等大学攻读动物学和药学。1874年，他与16岁的玛丽·巴拉诺夫斯卡结婚。

他的思想发生重要转变是在1862年的夏天。那时，他在耶拿学习。在那里，他的老师、德国著名生物学家恩斯特·海克尔向他介绍了达尔文的著作及理论。从那以后，他开始研究达尔文的进化论，并最终成为最杰出的进化论研究者之一。

1865年，多恩在布雷斯劳获得博士学位，并于1868年在耶拿获得了资格证书。在那段时间，1865年他与海克尔一同住在赫尔果兰；1866年，他在汉堡；1867~1868年，他与苏格兰的博物学家大卫·罗伯森住在苏格兰的米尔波特；1868年冬天，他又与俄国朋友、也是他的同事尼古拉斯·米克卢霍·马克来，搬

F. A. 多恩

到了意大利墨西拿的海边工作。

1868年，当多恩去意大利西西里岛旅行时，他发现了墨西拿海峡的生物异常丰富，于是便在那里建立了一个小小的实验室，从事生物研究工作；并从此开始在德国筹集资金，准备建立一所大型的临海研究所。

多恩在实验室工作

为了可以利用附属的水族馆的门票收入作为研究所的经费，他决定在旅游区那不勒斯建所。为了该所的建立，他投资了400万法郎于1872年开始动工建设，1874年竣工并开放。随后的1886年和1903年，该所又两度扩建，他成为这个所的创建者和第一任所长。那不勒斯海洋研究所是一所具有相当规模的国际性研究所，各国学者都可以在这里借用研究室进行研究。建所所需的经费除他个人出资外，德国、英国、意大利等国也提供了一些援助。该所建成后，促使地中海海洋生物研究飞速地发展，从而出版了一部很有价值的经典著作《那不勒斯湾的海产动植物》。

在多恩新思想和新模式的带动下，其后，在美国和英国先后建立起一批著名的海洋研究所，如霍普金斯海洋研究所、伍兹霍尔海洋研究所、普利茅斯海洋生物研究所等。

为了纪念多恩所作的贡献，将位于罗科尔海槽里的海山以其名字命名。该海山一直延伸到不列颠群岛的西北，它以该地区生存在冷珊瑚上的多种多样的生物而闻名。

多恩与他的父亲一样，对昆虫学很感兴趣。在他去世之前，他将在世界各地收集的半翅类昆虫赠予斯德丁昆虫学会，他是该学会的会员。

101. 世界上第一个国际海洋科学组织创始人
——O. 彼得松（Otto Pettersson）

O. 彼得松
（1848—1941）

奥托·彼得松是一位化学家、物理学家、水道测量学家，也是海洋生物物理化学环境学的开拓者。

1848年2月，彼得松出生于瑞典哥德堡。1941年1月16日去世，享年93岁。

1872年，彼得松获乌普萨拉大学化学博士学位，1874年，任该校物理化学讲师。1881年，他离开乌普萨拉大学调到在斯德哥尔摩新建的工业大学任教，不久就被任命为化学系的第一任系主任，而且，他担任此职务一直到1909年。1881~1905年，在斯德哥尔摩工业大学任教授期间，他先后发表了无机化学、物理化学方面的研究论文74篇，并开始了海洋学的研究。

彼得松的故乡在波罗的海的格鲁马尔峡湾附近，他很喜欢海洋。他从研究比热、潜热开始，一直深入到波罗的海、北极海域的水温变化和冰况等水文方面的研究。1878~1880年，应北极探险家诺登舍尔德的邀请，他参加了"维加"号西伯利亚海的考察，回来后，他写出了《西伯利亚海海况》的报告。1891年，他在调查瑞典沿海的过程中，立下了卓越的功绩，获得了瑞典学士院金质奖章。

彼得松相信，深入的海洋研究必将促进海洋资源的开发，而海洋中的生物现象只有从物理、化学的角度才能够解释。他看到因使用拖网而伤害的鱼苗时，感到非常痛心。通过多次试验，他研究出了保护鱼苗的方法，有效地避免或减少了鱼苗的伤亡。但是，要想很好地解决这一问题，单靠一个国家是不行的，必须进行国际合作。于是，他与本国的瓦格恩·沃夫瑞德·埃克曼、挪威的弗里乔夫·南

0. 彼得松

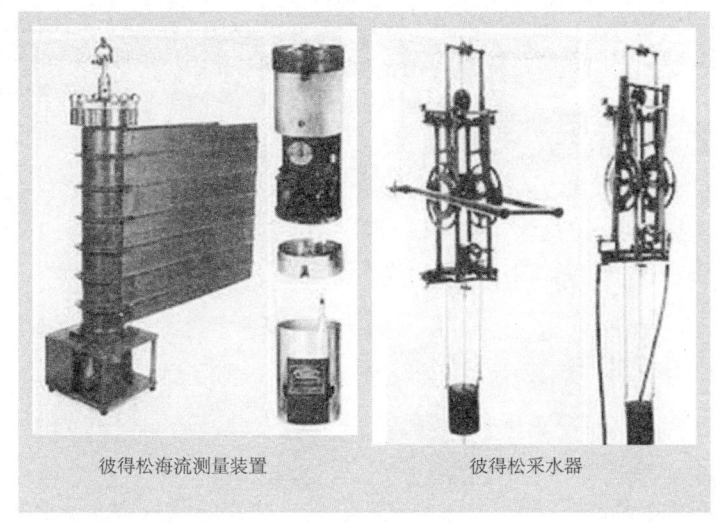

彼得松海流测量装置　　　彼得松采水器

森和约翰·约尔特、丹麦的马丁·汉斯·克里斯蒂·克努曾等著名海洋学家商议，于1902年在哥本哈根建立起永久性的国际海洋研究机构——国际海洋考察理事会，这是第一个国际海洋科学组织，负责协调和促进海洋科学考察的国际组织。国际海洋考察理事会成立初期，彼得松担任副会长（1902~1913年），1915~1920年担任会长，1932年担任名誉会长。60岁时，他辞去了教授的职务，在他的宅院里，设立了观测所，为海洋研究事业贡献了自己的余生。

彼得松在发明仪器方面也很有天赋。他亲自设计出了各种观测仪器。例如，"彼得松海水测量装置"，此装置是他于1891年发明设计的，使用此装置可测量出海水中氧气、氮气和二氧化碳的含量；"彼得松采水器"，此装置可用于浮游生物采样、测量水温、测量水流的强度和方向以及采集水样；"彼得松海流测量装置"，此装置带有摄像记录器，能够长时间记录海流的方向和强度。南森采水器就是在彼得松采水器的基础上改装而成的。

作为化学教授，刚开始研究海洋时，彼得松专攻海水中氧气的测定，不久，他的研究范围几乎扩大到了海洋学的各个学科。1907年，当他第一次发现内部潮汐波时，他相信潮汐力控制着海洋的气候并间接控制着大气。他对海洋学产生兴趣的重要因素，是他在1877~1878年观察到冬季鲱鱼群再次拥入瑞典西海岸群岛。

2002年，在国际海洋考察理事会百年纪念会上，彼得松以其卓越的组织成就，尤其是作为理事会的发起者而被公认。他也是那个时代海洋学中斯堪的纳维亚学派的典型代表。

102. 创建世界上第一座海洋博物馆的国王
——艾伯特一世（Albert I, Prince of Monaco）

艾伯特一世
（1848—1922）

摩纳哥国王艾伯特一世于 1848 年 11 月 13 日出生于法国巴黎，他的父亲是摩纳哥前国王查尔斯三世。当艾伯特 41 岁时父亲去世，他继承了摩纳哥的王位，一直任职到去世。

艾伯特不仅是一位令人尊敬的国王，而且还是一位世界海洋学研究的先驱。22 岁时，他便对当时相对新兴的科学——海洋学产生了浓厚的兴趣，于是他把特许开设赌场获得的大笔收入用于海洋科学研究上。年轻时，艾伯特曾经在西班牙海军服役，并担任过舰艇上的中尉。退役以后，他开始乘帆船进行海洋考察。1873 年，他买下了"燕子"号考察船，对地中海进行了多年的科学考察。经过几年的专心学习，艾伯特在海洋科学研究方面已经崭露头角。他先后创造性地发明了一系列用于海洋考查研究方面的技术和工具，于 1892 年建造的"艾利斯公主"号海洋调查船、1898 年建造的"艾利斯公主 2"号海洋调查船、1911 年建造的"伊伦迪尤 2"号海洋调查船在当时都是相当豪华的。自 1885 年至第一次世界大战爆发，他同当时世界许多顶尖级的海洋科学家一起进行了 28 次远洋考察，记录了大量的海洋调查研究资料，绘制了大量的地图和图表，搜集了无数海洋动物和植物的标本。1910 年，他在摩纳哥建立起了享誉世界的海洋博物馆。摩纳哥海洋博物馆是世界上最古老、也是最大的海洋博物馆。此外，他还于 1896 年在对亚速尔群岛进行海洋学调查的过程中发现了艾利斯王妃海岸。艾伯特把自己的一生都奉献给了海洋科学研究，被誉为世界海洋科学创始人。

摩纳哥海洋博物馆

艾伯特从事的海洋科学研究主要有如下几个方面：

（1）表层海流研究。为了研究北大西洋表层海流情况，他采用了投放测流标的方法进行研究。1885年，他试投了铜球、木筒和玻璃瓶169个，1886年正式投入了50 000个塞上木塞的玻璃瓶，1887年又投放了931个用铜包皮的坚固玻璃瓶测流标，1892年投放了1 610个玻璃瓶测流标。这些玻璃瓶内都装有用9国文字印刷的卡片，并请发现者把回收地点和时间写在卡片上寄回。艾伯特根据回收卡片情况的统计报告，绘制出海水的推测流径，研究确定了北大西洋表层存在着顺时针方向的环流，它的流速在不同区段各不相同。1892年，他又根据回收的2 000个海流瓶的报告，重新绘制出了著名的"北大西洋表层海流图"。

（2）深海测深研究。他在最初进行海洋测深时，采用的是把深海铅锤拴在绳上的落后方法，后来改用了钢丝，最后又使用了钢缆。1891年，他设计出了自制的测深机，一个人便可以控制钢缆的卷扬，同时可以调节速度。他采用了各国在探险过程中取得的比较可靠的测深数据,绘制出世界上第一幅由24页组成的1∶1 000万的《世界大洋水深图》。《世界大洋水深图》的出版,对世界海洋学的发展有着卓越的贡献。

（3）海水组成及其与海洋生物的关系研究。艾伯特在海洋学方面的最大贡献是改进和设计了测定仪器,同时他用"布坎南采水器"采集了多种海水水样并进行化学分析;他还改进了"布坎南的测深管",设计出进行海洋生物研究的诱饵式陷网、立式拖网、中层用拖网、三角形采集器、带状网、水中诱鱼灯等深海调查工具。

艾伯特晚年时,仍致力于国际海洋调查事业。他做过多种国际会议的主席,对海洋学的研究和发展作出了卓越的贡献。为了纪念他的功绩,法国设立了摩纳哥大公艾伯特一世纪念奖,授予法国和其他国家的著名海洋学家。他的学术成就得到了世界的公认,1909年,他成为英国科学院的一员。1920年,美国科学院授予他金质奖章。1921年,探险家俱乐部推举他为最高级别的成员——荣誉会员。

除了从事海洋学方面的研究外,艾伯特还对人类的起源有着浓厚的兴趣。在巴黎,他成立了"人类古生物学研究所"。他还有一项业余爱好——集邮,还曾经创立过一个集邮组织。

艾伯特与第一任妻子

艾伯特一生结过两次婚,第一次是1869年9月21日在马歇城堡与玛丽小姐完婚,玛丽的外祖母是法国国王拿破仑三世的养女。在婚后的第一年中,他们唯一的孩子路易斯诞生了,由于性格不合,这段婚姻于1880年7月28日宣告结束。第二次是在他继承王位的同一年,即1889年11月30日,在巴黎与黎塞留公爵的遗孀艾丽丝完婚,但是这段婚姻也于1902年以他们的合法分居而告一段落。

1922年6月26日,艾伯特在法国巴黎去世。

103. 德国赫耳果兰生物研究所第一任所长
—— F. 海因克 (Friedrich Heincke)

夫里德里克·海因克是一位德国生物学家。1869 年中学毕业后，他前去罗斯托克和莱比锡攻读自然科学，并且于 1873 年获博士学位。他是一位以研究鱼类生活史而著称于世的学者。

海因克从学生时代起就非常热衷于观察动物，立志将来钻研动物学。1873 年，他开始研究海洋渔业，为了了解鱼类的分布，他决心从科学的角度，弄清鱼类生活条件的基础。从那时起，他便开始了长期的钻研，一直到生命的最终。

F. 海因克
(1852—1929)

自 1874 年起，海因克在基尔大学从事鲱鱼种族系统的研究，发现了"鲱鱼种群的变异"，肯定了鲱亚种的存在，并著有《鲱鱼亚种》一书。1885 年，他应德国著名海洋生物学家克里斯蒂安·安德雷斯·维克多·亨森的邀请，参加了"霍尔萨蒂亚"号的探险。在这次探险调查中，他发现了外洋营养源比北海和波罗的海的少得多。这一发现推动了"瓦尔迪维亚"号进行"浮游生物探险"的调查工作，这也是世界上首次对浮游生物进行的调查。在 1888~1890 年，他多次乘渔船出海调查，为发现鲱鱼的洄游和产卵场所作出了积极的努力。

从长远看，作为国际北海调查事业的一环，需要进行持久的研究。于是，在渔业部领导人的建议下，德国于 1891 年成立了赫耳果兰生物研究所，海因克担任第一任所长，并且在那里工作了 30 年。赫耳果兰生物研究所隶属于联邦研究技术部，主要任务是：从事海洋生物学基础研究；作为德国唯一的海洋研究所，为研究和教学提供科学服务；执行全国海洋科学技术规划提出的海洋生物方面的科研任务。该所设有海洋动物、海洋植物、生物海洋学、实验室生态学、海洋微生物5个研究室；拥有3艘海洋调查船；出版物有海洋调查报告、年度报告等。

在赫耳果兰生物研究所工作的头10年里，海因克完成了《鲱鱼的生活史》（1898年）的写作，奠定了至今还适用于所有经济鱼类的调查方法的基础。接着，他又与他人合作研究，于1900年发表了论文《浮游鱼卵的鉴定和测定方法》。根据当时新兴的拖网捕捞作业对鱼类资源损害的研究，他于1907年撰写了北海东南部的鲆鲽鱼类及其渔业的报告，首次提出对这些鱼类进行保护的建议。1913年他发表报告，认为捕捞是使鱼类资源产生变动的重要原因；为保证渔业生产的长期稳定，必须限制捕捞量和适当保护幼鱼。他还曾经担任德国生物学院院长、海洋研究科学委员会主席和海洋调查委员会委员。国际海洋考察理事会成立后，他作为海洋界的元老，代表德国参加了该国际组织，为海洋渔业科技在学术界占有一席之地建立了不朽的功勋。

"海因克"号海洋调查船

104. 美国伍兹霍尔海洋研究所第一任所长
——H. B. 比奇洛（ *Henry Bryant Bigelow* ）

1879年10月3日，亨利·布赖恩特·比奇洛出生在美国波士顿后湾区一个富裕的、权势显赫的家族。在他的成长过程中，他曾在夏季去过马萨诸塞州的科哈赛特沙滩避暑，也曾经全家一起到过欧洲旅行，因此，他深深地爱上了大自然和体育运动。他于1897年进入美国哈佛大学学习，并在4年后以优异的成绩毕业。1904年和1906年，他先后获得了哈佛大学动物学硕士和博士学位。

比奇洛的早期研究对象是以鸟类为主。1901年，他大学还未毕业时，就已经在著名的鸟类学杂志《海雀》上发表了第一篇论文——《弗吉尼亚美洲绒鸭实录》。

H.B. 比奇洛
（1879—1967）

1901年，美国哈佛大学教授及哈佛大学比较动物学博物馆馆长亚历山大·伊曼纽尔·阿加西斯，邀请比奇洛一起到印度洋斯里兰卡西南的马尔代夫群岛进行了一次海洋探险，他的任务是保管他们搜集的水母和管水母。在这次探险中，他充分享受到了野外工作的乐趣，也激发了他研究海洋无脊椎动物的兴趣。同时，在工作中，他也学到了关于物种分类的一些基本知识。1906年获得博士学位后，他到哈佛大学比较动物博物馆担任助理职务，从事水母的记录和分类工作。1904年和1909年，他发表了关于马尔代夫地区水母的研究论文，从而确立了他作为一名海洋生物专家的地位。

比奇洛站在"虎鲸"号军舰前

在与英国海底研究专家约翰·默里会面之后，比奇洛决定将未知的缅因海湾作为自己的研究目标。1912年，在比较动物博物馆和美国渔业署的共同支持下，他开始了长达12年的缅因海湾研究。他搜集了超过10 000网兜的海洋生物，发放了1 000多个漂流瓶来研究海水的流动，同时还建立了数百个测量海水温度和盐度的站点。他成为了研究鱼类和腔肠类动物的专家。他多年的研究成果在1924年分别以《缅因海湾的鱼类》、《缅因海湾的物理海洋学特性》和《缅因海湾近岸的浮游生物》三本著作的形式发表。1927年以后，他又与他人合作，系统地进行了北大西洋的鱼类研究，并出版了《西北大西洋鱼类》一书。

1927年，比奇洛被美国国家科学院选为秘书长，后来成为海洋委员会的主席。1929年，他提交了一篇报告，名为《海洋学的范畴、问题和经济上的重要性，美国海洋研究的现状和发展阻力，附参考意见》。1931年整理成书——《海洋学：它的范畴、问题和经济上的重要性》，并出版。1930年1月，根据他给美国科学院的报告，创建了伍兹霍尔海洋研究所，比奇洛于1930～1939年期间担任第一任所长。在他的劝说下，洛克菲勒基金会为伍兹霍尔海洋研究所捐款250万美元，用以支持该所开展的研究工作。此外，斯克里普斯海洋研究所、华盛顿大学和百慕大生物站也得到了相应的资金资助。

比奇洛在哈佛大学的职位也不断上升：1921年为讲师，1927年成为动物学副教授，1931年成为动物学教授，1944年成为亚历山大·阿加西斯动物学讲座教授。1950年，他从哈佛大学退休，但是他仍然坚持在哈佛大学比较动物学博物馆工作，直至去世。他在1913～1925年任腔肠动物分馆馆长，1925～1927年在研究馆担任馆长，1927～1950年为海洋分馆馆长。他曾经调侃地说：哈佛大学应该为他的长期工作表示一下感激。于是，哈佛大学的校长便赠予了他一瓶波旁威士忌酒。

H. B. 比奇洛

比奇洛曾经在好几个有影响力的委员会供职,并参与了一些行政工作:1919~1923年在全国海洋研究委员会任职,1930~1932年担任全国水下形态研究委员会的副主席,1928~1934年任国家科学

"比奇洛"号海洋调查船

院海洋学会秘书长,并于1934~1938年出任主席。

由于他的杰出贡献,他还获得了无数的奖章和荣誉,并被推选为许多学术机构的成员。伍兹霍尔海洋研究所以他的名字设立了一个海洋学教授职位,该所理事会还设立了一个"亨利·布赖恩特·比奇洛奖",作为该所的最高荣誉,以表彰那些对研究海洋现象做出重大贡献的科学家。1960年,比奇洛成为这个奖项奖章和奖金的第一个获得者。1931年,他还获得了"亚历山大·阿加西斯奖章"。

1906年,比奇洛与伊丽莎白·帕金斯·沙特克结婚,并养育有4个孩子。在他的科学旅行中,他的妻子经常陪伴在他的左右。1967年12月11日,比奇洛在马萨诸塞州康科特的家中去世。

在他去世后,为了表示对他的怀念,美国伍兹霍尔海洋研究所的一个实验室以他的名字命名。1970年,美国内政部将缅因海湾安角和小角之间的海湾命名为比奇洛湾。1974年,缅因州西布斯港以他的名义建立了一个海洋研究中心。美国国家海洋和大气局的一艘调查船也以他的名字命名。

比奇洛是21世纪海洋研究的先锋,也是第一个对缅因海湾进行全面研究的科学家。他的关于"需要跨学科地研究海洋的复杂性"的观点,导致了著名的伍兹霍尔海洋研究所的建立。基于他对海洋科学所作的贡献,人们授予他"美国海洋学之父"的称号。

比奇洛还喜欢写作,他从1901年开始写论文,直到1967年为止,创立了写作67年之久的世界纪录。

105. 创立美国加州大学圣地亚哥分校的著名海洋学家
——R.R.D. 雷维尔（Roger Randall Dougan Revelle）

R.R.D. 雷维尔
（1909—1991）

罗杰·兰德尔·杜根·雷维尔是一位美国海洋学家。他创立了加利福尼亚大学圣地亚哥分校，在深海研究上的开拓性工作推动了板块构造学的发展。他还是最早关注环境和人口控制这两个至今仍受人们关注的世界问题的科学家之一。

1909年3月7日，雷维尔出生于美国的西雅图，他的父亲是威廉·罗杰·雷维尔，母亲是官恩娜·杜根。1929年，他获得加利福尼亚州克莱蒙特市波莫那大学（现克莱蒙特大学）的地质学学士学位。第二年他又前往加州大学伯克利分校深造，1936年获得了加州大学海洋学博士学位。

雷维尔早期关于海洋学方面的大部分研究工作，都是在圣地亚哥的斯克里普斯海洋研究所进行的。1931~1936年，他担任斯克里普斯海洋研究所的研究生助理实验员。在此期间，他对太平洋底的深海泥和沉积物进行了研究。1936年，他获得了博士学位后，被任命为斯克里普海洋研究所的讲师。20世纪30年代后期，他先后参加了前往加利福尼亚湾的两个科学考察队。1941年，他升任助理教授。1942~1945年，他担任了第二次世界大战中美国海军船舶署的海洋学部负责人。1946年，他帮助成立了美国海军研究办公室，并且于1946~1948年担任该办公室地质学部的负责人，监督了美国政府在太平洋的比基尼珊瑚岛上进行原子弹爆炸前后的海洋调查工作。1948年，他又回到了斯克里普斯海洋研究所，担任海洋学教授兼助理所长。1950~1964年，他担任所长一职。在此期间，他亲自组织并参加了多次海洋考察。1950年和1952年，他分别率领了斯克里普斯海洋研究所的两支考察队前往南太平洋，对深海沟及海底其他特征进行了研究。1953年，他还参与了斯克里普斯海洋研究所组织的一次北太平洋考察队。他的许多海洋科学研究发现已被广泛发表，为人类认识海洋作出了巨大的贡献。在他的带领下，斯克里普斯海洋研究所取得了极大的发展。

20世纪50年代后期，雷维尔一直致力于创办加利福尼亚大学圣地亚哥分校。在他的不断努力和游说下，1960年，该分校终于在圣地亚哥创立。该校的第一个学院是以他的名字命名的，他还兼任了该校科学工程学院的院长。雷维尔被称为加利福尼亚大学圣地亚哥分校的创立者。

1957年，雷维尔和另一位海洋学家汉斯·苏斯发表了一篇介绍全球变暖的文章，阐述了全球变暖表现为地球表面平均温度的升高。他们指出，燃烧诸如汽油、煤炭等化石燃料已经使封存热量的大气层气体变厚，从而导致了地球表面气温升高的速度比正常情况要快，该过程被称为"温室效应"。同年的年底，由于雷维尔的游说，科学家们在夏威夷和南极均建起了气体记录仪，用以测量大气的变化。1958年，他帮助组织了"1957~1958年国际地球物理学年会"活动。

1961~1963年，雷维尔暂时从斯克里普斯海洋研究所的工作中抽身出来，担任美国内政部秘书长斯图尔特·尤德尔的科学顾问。1974年，他成为美国进步科学学会的会长。1963年，他帮助发起了深海钻井项目以开发海床。同年后期，他辞去了在斯克里普斯海洋研究所的职务，而且

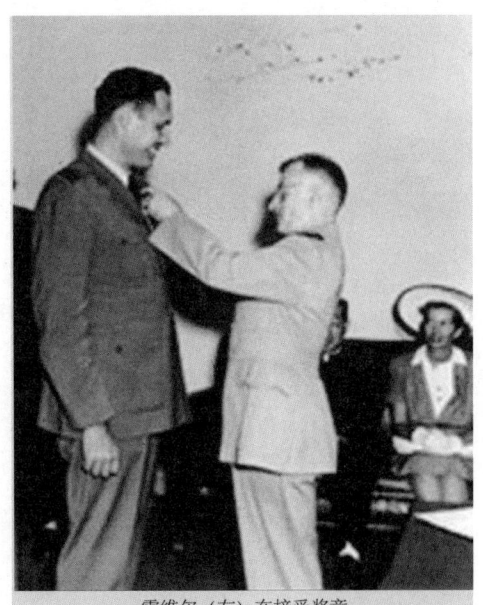

雷维尔（左）在接受奖章

雷维尔（左一）与尤因等在讨论工作

从加州大学圣地亚哥分校请假，创立了哈佛大学人口研究中心，并于1964～1975年担任该中心的主任，发表了一系列有关世界人口和资源管理的著作。1970年，他成为人口政策的教授。1976年，他以科学和公共政策学教授的身份回归加州大学圣地亚哥分校，在那里他一直工作到去世。

由于雷维尔的突出贡献，他获得了一系列的荣誉。1963年，他获得了美国科学院"亚历山大·阿加西斯奖章"；1986年，他获得了海洋学/气候学"巴仁奖"；1991年，他获得了由布什总统颁发的国家科学奖章。

1991年7月15日，雷维尔因心脏病并发症于圣地亚哥去世。人们为了表示对他的敬意，斯克里普斯海洋研究所的一艘新的研究船以他的名字命名。斯克里普斯海洋研究所还设立了"罗杰·雷维尔奖"，用于表彰在海洋学、天气学和其他行星科学方面作出突出贡献的科学者。

致　　谢

书中参考使用的部分文字和图片，由于权源不详，无法与著作权人一一取得联系，未能及时支付稿酬，在此表示由衷的歉意。请有关著作权人与我社联系。

联 系 人：徐永成

联系电话：0086-532-82032643

E-mail：cbsbgs@ouc.edu.cn

图书在版编目（CIP）数据

世界海洋科技名人 / 王雪凤主编 .—青岛：中国海洋大学出版社，2012.3

ISBN 978-7-81125-968-1

Ⅰ.①世… Ⅱ.①王… Ⅲ.①海洋学—科学工作者—生平事迹—世界—青年读物②海洋学—科学工作者—生平事迹—世界—少年读物 Ⅳ.① K816.14-49

中国版本图书馆 CIP 数据核字 (2011) 第 272333 号

世界海洋科技名人

出版发行	中国海洋大学出版社			
社　　址	青岛市香港东路 23 号			
出 版 人	杨立敏			
网　　址	http://www.ouc-press.com			
选题策划	关庆利	邮政编码	266071
责任编辑	邓志科　滕俊平	电子邮箱	oucpress@sohu.com
印　　制	青岛海蓝印刷有限责任公司	订购电话	0532—85902469
版　　次	2012 年 7 月第 1 版	印　　次	2012 年 7 月第 1 次印刷
成品尺寸	170 mm×230 mm	印　　张	22.25
字　　数	350 千字	定　　价	69.00 元